깊이 있는 교회

DEEP CHURCH

Copyright ⓒ 2009 Jim Belcher
Originally published by InterVarsity Press as *Deep Church* by Jim Belcher.
Translated and printed by permission of InterVasity Press,
P.O.Box 1400, Downers Grove, IL 60515, USA
through arrangement of rMaeng2, Seoul, Republic of Korea.

All rights reserved.

This Korean edition Copyright ⓒ 2011 by Poiema, an imprint of Gimm-Young Publishers, Inc., Seoul, Republic of Korea.

MINISTRY LIBRARY
목회 라이브러리

깊이 있는 교회

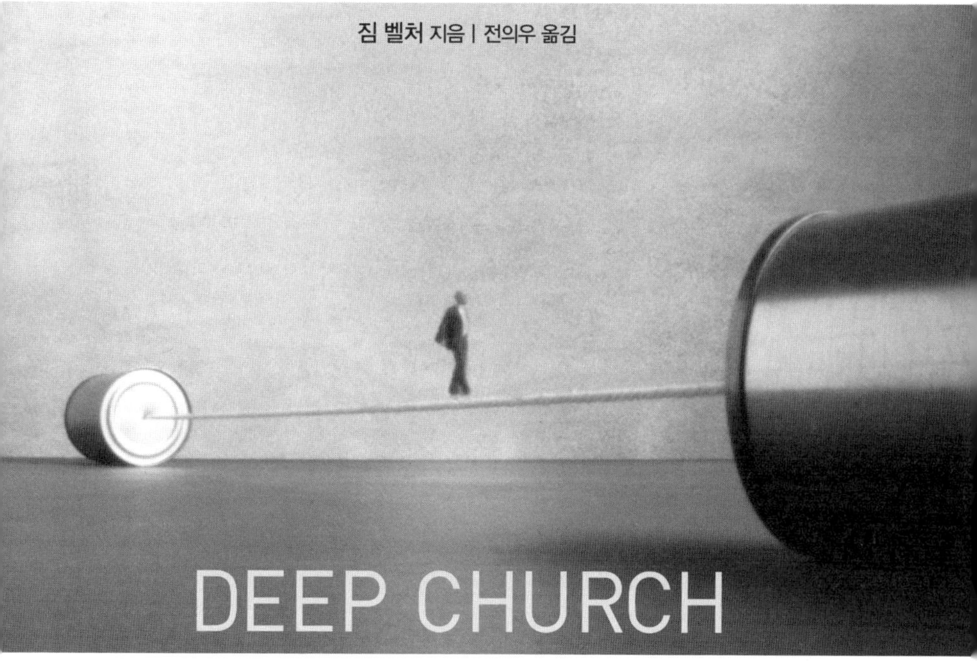
짐 벨처 지음 | 전의우 옮김
DEEP CHURCH

포이에마
POIEMA

깊이 있는 교회
짐 벨처 | 전의우 옮김

1판 1쇄 발행 2011. 8. 15. | **1판 4쇄 발행** 2021. 4. 10. | **발행처** 포이에마 | **발행인** 고세규 | **등록번호** 제 300-2006-190호 | **등록일자** 2006. 10. 16. | 서울특별시 종로구 북촌로 63-3 우편번호 03052 | 마케팅부 02)3668-3260, 편집부 02)730-8648, 팩스 02)745-4827

이 한국어판의 저작권은 알맹2 에이전시를 통하여 InterVasity Press와 독점 계약한 포이에마에 있습니다. 신 저작권법에 의하여 한국 내에서 보호받는 저작물이므로 무단 전재와 무단 복제를 금합니다.

값은 뒤표지에 있습니다. ISBN 978-89-93474-80-0 03230 | 독자의견 전화 02)730-8647 | 이메일 masterpiece@poiema.co.kr | 좋은 독자가 좋은 책을 만듭니다. | 포이에마는 독자 여러분의 의견에 항상 귀를 기울이고 있습니다.

포스트모더니즘 시대에
그리스도인으로 산다는 것

차례

추천의 말 _ 8

서문 | 교회에 깊이를 더하려는 노력 _ 12

들어가는 말 | 제3의 길은 가능한가? _ 15

1부
전통 교회와 이머징 교회를 뛰어넘는 길을 모색하라

1장   깊이 있는 교회를 세우는 일은 가능할까? _ 29
2장   이머징 교회란 무엇인가? _ 50
3장   순전한 기독교를 찾아서 _ 73

DEEP CHURCH

2부
일곱 가지 분야에서 깊이 있는 교회를 이루라

4장 깊은 진리 _ 99
5장 깊은 전도 _ 130
6장 깊은 복음 _ 150
7장 깊은 예배 _ 176
8장 깊은 설교 _ 203
9장 깊은 교회론 _ 229
10장 깊은 문화 _ 257

결론
깊이 있는 교회를 향하여 _ 283

감사의 말 _ 296

주註 _ 299

추 천 의 말

나는 이 책의 여러 부분을 동의하지 않는다. 그러나 훨씬 더 많은 부분에 깊은 공감을 느낀다. 저자는 여러 번에 걸쳐 '칼뱅주의자들의 불안'이란 단어를 사용한다. 오늘날 개혁주의란 이름으로 적과 동지를 구분하지 못하고 신학적 폭력을 행사하는 무례한 시대에서 리디머 장로교회가 지향하는 제3의 길은 진지한 개혁을 지향하는 한국 교회의 유일한 희망이라고 믿게 되었다. 오늘날 세계적 복음주의 교회 내에서 일어나고 있는 모든 신학적 담론들을 치열하고 정직하게 담아내고 있는 너무나 중요한 책이다. 나는 이 책의 담론들을 기초로 한국 교회의 건강하고 성숙한 내일을 향한 대화가 시작되기를 진심으로 기도하며 뜻 있는 모든 한국 교회 지도자들에게 일독을 권한다.

_ 이동원, 지구촌교회 원로 목사

이 책은 이제 막 한국 교회에 소개되고 있는 이머징 교회와 그 운동이 무엇인지를 잘 설명한다. 그리고 이머징 교회와 전통 교회의 갈등이 무엇인지를 분석하고 비교하면서 이 둘 사이의 화해를 이룰 수 있는 '제3의 길'을 제시하는 탁월한 책이다. 그런 의미에서 이 책은 교회의 소중한 전통을 잘 이어가면서도 새로운 길을 통하여 진정 '깊이 있는 교회'를 세워가야 하는 과제를 안고 있는 한국 교회에 매우 소중한 선물이다.

_ 주승중, 장로회신학대학교 예배설교학 교수

21세기 교회 사역의 방향성을 대표하는 매우 중요한 두 흐름은 이머징 교회 운동과 '새로운 개혁주의'를 표방하는 전통적 교회운동이라 할 수 있다. 저자 짐 벨처는 이 두 흐름을 친밀하게, 그리고 객관적으로 진단할 수 있는 매우 독보적인 위치에 있다. 그는 이 두 흐름을 탁월하게 조율하여, 포스트모던 시대의 교회들을 위한 깊이 있고 실제적인 사역의 지표를 제시했다. _ 김선일, 예수소망교회 공동체 목사

정통 복음주의 교리와 문화 활동, 창의성, 사회정의를 위한 적극적 참여를 물과 기름처럼 나누고 둘 중 하나를 선택할 필요는 없다. 짐 벨처는 바로 이것을 보여준다. 중요한 책이다. _ 팀 켈러, 뉴욕시 리디머 장로교회

우리에게 꼭 필요한 책이다. 이 책은 진정한 제3의 길을 제시한다. 짐 벨처는 이머징 교회 운동을 색다른 시각으로 평가한다. 다시 말해, 그는 신학을 알며, 교회를 사랑하며, 20대를 이해하며, 이머징 교회 운동 전체를 알며, 정통 신학에 충실하다. 무엇보다도, 이 책은 핏대를 세우는 양극단을 피한다. 이머징 교회 운동을 다룬 정말 좋은 책은 2-3권에 지나지 않는다. 내가 본 책 가운데 이머징 교회 운동을 가장 잘 분석했다.
_ 스콧 맥나이트, 노스파크 대학 종교학 교수

자주 충돌하는 양쪽을 위해, 진정으로 은혜로운 책이 처음 나왔다. 짐 벨처는 이 책에서 양쪽을 공정하고 정직하게 비판한다. 벨처는 숙제를 깔끔하게 마쳤다. 그는 교회를 직접 개척한 목사로서 한 발은 전통적 개혁 진영에, 한 발은 이머징 교회에 두었다. 허수아비 논법(straw man arguments, 선거전이나 선동적인 대중 연설에서 많이 쓰이는 고전적인 논쟁술 전략이다. 상대방의 주장을 약점이 많은 주장으로 슬쩍 바꿔놓고 일방적인 공격을 퍼부어 패퇴하게 한다. 그러고는 상대방의 주장이 무너진 것처럼 꾸미고 이를 기정사실화한다 – 옮긴이)과 집단적 대립에 이골이 났다면, 이 책이 큰 도움이 되리라 믿는다. _ 마크 외스트라이셔, 유스 스페셜티스 회장

짐 벨처는 일반적으로 이머징 교회 운동에 대한 수박 겉핥기식 비판에서 벗어나 진정으로 깊이 파고드는 책을 썼다. 그는 이머징 교회 운동에 귀를 기울이고 이 운동을 정확히 파악한다. 따라서 그의 비판은 정확하다. 나는 벨처와 신학적 견해가 다르지만, 이 책을 진심으로 추천한다. 이머징 교회와 전통 교회를 모두 충실히 연구하고 건강한

대안을 제시하는 책이다. _ 토니 존스, 《새로운 기독교인들: 떠오르는 개척지에서 파견된*The New Christians: Dispatches from Emergent Frontier*》의 저자

짐 벨처는 자기 생각을 목회 현장의 도가니에서 벼려내면서 위대한 전통에 호소해 오늘의 논쟁을 중재하는 멋들어지고 새로운 방식을 제시한다. 이 책을 읽으면서 어떻게 하면 당신의 교회가 더 깊이 파고들지 배우기 바란다.
_ 콜린 한센, 《크리스채너티 투데이》 전문 편집자, 《현대 미국 개혁주의 부활*Restless, Reformed: A Journalist's Journey with the New Calvinists*》(부흥과개혁사 역간)의 저자

이 책은 한 인간이 겪은 영적 발견의 여정에 관한 이야기이며, 여정의 핵심은 발을 딛고 설 자리를 찾는 것이다. 벨처가 발견한 부분에 전적으로 동의하든 그러지 않든지, 이 책은 이해하기 쉽고 분명하며 매우 체험적인 데다. 신학적으로 이머징 교회를 호의적으로 변증한다. _ 앨런 허쉬, 《잊힌 길*The Forgotten Ways*》의 저자

짐 벨처는 정통 신학의 계류장을 창의적 사고, 선교 참여와 연결하는 방식을 제시하며, 교회를 생각하는 유익한 길잡이 역할을 한다. _ 에드 스테처, 라이프웨이 리서치 회장

짐 벨처는 복음주의 내부의 자유로운 진영과 보수적인 진영 간 분열을 신중하게 평가한다. 그는 이머징 교회의 장점과 약점뿐 아니라 이를 비판하는 전통 교회의 장점과 약점까지 명쾌하게 분석하고, 영감을 주는 '제3의 길'을, 양쪽의 최선을 종합하는 '깊이 있는 교회'를 제시한다.
_ 크리스털 다우닝, 《포스트모더니즘이 (나의) 신앙을 어떻게 섬기는가*How Postmodernism Serves (My) Faith*》의 저자

세밀하게 균형을 유지하면서, 이머징 교회와 이에 부정적인 무수한 반응을 비판적으로 유익하게 분석한다. 사랑으로 진실을 말하고, 분명한 제3의 길을 그려내는 편견 없고 참으로 은혜로운 책이다. 성경을 알고, 기독교 전통을 알며, 현대 선교의 난제를 아는,

생각 깊은 목회자가 아니면 절대로 이처럼 탁월한 책을 쓰지 못한다.
_ 존 암스트롱 박사, ACT 3 회장, 《당신의 교회는 너무 작다Your Church Is Too Small》의 저자

전통 교회와 이머징 교회 간에 '제3의 언어'를 통한 대화를 이끌어내야 하는 우리 시대의 긴급한 문제에 주의를 집중하게 한다. 이 책에는 건강한 신학적 씨름을 할 수 있는 실제적인 지혜가 넘친다. 또한 교회 낳기에 관한 새로운 시각이 담겨 있다. 목회자뿐 아니라 평신도에게도 적극 추천한다. 이 책을 읽으면서 과연 하나님의 작품인 교회가 다가오는 시대에 어떻게 변해야 하는지 생각해보기 바란다.
_ 마코토 후지무라, 화가, 《굴절: 예술, 믿음, 휴머니티의 여정Refractions: A Journey of Art, Faith and Humanity》의 저자

짐 벨처는 이머징 교회와 전통 교회 사이에서, 견고한 교리와 문화에 열린 자세 사이에서, 모더니즘과 포스트모더니즘 사이에서, '믿기 이전에 속하기'와 '회심 과정에서 공동체'의 중요성 사이에서, 교회가 어떻게 팽팽한 외줄을 탈 수 있는지에 관한 놀라운 생각을 제시한다. _ 하워드 아맨슨, 필드스테드 앤 컴퍼니 회장

교회를 선교적 차원에서 보는 시각이 확산되고 있다. 이 책은 선교하는 교회를 보여주는 깊이 있고 유익하며 실질적인 책이다. _ 마크 드리스콜, 시애틀의 마스 힐 교회

이머징 교회와 전통 교회에 대한 수박 겉핥기식 평가를 뛰어 넘어 미래를 위한 대안에 대한 놀라운 통찰을 제시한다. _ 댄 킴벌, 《그들이 꿈꾸는 교회They Like Jesus but Not the Church》의 저자

똑똑하고, 열정적이고, 생각이 깊고, 희망에 차 있고, 예수가 중심이다. 1990년대 초 (아주 오래 전이다!) 헌팅턴에서 함께 지내던 짐 벨처는 바로 이런 사람이었다. 이 책의 짐 벨처도 바로 이런 사람이다. 많은 사람이 이 책에서 큰 유익을 얻으리라 믿는다.
_ 랍 벨, 그랜드래피즈의 마스 힐 교회 목사

서 문

교회에 깊이를 더하려는 노력

《깊이 있는 교회》는 내 기도의 응답이다. 이유는 이렇다.

최근에 어느 젊은 '이머징' 목사가 내게, 신학교가 현실과 점점 동떨어진다고 말했다. 그는 내가 속한 신학교가 다른 신학교만큼 심하지는 않다고 했다. 그러나 진실을 말하자면, 그의 표현처럼 우리 모든 신학교가 '공룡'이다. 왜 이런 평가를 내렸느냐고 물었다. 그는 우리의 모든 신학 교육(교육 과정, 프로그램, 전략적 계획 수립)이 '모더니즘의 산물'이기 때문이라고 했다. 내가 속한 신학교는 최근에 전략적 계획을 수정했다. 그래서 그에게 이 부분을 분명하게 설명해달라고 했다. 그는 이렇게 말했다. "전략적인 계획 수립은 모두 합리성과 연결되지만, 우리 세대는 비전 수립에 더 관심을 둡니다."

대화는 오래 지속되지 못했다. 나는 그가 현란한 말솜씨를 부리고 잘못된 선택을 늘어놓는 데 조금 흥분한 채 그와 헤어졌다. 그는 왜 전략적 계획 수립 자체가 '비전 수립'으로 이루어질 수 없느냐고 물었다.

그러나 며칠 후, 나는 다른 데 흥분하게 되었다. 어느 복음주의 신학자가 그 젊은 목사가 표방하는 소위 '이머징 교회' 사상을 '이단'이요,

배교背敎라고 공격하는 글을 읽었다. 이번에도 그 신학자의 현란한 말솜씨가 마음에 걸렸다. 내가 알기로, 이머징 교회 가운데서도 교인들이 진정으로 그리스도를 믿고, 성경을 연구하며, 새로운 순종하는 제자도의 길을 모색하는 교회가 많다. 지금은 전통 교단 가운데 또다시 신자가 감소하는 곳이 적지 않다.

젊은 '이머징' 목사와 대화를 나누고 나서 며칠 후, 이머징 교회를 비판하는 글을 읽었다. 양쪽이 현란한 말싸움을 잠시 중단하고 '작전 타임'을 가졌으면 좋겠다는 생각이 들었다. 그래야 양쪽 다 흥분을 가라앉히고 진정으로 상대에게 귀를 기울일 수 있기 때문이다.

짐 벨처의 멋진 책은 이러한 내 기도의 응답이다. 그는 이 부분에서 우리를 안내하는 믿을 만한 길잡이 역할을 했다. 지금껏 서로 진지하게 귀를 기울이지 못했던 양쪽 진영을 세심하게 주목한다. 또 정직한 구도자로서, '참여하는 관찰자'로서 자신이 목회에 기울였던 창의적 노력을 (자신의 몇몇 잘못된 출발을 포함해) 솔직하게 털어놓는다.

현재 진행하는 논쟁의 내부자이자 외부자로서, 짐 벨처는 자신과 처지가 비슷한 우리에게 깊이 있는 교회를 세워야 한다고 깊이 있게 말한다. 그가 정통 신학을 고수한다는 사실은 의심할 여지가 없다. 그러면서도 그는 우리가 교회 됨의 새로운 방식을 꼭 찾아야 한다는 것도 안다. 짐 벨처는 자신이 모든 해답을 아는 것처럼 말하지 않는다. 그러나 이 책에서 그가 놀랄 만큼 믿을 만한 길잡이라는 사실은 증명해 보인다. 실제로 나는 그보다 나은 길잡이를 알지 못한다. 우리는 21세기라는 낯설고 가슴 벅찬 새 세상에서 창의적이고 신실하게 사역해야 한다.

그러기 위해, 복음을 깊이 파내려감으로써 교회의 깊이를 더하려는 노력이 절실히 필요한데, 짐 벨처는 바로 이 부분에서 더없이 믿을 만한 길잡이이다.

리처드 마우
《무례한 기독교Uncommon Decency》(IVP 역간) 저자

들어가는 말

제3의 길은 가능한가?

지금 복음주의 교회는 깊이 금이 갔다. 복음주의는 언제나 다양하다. 그렇더라도, 이러한 균열 때문에 최근 몇 년 사이, 복음주의 자체가 갈기갈기 찢길 위험에 처했다. 임박한 분열의 중심에 전통 교회와 이머징 교회가 있다. 1990년대 말, 젊은 복음주의자 몇몇이(지금은 이머징 교회라 불린다) 기존 교회의 현실과 방향을 안타까워하며 항의를 시작했다. 이들은 글과 말로 복음주의의 오류를 적잖게 지적했다. 더 나아가 컨퍼런스를 조직하고 책을 내며 새로운 교회를 개척해 자신들의 목소리를 내기 시작했다. 이것은 아주 기념비적이고 정열과 자원이 넘치는 운동이 되었다.

역설적이게도, 30년 전에는 복음주의 내부에서 전통적 진영이 항의 깃발을 들었다. 전통 교회는 서구 교회가 반지성주의, 흥미 위주, 성공 중심으로 변하는 것을 안타까워했고, 《교회 성장 운동의 새로운 기초 Dining with the Devil》(생명의말씀사 역간), 《복음주의 몰락The Evangelical Forfeit》, 《기업을 닮아가는 교회Selling Jesus》(기독교문사 역간), 《신학 실종No Place for Truth》(부흥과개혁사 역간) 같은 책으로 서구 교회의 가장 나쁜 요소를 비판했다.¹ 이러한 책은 로버트 웨버 Robert Webber가 실용주의자라고 부르는 사람을, 즉 전통 예배에서 역사적·전례적典禮的 요소를 제거한 구도자 중심 예배를 선도한 사람을 가장 먼저 공격했다.² 실용주의자는 교회 구조와 운영에 비즈니스 패러다임과 심리 상담 모델뿐 아니라 마케팅 이론에 근거한 교회 성장 철학까지 도입했는데, 전통주의자는 이것을 모두 비판했다.

이러한 비판이 고조될 때, 로버트 웨버가 '젊은 복음주의자'라고 부르는 가장 젊은 세대 복음주의자들이 항의에 가담했다. 21세기에, 이들 몇몇 젊은 복음주의자는 이머징 교회로 알려졌다. 이들도 실용주의자를 비판했다. 몇 가지만 예를 들면, 이들은 실용주의자들이 흥미와 개인주의를 선호하고 사회정의에 무관심하며 편협한 구원 신학을 고집한다고 비판했다.

이머징 교회와 전통 교회는 공통점이 많다. 그런데도 이머징 교회는 복음주의에서도 더욱 보수적인 진영을 비판한다. 전통 교회가 반격을 시작했다. 실용주의자도 이머징 교회에게 반격을 가했으나 아주 약했다. 그러나 실용주의자와는 달리, 전통 교회는 책과 컨퍼런스와 블로그를 통해 이머징 교회 운동을 강하게 비판했다. 거의 10년이 흐른 지금, 두 진영은 전면전에 돌입했다. 둘 사이 틈이 빠른 시일 내에 메워질 것 같지는 않다.

이머징 교회는 매우 다양한 저자와 목회자와 교회 전통으로 구성되기 때문에 목소리도 다양하다. 이들을 부분적으로 묶는 끈이 있다면, 그것은 시각이다. 이들은 복음주의 교회가 뭔가 잘못되었다고 본다. 이들은 단지 개혁을 원하는 게 아니라 전면적인 변화를 추구한다. 그러나 무엇이 어떻게 변해야 하는지는 이머징 교회 운동의 구성원들 사이에서도 의견이 조금씩 다르다.

솔직히, 전통주의 진영도 단일 조직이 아니기는 마찬가지이다. 전통주의 진영은 교단과 신학 노선을 초월한다.³ 그러나 전통적 복음주의를 구성하는 그룹은 문화와 인식론(우리가 무엇인가를 아는 방식에 관한 이론)과 교회를 보는 시각이 비슷하다. 이들은 또한 이머징 교회 운동을 상당히 통일된 시각으로 분석한다.⁴ 그러므로 나는 이 책에서 이들을 모두 묶어 '전통 교회'라 부르겠다.

서로 다른 말을 하는가?

이머징 교회와 전통 교회간 긴장이 최고조에 이르렀을 때, 이머전트 빌리지Emergent Village⁵에 속하는 토니 존스Tony Jones와 더그 패짓Doug Pagitt은 전통주의 진영의 지도자 존 파이퍼John Piper를 찾아갔다. 이들은 모두 미니애폴리스에서 목회를 하고 있었기에, 두 진영에 다리를 놓으려는 이러한 시도는 의미가 있었다. 이들은 점심을 함께하면서 차이점과 공통점을 논의했다. 이 만남이 있고 나서, 양쪽 모두 자기 경험을 글로 썼다. 그런데 양쪽 글이 달라도 너무 달랐다. 이 글들은 양쪽의 간극을 고스란히 보여주었다.⁶

존 파이퍼는 미니애폴리스에 자리한 베들레헴 침례교회 담임목사다. 그는 토니 존스와 더그 패짓을 만나고 오면서, 이들이 '헌신적 관계가 진리보다 중요하다'고 믿는다는 확신이 들었다.⁷ 파이퍼가 볼 때, 이런 시각은 성경을 둘째로 두기 때문에 위험했다. 존스와 패짓은, 자신들이 인생의 궁극적 진리를 어떻게 아는지 애써 설명했다.

그러나 파이퍼는 이렇게 생각했다. "그 친구들의 사고방식은 도무지 이해가 안 된다. 우리 사이에 심각한 인식론적 차이가 있다. 이 차이 때문에 마치 기름과 물처럼 대화가 거의 불가능했다."8 점심 식사가 끝나고 나서, 존 파이퍼는 이렇게 결론지었다. "우리는 세계관과 인식론이 아주 다르다. 대화가 얼마나 유익했는지, 조금이라도 서로 생각이 같은 부분이 있었는지 잘 모르겠다." 파이퍼는 머리를 흔들며 그 자리를 떠났고, 존스와 패짓이 중요한 신학 주제와 관련해 정확히 무엇을 믿는지 의아했다. 이들은 서로 지지 않으려 했다. "그들을 만나고 돌아오면서 실망에 빠졌다. 다르길 바랐으나 어떻게 해야 달라질지 알지 못했다."9

토니 존스도 존 파이퍼와의 만남을《새로운 그리스도인The New Christians》에서 이야기했다. 그러나 같은 만남을 전혀 다른 시각에서 보았다. 존스는 존 파이퍼가 주최하며 이머징 교회 운동에 비판적인 컨퍼런스 홍보물을 보았고, 존 파이퍼에게 일종의 '화해'를 위한 만남을 제안했다. 존스는 양쪽 다 '그리스도 선포에 헌신했다'는 점을 분명히 하고 싶었다. 그는 파이퍼가 "인상은 부드러운데 신학은 절대로 부드럽지 않다"라고 썼다. "존 파이퍼는 하나님의 진노가 인간의 죄에 거룩한 불길로 타오른다고 믿는다. 식사하는 동안, 파이퍼는 진노, 미움, 피 같은 단어를 양념처럼 곁들였다." 처음부터 긴장이 팽팽했다. 존스는 이렇게 썼다. "파이퍼는 먼저 내 이름을 전혀 못 들어봤다고 했고, 자신은 실제로 이머징 그리스도인에게 아무런 반감도 없다고 했다." 파이퍼의 문제는 또 다른 이머징 저자 브라이언 맥클라렌Brian McLaren에 대한 것이었다. 맥클라렌이 파이퍼가 중시하는 속죄 교리에 의문을 제기했기 때문이다.

더그 패짓은 토니 존스가 출석하는 교회의 목사이다. 패짓이 파이퍼에게 "우리가 서로 협력할 길을 찾길 바랍니다!"라고 했을 때, 파이퍼는 속죄 같은 근본 교리에 동의하지 않는다면 불가능하다고 했다. 패짓과 존스는 파이퍼의 속죄론을 지지하지 않는다. 그래서 파이퍼는 이들이 "복음을 송두리째 거부하며, 논리적으로 확대하자면, 그들은 … 그리스도인이 아니다"라고 했다.

존스는 기독교 2천 년 역사를 되돌아보면, 존 파이퍼의 속죄론을 견지하지 않았던 그리스도인이 수없이 많았다며 논박했다. 그러자 "그 목사님(존 파이퍼)은 나를 노려보며 '절대로 설교하지 마세요!'라고 했다." 존스는 무엇보다도 복음을 화해라고 생각했다. 즉 복음이 '경직된 교리, 곧 모든 사역을 가늠하는 리트머스 시험지'에 불과한 게 아니라는 것이다. 존스는 파이퍼의 모욕적인 말을 되받아치며 이렇게 결론지었다. "사실, 목사님이 화해의 삶을 살지 않으면서도 정통 그리스도인일 수 있을지 의문이 듭니다."10

이런 설전舌戰을 보면, 양쪽이 신학과 인식론과 교회 본성 같은 문제에서 얼마나 판이한지 분명히 드러난다. 공통점이라고는 거의 없어 보인다. 연합은 불가능해 보인다. 양쪽이 화해할 수 있을까? 양쪽이 실제로 이 정도까지 멀어졌는가? 양쪽이 협력하며 복음주의를 세워나갈 수 있는가, 아니면 도저히 화해할 수 없는가?

제3의 길이 있는가?

이러한 갈등을 지켜보는 사람은 대부분 양 진영 사이 어디쯤엔가 자리한다. 많은 사람이 복음주의 내부 실용주의 진영이 잘못되었다고 인식하며, 뭔가 다른 것을 원한다.[11] 이들은 더 깊은 예배와 더 강한 소속감을 갈망하고, 세상에 더 큰 영향력을 미치길 원한다. 빌 하이벨스는 실용주의적이고 구도자 중심인 교회를 선도했으나 자신이 틀렸고 자신의 교회가 제자를 제대로 양육하지 못했다고 인정했다. 그러자 그를 비판하는 사람들은 자신이 옳다고 느꼈다.[12] 이들은 뭔가 잘못되었음을 알았고, 성경적 교회관은 실현 가능하다고 확신한다.

그러나 중간에 있는 사람들은 혼란스럽다. 이들이 보기에, 전통 교회와 이머징 교회 모두 실용주의 예배에 격한 감정을 쏟아놓는다. 양쪽 다 서구 교회는 얕고 역사에 관심이 없으며 진정한 변화와 문화 발전보다 실용적인 문제에 집중하는 것처럼 보인다. 또 양쪽 다 교회를 향해 전통적 유산(기독교 신학과 예배와 의식의 넓이와 깊이)을 회복하고, 포스트모던 세계에서 오직 하나님의 영광을 위한 선교 사역에 귀를 기울이라고 외친다. 그러나 양쪽 진영은 화해하지 못한다. 서로 적대하고, 컨퍼런스에서나 글로 상대를 공격한다.

절대 다수가 이들의 논쟁에 혼란스러워한다. 많은 사람이 이머징 교회 저자들의 글을 읽고, 이들의 문제의식과 제안에 공감한다. 그러나 이들은 전통 교회 저자들의 글도 읽으며, 그들의 교회관에 부분적으로 공감한다. 다수가 양쪽에게 배우길 원한다. 그렇다면 양 진영이 왜 화해하지 못하는가? 어쨌든 양쪽이 원하는 바가 같지 않은가? 모두 사람들과 세상에 깊은 영향을 미치는 더 깊고 더 강건한 복음주의 교회를 세우려 하지 않는가? 그러나 다른 한편으로, 사람들이 양 진영을 불신하는 이유가 틀림없이 있다. 양 진영이 서로 다른 복음을 가르치기 때문에 함께하지 못하는가? 정말 그럴 가능성이 있는가? 양 진영은 출발점이 다르고, 이야기가 다르다. 중간에 있는 사람들은 이것을 찾아내고 싶어 한다.

누구를 위한 책인가?

양 진영 사이에 있는 사람들을 위해 이 책을 썼다. 이들은 복음주의 교회가 처한 상황을 안타까워하지만, 어디서 해답을 찾아야 할지 모른다. 이머징 교회와 전통 교회의 몇몇 제안에 공감하지만, 어느 쪽에도 마음을 고스란히 줄 수가 없다. 공공연한 갈등 때문에 이러한 걱정이 심해지고, 어느 쪽을 신뢰하거나 믿어야 할지 모른다. 양쪽 다 헛다리 짚었다면 어떻게 하는가? 제3의 길, 중도中道는 없는가? 나는 있다고 믿는다. 그것은 C. S. 루이스가 '깊은 교회Deep Church'라고 불렀던 길이다.[13] 깊은 교회란 C. S. 루이스가 1952년에 〈처치 타임스Church Times〉에 보낸 편지에 나오는 용어인데, 루이스는 이 편지에서 모더니즘 운동에 맞서 초자연적 계시를 변호했다. 그는 이렇게 썼다. "아마도 '저Low' 교회든 '고High' 교회든, 초자연주의자를 아우를 이름이 없다는 게 문제인 듯하다(저교회는 성공회에서 존 스토트와 알리스터 맥그라스로 대표되는 복음주의 조류를 말하며, 고교회는 교회 전통을 강조하는 조류를 말한다―옮긴이). '깊이 있는 교회'라고 하면 어떨까? 초라해 보인다면, 백스터Baxter의 용어를 빌려 '순전한 그리스도인mere Christians'이라고 하면 어떨까?"

둘째, 양 진영의 논쟁을 이해하려는 외부자를 위해 이 책을 썼다. 이들에게 양 진영의 대화는 생소하다. 또 이들은 설전의 내용을 알고 싶어 한다. 이머징 교회라는 말을 듣기는 했으나 이머징 교회가 무엇이고, 무엇을 주장하는지 전혀 모른다. 이들에게는 양 진영의 담론이 모두 생소하며, 자신의 교회가 처한 현실과는 무관해 보인다. 왜 이 논쟁이 중요한가? 이 책에서 양 진영 간 대화를 개략적으로 설명하고, 이머징 교회란 무엇이며 무엇을 지향하는지, 왜 전통 교회가 이머징 교회를 그렇게도 강하게 공격하는지 알아보려 한다.

셋째, 교회론(교회와 교회의 목적과 구조와 목표를 보는 신학적 시각)을 정립하려고 애쓰는 신학생을 위해 이 책을 썼다. 신학교 시절은 물려받은 신앙을 시험하고, 사역에 관한 성경적 확신을 더 깊이 파고 서서히 정립하는 중요한 시기이다. 이 책은 논쟁을 벌이는 양 진영을 소개한다. 따라서 신학생은 이 책에서 양 진영이 기독교 및 교회와 관련해 무엇을 믿는지 파악할 수 있을 것이다.

마지막으로, 한동안 목회를 계속했으나 자신의 목회 방식에 의문을 품은 목회자를 위해 이 책을 썼다. 많은 목회자가 목회 중년에 위기를 맞으며, 결국 소진되어 목회를 그만두기까지 한다. 나는 이런 모습을 보고 싶지 않다. 어떤 목회자는 복음주의에 환멸을 느낀다. 이들은 자신의 목회와 소명과 교회에 다시 불을 붙여줄 목회 모델을 찾고 있다. 그러나 어떻게 해야 이런 본보기를 찾을 수 있는지 모른다. 그렇더라도 이들은 깊이 있는 교회를, 자신과 공동체(교회)에 깊은 의미가 있고 하나님께 영광을 올리는 교회를 원한다. 그리고 자신이 이런 교회를 원한다는 사실을 안다. 그러기에 이 책은 이런 목회자를 위해 쓰였다.

간략한 여정 소개

2장에서는, 이머징 교회를 정의하고, 이들의 항의와 변화 계획을 살펴보며, 이들이 전통 교회에 만족하지 못하는 일곱 가지를 밝힌다. 전통 교회는 2장에서 많은 부분에 불쾌감을 느낄지 모르겠다. 그러나 모든 개혁 운동은 불쾌감을 자아내는 경향이 있다. 문제는 이들이 옳으냐 옳지 않느냐이다. 3장에서는, 이머징 교회의 항의가 교회의 연합을 위협하는지, 아니면 강화하는지 살펴본다. 양쪽이 같은 이야기를 하는가, 아니면 하나님나라를 위해 함께 일하지 못할 만큼 달라도 너무 다른가? 연합이 가능하다면, 그 토대는 무엇인가?

4-10장에서는, 이머징 교회의 일곱 가지 주요 항의(항변)를 하나씩 살펴본다. 각 장마다 가장 큰 반발을 불러일으켰거나 논의 중인 이머징 교회의 관점을 가장 잘 대변하는 저자를 하나씩 선택해 집중적으로 살펴보려 한다. 이런 방식은 이머징 교회가 내는 목소리의 너비와 다양성을 파악하는 데 제약이 되기도 한다. 그래도 이런 방식 덕분에, 서로 깊은 대화를 나누고, 그 대화에 더 귀를 기울이며, 더 유익한 방식으로 반응할 수 있다.[14] 한 저자의 시각을 다룰 때, 허수아비를 세우고 공격하면 훨씬 더 힘들다.

이러한 일곱 가지 항의 하나하나에서 각 저자가 제시하는 면밀한 비판과 부흥 계획을 살펴본다. 또한 전통 교회와 이머징 교회의 반발에도 귀를 기울이고, 이들의 비판이 정확한지도 평가하려 한다. 그러고 나서 양 진영의 장점과 약점을 살펴보고, 더 나아가 제3의 길을, 깊이 있는 교회를 모색해보려 한다. 내가 목회하는 교회, 캘리포니아 뉴포트 해변에 자리한 리디머 장로교회Redeemer Presbyterian Church를 비롯해 이와 비슷한 교회들을 이야기하면서 깊이 있는 교회를 실제로 실천하는 몇몇 예를 제시하겠다.[15] 4-10장 내용이 서로 관련이 있긴 하지만, 그래도 반드시 순서대로 읽을 필요는 없다. 아무 장이나 먼저 읽고 나서 건너뛴 장을 읽어도 좋고, 가장 관심이 가는 장을 먼저 읽어도 좋다. 결국 이것이 모두 한데 모여 깊이 있는 교회를 형성한다.

그러나 이제 신나는 여행을 떠나기 전에, 내 이야기를 먼저 하면서 왜 이 주제가 내게 그다지도 적절하고 중요하며 의미 깊은지 말하려 한다. 아주 개인적인 이야기이다.

모두 진실함에 더없이 주렸다.
교회놀이에 이골이 났다.
우리는 가장 깊은 곳을 만져줄,
죄책감과 수치심과 실망감을 해결해줄
믿음을 원했다.

내 꿈은 이러한 연합을 전통 교회와 이머징 교회가 이루는 것이다. 나는 양 진영이 서로 이해하려고 열심히 노력하고, 정통 신앙 부분에서 공통점을 찾아내며, 하층부에서는 서로 다르더라도 연합을 유지하려고 노력하길 바란다.

PART 1

전통 교회와 이머징 교회를 뛰어넘는 길을 모색하라

MAPPING NEW TERRITORY

DEEP CHURCH
01

THERE FROM THE START

깊이 있는 교회를
세우는 일은 가능할까?

나는 전통 교회와 이머징 교회, 두 교회 사이에서
이러지도 저러지도 못하고 있었다.
이는 제3의 길을, 깊이 있는 교회를 모색한다는 뜻이다.

1990년대 초, 나는 조지타운 대학에서 정치학 박사과정을 밟고 있었다. 학교에서 몇 블록 떨어진 동네 주택 지하층에 살았는데, 집주인은 70대 후반의 부유한 할머니였다. 나는 집세를 내지 않는 대신 할머니의 개를 데리고 매일 두 차례 산책을 나가야 했다. 가난한 대학원생에게는 나쁘지 않은 조건이었다. 〈워싱턴 포스트Washington Post〉의 소유주 캐서린 그레이엄이 두 집 건너에 살았다. 그 동네에는 상원의원도 여럿 살았다. 거리마다 가로수가 우거지고, 가로등이 운치를 더했으며, 호화 저택이 즐비한 게 마치 잘 그려놓은 한 폭의 그림 같았다. 정말이지 살고 싶은 동네였다. 낙엽이 질 때는 그야말로 동화의 한 장면이었다.

나는 조너선, 앨리슨 휘틀 부부가 사는 2층에 앉아 있었다. 나는 두 사람과 가까웠고, 그들의 집은 내가 사는 집에서 겨우 몇 블록 거리였다. 핼러윈(10월 31일) 밤이었다. 거리 저 아래에서는 톰 크루즈와 데미 무어가 주연을 맡은 〈어 퓨 굿맨A Few Good Men〉을 촬영하고 있었고, 우리는 흥미롭게 지켜보았다. 가을이 왔고, 공기는 상쾌했다. 내가 살아본 곳 가운데 가장 만족스럽고 행복한 동네였다. 그날 밤에, 우리는 할리우드 영화감독 롭 라이너가 거리 저 아래에서 스타들을 감독하며 영화를 만드는 광경을 지켜보면서 여러 시간 이야기꽃을 피웠다. 아주 즐거운 시간이었다. 실컷 웃었다. 우리가 경험하고 있던 공동체에 대한 깊은 감사가 묻어나는 웃음이었다. 2년간 계속된 조지타운 생활에서 가장 기억에 남는 부분은, 학교 수업이나 온종일 책과 씨름했던 순간이 아니라(학교생활도 만족스럽기는 했다) 우리가 세운 공동체에서 나누는 교제였다. 첫 학기를 외롭게 보내고서, 남미 정치학 수업에서 조너선과

앨리슨을 만났다. 두 사람은 샌타바버라에 위치한 웨스트몬트 대학을 졸업하고 결혼한 지 얼마 되지 않았으며, 조지타운에서 나란히 석사과정을 밟고 있었다. 우리는 곧바로 통했고, 많은 시간을 함께 보냈다. 둘 다 성실하고 믿을 만하며 재미있었다. 공동체는 이렇게 시작했다. 서서히 다른 그리스도인도 만나기 시작했다. 몇몇은 우리처럼 대학원생이었고, 몇몇은 국회의사당에서 일했다. 모두 의미 있는 소속감에 주려 있었다. 대학과 도시는 외로운 데다 지나치게 경쟁적이기 쉽다. 우리는 금요일 밤마다 휘틀 부부의 아파트에서 모였다. 6개월이 지나자, 이 비공식적 모임 인원이 12명으로 늘었다. 새로 들어온 친구 중에는 칠레에서 온 부부도 있었다. 칠레 사람은 작별 인사를 할 때 양쪽 뺨에 입을 맞추는 멋진 풍습이 있었다. 어느 정도 시간이 흐르고 나서, 모두 이 풍습에 푹 빠졌으며, 칠레 부부가 없는 날에도 이런 식으로 작별 인사를 나눴다. 성경에 나온 아주 오래된 풍습 같았다. 그러나 범세계적으로 보이기도 했다. 작별 인사가 상당히 길어졌다.

일반적으로 저녁을 먹고 모였다. 저녁 내내 하나 둘씩 모여들어 서로 반갑게 인사를 나누고, 수업 시간에 배운 내용을 두고 토론을 하거나 정치와 장래 꿈을 놓고 대화를 나누었다. 희망과 큰 기대감으로 넘치는 시간이었다. 입을 열 때마다 하나님을 말하지는 않았으나 우리 마음에는 언제나 하나님이 계셨다. 우리는 확신에 넘쳐 담대하게 살면서 변화를 시도했다. 모두 하나님의 영광을 위해서였다.

6월 어느 슬픈 날이 기억난다. 학위 과정이 모두 끝나 친구들과 작별하고 캘리포니아로 돌아가야 했다. 친구들이 많이 보고 싶을 거라는 사실을 알았다. 이런 공동체는 그 무엇으로도 대신하기 어렵다. 평생에

한 번뿐인 경험이었다. 우리는 각 인생 여정에서 같은 지점을 지나고 있었고, 비슷한 필요와 두려움을 느꼈으며, 함께 있길 좋아했다. 그때는 삶이 늘 이와 같으리라 생각했다. 이런 공동체를 세우기가 얼마나 어렵고 힘든지 그때는 미처 몰랐다.

캘리포니아로 돌아왔으나 얼마 지나지 않아 허전함을 느꼈다. 해변과 따뜻한 햇볕이 있는 캘리포니아로 돌아와서 기쁘긴 했다. 조지타운으로 가기 전, 캘리포니아에서 2년 동안 살면서 패서디나에 있는 풀러 신학교에 다녔다. 따뜻한 날씨, 야트막한 언덕, 탁 트인 해변과 사랑에 빠졌다. 그래서 캘리포니아로 돌아온 게 기뻤다. 뉴잉글랜드 소년에게 캘리포니아는 제격이었고 고향처럼 포근했다. 일 년 내내 계속되는 여름을 사랑했다. 여자친구 미셸이 곁에 있어 늘 심장이 두근거렸다(지금 미셸은 내 아내이다). 그러나 뭔지 모르게 허전했다. 우리 부부는 200명 정도 모이는 대학부 예배에 참석했다. 그러나 모임은 깊이가 없어 보였다. 가르침은 견실했으나 공동체는 약했다. 주일에 모였고, 수요일 저녁에 모이기도 했다. 그러나 대화는 전혀 깊이 들어가지 못했다. 대부분 사람에게 그냥 즐거운 시간일 뿐이었다.

패서디나 워싱턴 D. C.의 경험을 떠올릴수록(조지타운 대학은 워싱턴 D. C.에 있다—옮긴이), 미셸과 나는 조지타운에서 느꼈던 강한 소속감이 더 그리웠다. 라디오에서 캘리포니아 풀러턴의 척 스윈돌Chuck Swindoll 목사님 설교를 들은 기억이 난다. 그때 스윈돌 목사님은 캘리포니아 사람들이 '너비는 미시시피이지만 깊이는 도랑'이라고 했다. 캘리포니아에서 태어나고 자란 미셸은 "정말 맞는 말이야!"라고 맞장구를 쳤다. 어느 흐린 주일 밤, 우리는 큰 난로에 불을 피우고, 패서디나가 내려다보이는 언덕에 자리한 집에서 단 둘이 저녁을 먹었다. 우리는 내가 조지타운에서 경험한 깊은 교제를 시작하겠다는 꿈을 꾸었다. 달리 말하면, 기독교 선교사이자 변증가인 프란시스 쉐퍼가 스위스의 라브리 공동체에서 나누었던 교제를 꿈꾸었다.¹ 우리는 먼저 주일 저녁에 몇몇 친구를 집으로 초대했다. 대부분 대학부 리더였다. 나는 불을 피우고 촛불을 밝히고서 모임의 목적을 설명했다. 모임의 목적은 껍데기를 벗고 진정한 가족을 만들어보자는 것이었다.

몇 주가 흐르고서 첫 모임을 열었다. 불안한 마음으로 토론을 시작했다. 내가 살아오면서 겪은 가슴 아픈 일을 먼저 들려주었다. 그러고서 고통(고난)이 그리스도인의 삶에서 어떤 목적을 이루느냐는 질문으로 토론을 시작했다. 나는 "왜 하나님은 어려운 순간을 허락하시는가? 더 나아가 하나님은 우리 삶에서 어려운 순간을 어떻게 활용해 우리를 성장하게 하시는가?"라고 물었다. 하나님이 우리의 고통스러운 경험을 우리 삶에 유익하게 사용하실 수 있다면, 그분이 어려운 일을 허락하신다고 해서 그분에게 삿대질을 해댈 이유가 어디 있는가? 야고보서는 고난 가운데 있을 때 기뻐하라고 했는데, 왜 우리는 그러지 못하는가? 솔직히 그날 나눈 대화는 이 정도밖에 기억나지 않는다. 그래도 기억하기로, 그날 토론은 무려 4시간이나 계속되었을 뿐 아니라 뜨겁고 진지하며 깊었다. 처음에 했던 걱정은 그야말로 기우에 지나지 않았다. 마치 여러 날을 굶은 사람들에게 빵을 나눠주는 것 같았다. 사람들은 무엇이든 게걸스럽게 먹어치웠다. 모두 의미와 소속감에 주려 있었다. 함께 기도하고 나서, 서로 포옹하며(아직 뺨에 키스를 하지는 않았다) 작별 인사를 나누고 헤어졌다. 그런데 벌써 다음 주일이 기다려졌다. 아름다운 그 무엇이 태어났다.

그다음 주, 네 친구가 몇몇 사람을 데려왔다. 이러한 일은 여러 주 계속되었다. 두 달이 지나자, 인원은 50명에 육박했다. 자리가 좁아 이글대는 불가에 몸을 맞대고 둘러앉아, 아랫동네의 아름다운 야경을 바라보았다. 주일 밤마다, 나는 그리스도인의 성장과 내적 변화와 관련한 주제를 하나씩 제시하고, 그날 토론할 문제를 15분 정도 소개했다. 그러고 나면, 서너 시간 집중적인 대화를 나누고 해결책을 모색하고 기독교를 우리의 가장 깊은 필요와 연결해보았다. 나는 이따금 토론 과정을 이끌며 질문을 던지고, 곁길로 빠지거나 한 사람이 토론을 좌지우지하려는 낌새가 보이면 토론을 원위치로 돌려놓았다. 분위기는 뜨거웠다. 모두 활력이 넘치고 진지하기 이를 데 없었다. 모임은 자정을 넘기기 일쑤였다.

이후 1년 동안, 우리는 깨달았다. 모두 진실함에 더없이 주렸다. 우리는 교회놀이에, 이런저런 몸짓을 하기에 이골이 났다. 우리의 가장 깊은 곳을 만져줄 그 무엇을 원했다. 죄책감과 수치심과 실망감을 해결해줄 믿음을 원했다. 시간이 흐를수록, 대화가 정직해지고 복음(새날이 밝았으며, 예수님이 우리를 위해 하신 일을 의지함으로써 우리가 그분의 나라에 들어갈 수 있다는 예수님의 선언) 앞에 설수록, 눈에서 더 많은 비늘이 벗겨졌다. 처음으로 은혜를 체험했다. 우리 가운데 기독교란 도덕과 선한 삶이라고 생각하며 자란 사람이 많았다. 말하자면, 기독교는 우리가 절대로 실천하지 못할 이상理想이었다. 모임에 참석하는 사람들 가운데 다수가 여전히 교회에 다녔으나 이런 삶을 살려고 노력하지 않은 지 오래였다. 몇몇은 아예 교회를 떠났고, 불가능한 것을 더는 시도하려

하지 않았다. 우리는 깨달았다. 우리 마음이 그리스도로 말미암아 변화해야 그리스도인의 삶이 가능하다는 것을. 그러면 은혜로 우리는 순종할 수 있게 된다. 이것이 감사하는 삶이다. 사람들이 그리스도인으로 살면서 느꼈던 깊은 절망과 패배에서 벗어나 진정한 희망으로 나아가는 게 보였다.

살면서 겪는 실망과 실패 때문에 너무나 자주 꺼져버리는 희망이 천천히 회복되었다. 사람들이 해방되었다. 모두 함께 깨달았다. 예수님은 십자가에서 돌아가심으로 죽음의 권세와 두려움을 멸하셨을 뿐 아니라 우리의 죗값도 치르셨다. 그리고 이렇게 하심으로써 우리를 옭아매고 끌어내리며 하나님이 우리를 위해 준비하신 삶을 체험하지 못하게 막는 수많은 우상에서 해방케 하셨다. 이것은 수많은 사람에게 부흥이라는 단어로밖에 표현하지 못할 참으로 엄청난 결과를 낳았다. 삶이 영원히 달라졌다. 지금도 몇몇 참석자는 주일 밤 모임이 자기 삶에서 가장 의미 깊은 시간이었다고 말한다. 참으로 놀라운 시간이었다.

우리 집에서 모임을 시작한 지 1년이 지났을 무렵, 집주인의 반대로 모임을 계속하지 못하게 되었다. 집주인은 많은 사람이 들락거리는 통에 카펫이 훼손되는 것을 싫어했다. 깊이 고민한 끝에, 교회에서 모이기로 했다. 참석자 가운데는 그만한 인원을 수용할 만큼 집이 넓은 사람이 없었다. 제도가 부흥의 숨통을 끊을까 봐 두려웠다. 나는 우리 교회를 사랑했으나 교회와 조금 서먹했다. 우리 교회는 패서디나에서 가장 크고 100년 역사를 자랑하는 정통주의 횃불 같았다. 많은 장점이 있고, 왕성한 활동을 하고, 성장을 거듭했다. 그러나 대형 교회 운동의 가장 안 좋은 몇몇 부분을 받아들였다. 다시 말해, 사람보다 프로그램에 집중하고, 그리스도보다 도덕을 강조하며, CEO형 지도자를 고용하고, 교회 개척에는 전혀 관심이 없었다. 100년 동안 개척한 교회가 고작 하나였다. 우리 교회에 산적한 이 모든 문제를 다 알기에, 교회 안으로 모임을 옮기고 목회자의 전폭적 지원을 받기가 꺼려졌다. 몇 년 후, 모임에 참석하는 젊은이가 수백 명으로 늘었다.

내부자

나는 생기 넘치는 모임을 운영하면서, 교회에서 우리처럼 하는 사람이 전혀 없다는 생각이 들었다. 세상에서 전통 교회 문제를 인식하고 새로운 시도를 하는 사람이 우리뿐이라고 믿었다. 전통(실용주의) 교회에서 자라난 젊은 목회자가 많이 있었는데, 그들은 만족을 못 느꼈다. 나는 이 점을 이해할 수 없었다. 그들은 뭔가 다른 것을 해보고 싶어 했다. 그뿐 아니라 대화, 진실함, 공동체, 교회 밖 사람들에게 집중하는 새로운 목회 모델을 개척했다. 이러한 젊은 목회자와 활동가 가운데 다수가 〈리제너레이션〉이라는 새 계간지에 글을 쓰고 있었다.[2] 이 잡지는 말하자면 젊은 복음주의 지도자를 위한 집안 청소였다. 우리가 조지타운에서 금요일 밤마다 모일 때, 모임에 참석했던 드루 랜더Drew Lander가 잡지 출간을 도왔다. 그는 잡지를 출간할 때 내게 원고를 부탁하고, 나는 그의 부탁을 들어주었다.[3]

1990년대 중반, 디터 잰더Dieter Zander와 팀 셀렉Tim Celek 같은 젊은 교회 개척자가 이러한 새로운 목회 형태를 소개하는 책을 냈다. 즉 책에서 문화 맥락에 초점을 맞추고 공동체 세우기에 집중하며 형식을 좀 더 탈피한 정직한 형태의 설교가 특징인 사역을 소개했다.⁴ 예배 음악까지 시애틀의 그런지 씬(grunge scene, 1980년대 워싱턴 주, 특히 시애틀 지역에서 생겨난 강렬한 록 음악의 한 장르-옮긴이)에 영향을 받아 더욱 강렬해졌다. 원래 이와 같은 새로운 사역 형태를 가리켜 '버스터'(Buster, 출생률이 격감하던 시기에 태어난 세대-옮긴이) 또는 'X세대$^{Gen\ X}$'라 불렀다. 이것은 제2차 세계대전 후에 나타난 베이비붐 세대를 잇는 다음 세대를 가리키는 사회학 용어였다. 결국, 이런 유형의 사역을 '이머징^{emerging}'이라 부르게 된다. (emerging과 emergent라는 용어는 2001년에 등장한다. 그러므로 이 책에서는 2001년 이전 상황을 말할 때 계속 'X세대'라는 용어를 사용하려 한다.)

나는 복음주의 세계에서 무슨 일이 일어나는지 알고자 X세대 사역에 관한 책을 나오는 대로 모두 읽었다. 이러한 여러 책이 논의하는 많은 흐름을(토론이 기초인 가르침, 소그룹, 문화 참여, 전례, 찬송가 부르기) 우리는 이미 사역에 적용하고 있었다.

디터 잰더와 같은 몇몇 사람이 사전 준비 없이 X세대 교회를 개척했다. 그러나 더 큰 교회에서, 베이비붐 세대의 예배 형태에 만족하지 못하는 X세대를 겨냥한 대안 예배를 시작하는 게 일반적인 흐름이었다. 1996년, 나는 마크(마르코) 외스트라이셔와 함께 팀을 만들어 대안 예배를 시작했다. 그 무렵, 마르코는 우리 교회 중등부를 담당하는 교육 목사였다(내 직속상관이기도 했다). 동료 목사 카라 파웰도 팀에 합류했다. 새로운 예배를 시작하기 전에, 마르코는 X세대 2.0 컨퍼런스에 관해 들었다. 컨퍼런스는 산타크루스 근처에 있는 헐몬 산 기독교 컨퍼런

스 센터에서 열리는데, X세대를 위한 대안 예배를 시작하고 싶은 대형 교회를 위한 행사였다.[5]

이 컨퍼런스를 계기로, 크리스 세이$^{Chris\ Seay}$, 더그 패짓, 댄 킴벌$^{Dan\ Kimball}$, 마크 드리스콜$^{Mark\ Driscoll}$ 같은 젊은 X세대 개척자들이 한자리에 모였다. 마크 드리스콜은 20대였고, 시애틀에 마스 힐 교회를 막 시작했다. 대규모 컨퍼런스에서 강연하기는 그때가 처음이었다. 마스 힐 교회는 당시 출석 교인이 150명이 채 되지 않았으나 지금은 8,000명이 넘는다. 드리스콜은 문화 변화에 관해, 교회가 과거와는 달리 문화에 어떻게 반응해야 하는가를 중심으로 강연했다. 내 기억이 정확하다면, 그의 핵심은 이것이었다. 서구 세계를 지배하는 세계관, 곧 계몽주의의 과학적 합리주의가 무너지고, 포스트모더니즘이라는 새로운 세계관이 그 잔해에서 일어났다(4장을 보라). 그는 모더니즘은 과학과 합리주의 위에 세운 큰 건물이라고 했다. 모더니즘 시대의 도시는 힘과 능률을 입증했다. 즉, 자연과 무지와 가난을 정복했다. 그러나 200년이 흐른 후, 모더니즘이 무너졌다. 모더니즘은 인간 영혼이 느끼는 가장 깊은 갈망을 더는 만족시키지 못했다. 사실, 모더니즘은 인간 내면의 삶을 무너뜨렸다.

서구인은 이제 내면의 삶을 세울 토대로 다른 철학과 세계관을 찾는다. 이런 이유 때문에, 영성, 세계 종교, 뉴에이지의 인기가 높아졌다. 드리스콜은 포스트모더니즘이 계몽주의가 실패한 이후의 삶을 가리키는 용어라고 했다. 포스트모더니즘은 도시를 건설하지 않고 모더니즘의 토대를 침식하는 지하 공동체를 건설한다. 그리고 제외 대신 포함을, 개인주 대신 공동체를, 힘 대신 섬김을 표방하는 철저히 다른 환경을 조성한다. 이성에 기초한 우주적 진리에 관한 서술을 거부하고, 진리는 부분적이며 의미 공동체에서 발견된다고 주장한다.

마크 드리스콜은 교회에 이러한 문화 지진을 의식하고, 소용돌이에 휩싸인 사람들에게 다가가기 위해 사역에 변화를 주라고 요구했다. 그의 강연은 컨퍼런스의 꽃이었다. 많은 목회자가 포스트모더니즘을 이제 막 듣고 그것을 잘 설명하지 못했지만, 마크의 강연에 공감했다. 이들은 마크의 메시지를 겨우 직관적인 수준에서 이해했을지도 모른다. 그럼에도 이들에게 마크의 메시지는 실제적이었다. 이러한 전형적인 대화가 오갔다. "마침내 누군가 우리가 살며 사역하는 세상을 그려내었구먼!" 흥미롭게도 마크는 《개혁 선교 목사의 고백Confessions of a Reformission Rev.》에서, 이 강연에 대한 반응이 아주 뜨거워 그해 컨퍼런스 센터에서 그 강연 테이프가 가장 많이 팔렸으며, 자신은 유명한 전국구 강사가 되었다고 말한다.6 그는 X세대 운동을 이끄는 젊은 지도자들과 합세해 전국을 다니며 컨퍼런스와 교회에서 강연과 설교를 했다. 게다가 그는 테라 노바Terra Nova라는 모임의 일원이었는데, 더그 패짓, 댄 킴벌, 브라이언 맥클라렌을 비롯해 이 운동에서 유명한 사람들은 모두 이 그룹의 일원이었다. (이 그룹은 마침내 이름을 이머전트 빌리지Emergent Village로 바꾸었다.)

X세대 2.0 컨퍼런스는 내게 유익했다. 그러나 컨퍼런스가 '어떤 종류의 사역이 새로운 세대에 먹혀들까?'와 같은 질문에 지나치게 많은 시간을 쏟으면서도, 젊은이들이 자유를 얻으려면 들어야 하는 핵심적인 성경 교리에는 충분한 시간을 할애하지 않았다는 느낌이 들었다. 그러나 뭔가를 실제로 진행한다는 느낌도 들었다. 우리 세대는 기존 교회

방식에 만족하지 못했다. 우리가 트웬티-섬씽 펠로십Twenty-Something Fellowship(모임 장소를 교회로 옮기면서 모임 이름을 이렇게 바꾸었다)에서 하는 일을 전국 교회들이 하고 있다는 사실은 알고 있었다. 우리는 유별난 사람이 아니었다!

1997년, X세대 2.0 컨퍼런스가 끝난 지 얼마 지나지 않았을 때, 더 웨어하우스The Warehouse라는 이름으로 새로운 대안 예배를 시작했다. 우리는 비법을 찾아냈고, 대형 교회에서는 X세대 예배를 시작했다. 우리 전략은 먹혀들었다. 다른 비슷한 예배처럼, 대화 형식으로 가르치고, 설교를 마치고서 탁자에 둘러앉아 토론하고, 뮤직비디오와 영화를 비롯한 다양한 자료를 활용했다. 목사 네 명으로 구성된 팀이 함께 가르치고, 한 사람에게 의존하는 방식을 피했다. 음악은 시끄럽고 정열적이었으며, 그 무엇보다 록 콘서트에 가까웠다.

나는 그 무렵 큰 가르침을 얻었다. 미셸과 결혼한 지 2년이 지난 때였다. 시간제로 교회 청년부 사역을 하고, 아주사 퍼시픽 대학 겸임교수로도 재직했다. 그래서 교수와 목회자 가운데 어느 쪽이 나를 향한 하나님의 뜻인지 고민했다. 그로부터 4년이 지난 후에야, 내 소명을 분명하게 알았다.

교수와 목사를 겸하는 게 신나기는 했다. 그래도 가끔 중압감이 아주 심했다. 짐 데니슨을 만났던 날이 기억난다. 그는 우리 집에서 시작한 모임의 설립 멤버였다. 그는 최근에 패서디나에 교회를 개척했다.[7] 그에게 오래된 헌팅턴 호텔에서 만나자고 했다. 나는 사역과 일상에서 느끼는 부담과 좌절을 토로했다. 그도 막 개척한 교회 때문에 힘들었던 터라 내 말에 곧바로 공감했다.

우리는 화요일 저녁마다 만나 전쟁 같은 사역 이야기를 했다. 마침내 몇몇 친구를 초청하고, 그 후에 지역 젊은 목사를 모두 초청했다. 우리는 매주 헌팅턴 호텔에서 만나 식사를 하고 실천신학을 논했다. 그래서 우리 모임을 '헌팅턴 그룹Huntington Group'이라 불렀다. 젊고 유망한 목사들이 모인 놀라운 모임이었다. 우리는 교회에 관한 이야기를 나누었다. 사역의 틀을 짜는 가장 좋은 방법과 효과적으로 설교하는 방법과 기독교를 실생활과 우리가 이끄는 사람들에게 적용하는 방법을 토론했다. 우리는 젊은 이상주의자였기에, 완벽한 교회를 모색하거나 최소한 우리가 알던 교회보다는 더 나은 교회를 모색했다. 몇몇 부분에서, 헌팅턴 그룹은 미래의 교회 개척자를 길러내는 신병 훈련소 같았다. 실제로 회원 여섯 명 가운데 넷은 교회를 개척했다.[8] 가장 유명한 랍 벨Rob Bell은 미시건의 그랜드래피즈에 마스 힐 성경교회를 개척하고, 베스트셀러도 여러 권 냈다.[9]

우리 모임은 두 가지 이유에서 토대 역할을 했다. 첫째, 회원들 가운데 몇몇은 이제 이머징 교회에서 영향력 있는 목소리를 낸다. 둘째, 우리가 던졌던 많은 질문, 즉 우리 믿음을 변해가는 세상과 어떻게 연결할 것인가? 우리 문화에서 기독교를 어떻게 이해하게 할 것인가? 개인주의 세상에서 공동체를 어떻게 세울 것인가? 교회는 도시에 어떤 영향을 끼쳐야 하는가? 이런 질문은 지금도 이머징 교회가 던지는 질문이다. 이 책에서 논의할 많은 부분이 헌팅턴 그룹에서 처음 논의되었다.

사람들은 내가 이머징 교회 운동의 일원이 아니냐고 묻는다. 대답하기 어려운 질문이다. 여러 면에서, 나는 이머징 교회에 대한 논의가 태동할 때부터 내부에 있었다. 친구들과 이전 동역자 가운데 지금 이머징 교회에서 중요한 역할을 하는 사람이 적지 않다. 이들은 책을 쓰고, 컨퍼런스에서 강연을 하며, 이머징 교회 운동에 관한 과제를 제시한다. 이들의 질문은 내가 15년 전에 씨름했던 질문과 다르지 않다. 바로 교회가 어떤 모습이어야 하는가, 교회가 주변 문화에 어떤 영향을 미쳐야 하는가, 모더니즘에서 포스트모더니즘으로 옮겨가는 세상에서 그리스도인으로 산다는 게 무슨 뜻인가 하는 질문이다. 이런 질문의 의미를 찾으려는 노력은 참으로 바람직하다. 이머징 교회 저자들은 큰일을 했다. 이들은 전통 교회 문제를 진단하고, 정곡을 찌르는 해답을 많이 제시했다. 그러기에 나는 이머징 교회의 이러한 담론에 공감한다. 그러나 동시에, 이들이 제시하는 몇몇 답변에 심한 거부감을 느꼈고 앞으로도 그러할 것 같다.

외부자

나는 이머징 담론의 내부자라고 느끼는 만큼이나 이따금 강하게 외부자라고 느낀다. 이머징 담론에는 나로서는 받아들이기 어려운 부분이 있기 때문이다. 풀러 신학교에 시절, 나의 멘토이셨던 리처드 마우 Richard Mouw 총장은 이런 부분을 '칼뱅주의자의 불안'이라 불렀다.

아내가 첫째를 임신했을 때, 우리는 주변에서 가장 멋진 동네를 매일 한 시간가량 걸었다. 걸으면서 아름다운 집과 그 조망에 감탄하고, 나의 불안을 이야기하기도 했다. 그 무렵, 나는 교회를 사임한 터였다. 우리는 몇 년간 교회 사역을 하며 많이 배웠다. 그때의 경험에 깊이 감사한다. 어떻게 다음 걸음을 내디뎌야 할지 확신하지 못했으나 교회를 떠난 이유는 확실했다.

가장 큰 이유는 각 세대를 겨냥한 사역, 흔히 말하는 연령별 사역 때문이었다. 교회 성장 운동은 이것을 '동질 집단 원리'라 부른다. 구도자 교회와 새로운 X세대 사역 모두 이 원리를 채택했는데, 이 원리는 지금도 몇몇 이머징 교회 진영에서 인기가 높다.[10] 연령별 사역에서는, 각 세대마다 전담 목사가 있고 목표 사역이 있다(사실, 교회 안에 또 다른 교회를 두는 셈이다). 우리의 트웬티-섬씽 펠로십이 이러했다. 그런데 알고 보니, 연령별 사역이 교회를 분리했다! 여기에 특정 연령층을 겨냥한 음악 형식을 도입한 찬양 예배까지 더해지면, 교회는 모든 연령층이 가족같이 함께 예배하는 원래 모습을 잃고 만다. 다양한 그룹이 같은 시설을 사용하는 것과는 다른 문제이다.

우리가 한 청년 사역은 많은 사람에게 유익을 끼쳤다. 그러나 이 '교회 안의 교회' 모델에서 무수한 약점을 발견했다. TSF에서는 윗세대에게 가르침을 받거나 지혜를 얻을 수가 없다. 우리는 젊은 세대에게 영향을 미치고 그들을 섬길 기회가 없다. 우리는 연령 분리 때문에 개인뿐만 아니라 공동체까지 허약해진다고 결론지었다. 피해가기에는 문제가 너무 컸다. 이머징 진영도 이 부분을 어느 정도 생각했으나, 동질 집단 원리에 아주 강하게 매였기 때문에 나이와 문화와 인종적 배경이 비슷한 사람들을 대상으로 하는 교회를 시작했다. 이것은 흔히 예배 음악으로 이루어졌다. 예를 들면, 나이 든 세대는 매우 시끄러운 음악에 대부분 소외감을 느낀다. 따라서 동질 집단 원리를 공식적으로 채택하지 않더라도, 세대 통합형 교회는 물 건너간다.[11]

둘째 이유는 뿌리가 필요하다는 생각 때문이었다. 복음주의자로서 우리는, 뿌리가 없고 교회에서 적잖은 부분이 잘렸다는 느낌이 들었다. 그래서 우리 사역을 작은 운동이기보다 큰 어떤 것의 일부라고 느끼고 싶었다. 과거와 연결되고 싶었다. 모든 깊이와 광휘와 신비를 간직한 고대 교회의 한 부분이 되고 싶었다. 우리가 교단에 속하지 않은 교회들을 넘어서는 그 무엇과 연결되어야 한다는 뜻이다.

우리를 지도하고 감독해줄 교단과 연결되면 어떨지 생각했다. 이미 알고 있듯이 교단이 많은 X세대 진영에서 매력을 잃은 지 오래였다. 게다가 교단은 완벽하지도 않다. 그렇다면 대안은 무엇인가? 자기 방식대로 운영하는 독립교회인가? 이들에게 감독과 지도와 책임은 어디 있는가? 목사가 탈선하면, 누가 성도를 보호하겠는가? 몇몇 교인이 더없이 선한 목사를 내쫓으려 하면, 누가 목사를 보호하겠는가? 교단의 감독을 받지 않으면, 교회는 필연적으로 분열된다. 분열은 언제나 일어나며, 상심한 목회자와 환멸을 느낀 교인이 남을 뿐이다. 더 나은 게 있어야 한다.[12]

또한 우리를 훈련하고 지도하며, 우리에게 영감을 불어넣을 만한 교단의 일원이 되고 싶었다. 나는 부족한 점이 아주 많은 젊은 목사였다. 그래서 임직을 중요하게 여기는 교단을 찾고 싶었다. 목회가 지극히 중요한 소명이기 때문일 뿐만 아니라 나를 지도해줄 스승이 필요했기 때문이다. 멘토링은 X세대의 강점이 아니었다. X세대에 임직을, 교단과 교회와의 연대를 거부하는 목소리가 컸다. 그 당시, X세대에는 내가 찾는 뿌리가 없었다.

우리보다 큰 무엇과 연결되고 싶은 마음에, 역사적 연결을 생각했으며 고대 예배도 논의했다. X세대 예배는 문화 장벽을 허물고, 성과를 지향하지 않고 진정성을 추구했다. 이 부분을 크게 인정했으나 그래도 몇 가지 부분은 여전히 불안했다. 해 뜰 때와 해 질 때, 아내와 나는 가로수가 늘어선 아름다운 거리를 걸으면서 X세대 예배의 장단점을 짚어보았다. 그리고 우리가 갈망하는 예배를 꿈꾸었다. 그런데 꿈을 꿀수록 우리가 X세대 운동의 외부자라는 느낌이 강해졌다.

우리는 초기 X세대의 예배를 걱정했다. 지나치게 상황에 맞춘 듯한 예배였다. 주변 문화에 다가가겠다며 지나치게 세상과 비슷해졌고, 문화에 맞서는 모습이 부족했다. X세대 예배는 베이비붐 세대가 추구했던 구도자 예배의 '더 즐거운 버전'처럼 보였다. 우리는 깊은 예배를, 기독교 역사 2천 년에 뿌리를 둔 예배를 갈망했다. 또한 우리를 과거와 연결하는 동시에 미래를 위해 우리를 바꾸는 단단한 음식에 주려 있었다. 기쁨만큼이나 존경을 원하고, 예배에서 머리와 가슴이 연결되는 체험을 원했다. 그리스도의 몸을 이루는 모든 지체가 구경꾼이 아니라 예배에 온전히 참여하는 자가 되는 예배를 원했다.

우리가 X세대 예배를 보며 마지막으로 걱정했던 점은 복음을 중심에 두는 모습이 부족하다는 점이다. 이들은 순종과 선교, 문화에 접근하기는 적잖게 말했으나 용서의 중심인 십자가와 예수님을 위해 살게 하는 은혜의 능력은 거의 말하지 않았다. X세대 2.0 컨퍼런스에서 설교자들이 복음을 거의 논하지 않는 데 실망했던 기억이 난다. 다시 말해, 사람을 바꾸고 강력한 성육신적 공동체를 기르는 능력을 거의 언급하지 않았다. 그 무렵 나는 〈리제너레이션〉에 글을 썼다. 그 글은 복음의 중심으로 돌아오라는 외침이었다(이 장의 각주 2를 보라).

아내와 함께 꿈을 이야기하면서, 포스트모더니즘 세계를 사는 사람들이 우리가 꿈꾸는 교회를 환영할까라는 생각을 자주 했다. 우리 말고 고대 교회의 깊이와 신비, 복음 중심을 갈망하는 사람이 있을까? 그 무렵에 어느 젊은 여대생과 나누었던 대화가 기억난다. 그 학생에게 우리가 꿈꾸는 교회를 들려주었다. 그것은 찬송가를 부르며, 기도문을 암송하고, 매주 성찬식을 행하며, 세대를 아우르며 복음을 중심에 두는 교회였다. 우리 이야기를 들은 여학생은 이렇게 대답했다. "그런 교회라면 실패할 거예요. 젊은 시절에 그런 식으로 예배했던 노인들이나 관심을 보이겠지요."

깊이 있는 교회

아내와 많은 대화를 나누는 동안, 나 자신을 X세대 사역과 지금의 이머징 담론에 끼지 못하는 외부자라고 느꼈다. 당시에 느꼈던 불안을 나와 공통점이 아주 많은 운동과 어떻게 조화를 이루어야 할지 몰랐다. 그러나 전통 교회로 돌아간다는 뜻이 아니라는 것은 알았다. 나는 전통 교회와 공통점이 많았으나 전통 교회의 약점도 잘 알았다. 나는 두 형태 교회 사이에서 이러지도 저러지도 못하고 있었다. 이는 제3의 길을, 깊이 있는 교회를 모색한다는 뜻이다. 그러나 그때는 이런 사실을 미처 깨닫지 못했다.

첫째가 태어난 지 넉 달쯤 지났을 때였다. 어느 날 오후, 산책하러 나갔다. 이번에는 유모차를 밀고 나갔다. 그날이 생생히 기억난다. 12월

첫째 주였고, 낙엽이 지기 시작했다.

"내 얘기 듣고 흥분하지 마요." 내가 아내에게 말했다.

"왜요? 무슨 얘긴데요?" 아내가 물었다.

"하나님이 우리를 어디로 이끄실지 고민하고 또 고민했는데도 도무지 모르겠어요." 나는 잠시 머뭇거리다 이야기를 계속했다. "하나님이 우리가 꿈꾸는 교회를 우리가 찾을 게 아니라 시작하길 원하시지 않나 싶어요."

이런! 드디어 토로하고 말았다. 얼마나 미친 짓인가! 먹여 살려야 할 입이 하나 더 늘지 않았는가?

그러나 엄청난 영적, 경제적 위험을 감수해야 하는 상황인데도, 아내는 전혀 두려워하지 않았다. 오히려 나를 놀라게 했다. "그렇게 해요. 당신의 열정과 재능이라면 해내고도 남을 거예요." 모든 것이 그렇게 시작되었다.

다음 날, 나는 미국 장로교회Presbyterian Church in America, PCA를 찾아갔다. 35년 역사를 자랑하는 미국 장로교회는 그 뿌리가 16세기 종교개혁은 물론 초대교회 교부에까지 이어져 있었다. 교단에 교회 개척을 문의했다. 내가 나온 신학교 교수들이 준 정보에는, 미국 장로교회는 약점이 많지만, 신학적으로 내게 아주 적합하고 교회 개척에도 적극적이었다. 교단은 나의 노력을 가상히 여겼다. 교회 개척 지원 담당자와 첫 면담을 한 지 3주 후, 미셸과 나는 애틀랜타로 날아가 교회 개척자 평가 센터에서 한 주를 보냈다. 이러한 집중 평가는 우리가 교회를, 무엇보다도 몇 번 와보지 않은 생소한 지역에서, 효과적으로 시작할 은사와 능력을 겸비했는지 평가하는 데 목적이 있었다. 교회 개척 지망자 12명과 함께 한 주 동안 집중 평가를 받았다. 잇따른 실기 시험을 보며 교회 개척에 따르는 심한 스트레스를 이겨낼 은사와 성품과 능력을 갖추었는지 평가받았다. 시험은 실제 교회 개척처럼 정신적, 육체적으로 힘들었다. 교단은 자신이 무엇을 하는지 알았다. 몇몇 지원자가 시험을 통과하지 못했다. 통과한 사람은 거의 모두 교회 개척에 성공했다.

이듬해 내내, 우리는 개척 자금을 마련하고, 도와줄 핵심 동역자를 모으며, 교회 가치를 어디에 두고 무엇에 헌신할지 고민하면서 깊이 있는 교회를 시작할 준비를 했다. 지금도 기억나는 대화가 있다. 교단의 어느 목회자와 대화하면서 우리가 어떤 교회를 개척하고 싶은지 설명했더니, 그가 이렇게 말했다. "그러니까 팀 켈러Tim Keller 목사님이 뉴욕에서 10년 전에 시작한 리디머 장로교회를 말하는 거군요." 팀 켈러 목사님에 관해서는 여러 해 동안 들었고 그의 설교를 아주 좋아하는 터였다.[13] 그러나 리디머 장로교회와 켈러의 도움으로 시작된, 지금은 전국적인 리디머 운동Redeemer Movement을 구성하는 교회들이 우리가 세우고 싶어 하는 교회의 본보기를 이미 제시했다는 사실은 미처 몰랐다. 이후 몇 달 동안, 이 교회들을 섬기는 목사와 친분을 다졌다. 많은 목사가 아낌없이 정보를 알려주었다. 오렌지카운티에서 제3의 길을 개척하는 우리에게 주보와 커리큘럼과 비전 선언문을 비롯한 귀중한 자료를 보내주었다.

7년이 지났다. 나는 지금도 이머징 담론의 내부자인 동시에 외부자로 남아 있다. 나는 이머징 교회의 신학과 사역의 많은 부분에 전심으로 동의한다. 내가 복음주의에서 받아들이는 많은 부분을 이머징 교회도 받아들이며, 내가 싫어하는 많은 부분을 그들도 싫어한다. 그러나 이머징 교회의 생각과 실천 가운데 몇몇 부분은 심히 우려스럽다. 나는 둘 사이에 있고, 이러한 애매함이 편하다. 양쪽과 다른 길인 깊이 있는 교회를 세우면서, 전통 교회와 이머징 교회에게서 모두 배울 수 있기 때문이다.

DEFINING THE EMERGING CHURCH

이머징 교회란 무엇인가?

이머징 사역은 전적으로 기술 문제인가,
아니면 교회가 다시 그려야 하거나 최소한 회복해야 하는
더 깊은 신학에 뿌리를 두는가?

2006년 1월, 풀러 신학교에서 2주 동안 이머징 교회에 관한 집중 강의를 청강했다. 이 학교 동문은 연장 교육의 하나로 매년 두 과목까지 청강할 수 있었다. 강의는 풀러 신학교의 에디 깁스Eddie Gibbs 교수와 라이언 볼저Ryan Bolger 교수가 맡았다. 그때 두 분은 《이머징 교회Emerging Churches: Creating Christian Community in Postmodern Cultures》(쿰란출판사 역간)를 출판한 지 얼마 되지 않았다.[1] 두 분은 이머징 교회 운동을 5년간 연구해왔다. 이번이 그 연구 결과를 활용하는 첫 강의였다. 강의 첫날, 마치 멋진 영화를 개봉할 때처럼 분위기가 들떴다.

첫날 강의가 절반가량 끝났을 때, 강한 충격과 기시감을 느꼈다. 볼저 교수는 강의를 시작하면서, 이머징 교회 지도자들이 보기에 전통 교회와 실용주의 교회는 모든 게 잘못되었다고 했다. 이런 교회는 문화에 더는 효과적으로 다가가지 못한다. 즉 문화에 맞는 언어로 말하지 못하며, 포스트 기독교(후기 기독교, 탈기독교) 환경에서 살아가는 사람들을 끌만한 진정한 공동체를 형성하지 못한다. 그래서 나는 이렇게 썼다. "전통 교회: 나쁘다, 구도자 교회: 나쁘다, 이머징 교회: 좋다."

1990년으로 돌아가보자. 당시 나는 풀러 신학교 학생이었고, 피터 와그너Peter Wagner 교수의 교회 성장학 강의를 들었다. 전통 교회에서, 내가 존경하는 많은 사람이 피터 와그너 교수와 그의 교회 성장 개념을 전체적으로 비판했다. 마이클 호튼Michael Horton과 오스 기니스Os Guinness 같은 저자는 교회 성장 운동의 위험을 경고하면서 그 운동은 실용주의와 손을 잡았고 구도자 중심 운동을 위한 변명이라고 했다.[2] 내가 이 상의를 들은 이유는 선교학자 피터 와그너의 말을 직접 듣고 싶었기 때문이다. (나와 의견이 다른 사람들에게도 배울 게 있다고 믿는다.) 실제로, 건강한 교회 성장과 배가에 관한 견고한 성경 원리를 많이 배웠다. 와그너 교수는 하나님이 성장하는 교회에 관심을 두시며, 영적으로 건강한 교회가 대체로 은혜가 풍성하고 교인 수도 증가한다고 했다. 나는 이러한 견해에 기본적으로 동의한다. 그러나 구도자 운동과 관련된 와그너 교수의 실용주의에 대해서는 여전히 마음이 불편하다.

예를 들면, 와그너 교수는 로스앤젤레스의 만 명 교회를 교회 성장의 실증적 모델로 제시했다. 게다가 이 교회의 성공과 교회 성장 원리를 실행에 옮긴 의지를 칭찬했다. 그러나 이 교회가 모든 사역을 번영신학, 즉 건강과 부의 복음 위에 세웠다는 사실은 지적하지 않았다. 크게 성장했다는 사실이 반드시 이 교회가 하나님을 높였다는 뜻은 아니다. 성장과 성경에 바탕을 둔 신실함이 늘 같지는 않다. 그 학기 내내, 와그너 교수는 전통 교회는 나쁘고 구도자 교회는 특정한 교회 성장 원리를 따르고 규모가 크기 때문에 좋다고 말하는 듯이 보였다. 나는 여기에 흥분했다.

내가 기시감을 느낀 순간은 이러했다. 이번에는 풀러 신학교의 또 다른 교수 라이언 볼저가 전통 교회는 문화에 다가가지 못했으나 새로운 교회 운동은 문화에 다가갈 거라고 했다. 피터 와그너 교수가 20년 전에 했던 말이었다.

그러나 나는 충격도 받았다. 볼저 교수는 전통 교회만이 아니라 구도자 운동도 시대에 안 맞는다고 했다. 나는 이 말에 놀랐다. 60년 전에는 구도자 운동을 널리 자랑했다. 그런데 이제는 구도자 운동이 실수였다고 말한다. 나는 손을 들었고, 뒷목을 만지며 균형을 잃지 않으려 애쓰면서 이 진기한 현상을 설명해달라고 요청했다. 에디 깁스 교수는 내 요청을 받겼다. 사실, 그는 이 부분을 설명하고 싶은 마음이 간절했다. 마치 자신의 과거를 씻으려는 사람 같았다. 그는 이렇게 말했다. "지난 10여 년 동안, 풀러 신학교에서 제 생각이 바뀌었습니다. 더는 구도자 운동이 옳다고 생각하지 않습니다. 구도자 운동이 이 세대와 미래 세대에게 적절하다고 보지 않습니다. 문화가 크게 바뀌었습니다. 포스트모더니즘에 더 깊이 들어서셨습니다. 문화가 변하면 교회도 변해야 합니다. 그렇게 하지 않으면, 교회가 더는 그리스도를 위해 사람들에게 효과적으로 다가가지 못할 것입니다." 볼저 교수의 정직성을 존중한다. 그는 풀러 신학교의 많은 교수가 생각을 바꿨다는 사실을 주저 없이 인정했다.

볼저 교수의 설명은 깁스 교수의 설명보다 더 실용주의적이었다. 볼저 교수는 구도자 운동이 틀렸다고 깁스 교수만큼 주저 없이 말하지는 않았다. 볼저 교수는 이렇게 말했다. "구도자 운동은 대형 마트 문화에 필요했습니다. 그러나 이제는 후소비 문화post-consumeristic culture에 다가가기 위해 새로운 교회가 필요합니다." 그의 말이 무슨 뜻인지 안다. 상황화가 중요하다는 데 동의한다. 그러나 내가 느끼기에, 그의 반응은 조금 성급했다. 그는 친절하려고 애쓰고, 교회 성장 운동이 틀렸다거나 신학적으로 탈선했다고 말하고 싶어 하지 않았다. 그러나 내가 흥분하는 이유는 따로 있다. 그의 반응은 순전히 실용주의적 기준, 그 순간에 무엇이 가장 효율적인가를 토대로 사역 방식을 결정한다는 뜻에 가까웠다. 이 말은 확실히 그가 의도했던 전부는 아니다. 그는 단지 관대했을 뿐이다. 나는 그의 그런 부분이 좋았다.

2주 동안 집중 강의를 들으면서 한 가지 의문에 사로잡혔다. 저들은 이머징 사역이 단지 더 효율적이라 말하는가? 바꾸어 말하면, 이머징 사역은 전적으로 기술 문제인가, 아니면 교회가 다시 그려야 하거나 최소한 회복해야 하는 더 깊은 신학에 뿌리를 두는가? 이머징 사역이 한낱 기술이나 전략 문제가 아니라면, 신학적으로 어떻게 정의해야 하는가? 이머징 교회를 정의하는 일은 중요하다. 왜냐하면 순전히 이머징 교회가 변하는 문화 환경에 다가갈 새로운 방법을 수용하는 문제일 뿐이라면, 이머징 담론은 그다지 혁신적이지 않기 때문이다. 만약 그렇다면, 이것은 전면적인 변화가 아니라 상황화에 관한 담론일 뿐이기에, 유익하기는 하지만 전통 교회가 그렇게 흥분할 필요는 없다. 어쨌든 전통 교회 출신 선교사 사이에서도, 지역 문화에 통하는 방식으로 복음을 전하는 데는 늘 의견이 달랐다.

 그러나 수업을 계속 들으면서, 깁스 교수와 볼저 교수가 방법론을 말하기는 하지만, 단지 방법론만 말하는 게 아니라는 강한 인상을 받았다. 이들의 강의는 완전히 새로운 빛에서 교회를 보고 교회를 세상과 연결하자는 것이 핵심이었다. 바로 이러한 논점 때문에 많은 논쟁이 벌어졌다. 이머징 교회에 속한 사람들은 교회를 재정비해야 한다고 주장할 때, 전통 교회가 잘못되었다고 말한다. 전통 교회의 교회 이해는 비성경적이라는 말이다. 이런 말은 감정을 자극한다. 재정비가 무엇을 의미하는지 이해하려면, 이머징 교회를 더 알아야 한다. 우리는 이머징 교회를 하나의 운동으로, 특히 이머징 교회의 신학을 정의할 필요가 있다. 이머징 교회를 정의하려면, 이 교회가 무엇을 반대하는지 살피는 게 가장 좋다. 다시 말해, 이머징 교회 운동이 무엇에 항의하고, 왜 변화를 요구하는지 살펴보면 된다.

프로테스탄트는 항의라는 뜻이다

이머징 교회의 자료를 조금만 읽어보면, 이들이 항의(항변, 저항)를 중심으로 가르친다는 사실을 깨닫는다. 이머징 교회는 복음주의 교회에 불만을 느낀다. 《이머징 교회 이야기Stories of Emergence》는 단편을 엮은 책으로 이머징 교회가 전통 교회에 느끼는 깊은 불만을 강조한다. 이러한 항의가 가장 잘 드러나는 책이기도 하다.[3] 내가 볼 때, 이 책의 모든 장은 항의가 중요 주제이다.

첫날 수업이 끝나고 나서 집으로 돌아와 깁스 교수와 볼저 교수가 함께 쓴 책을 읽었다. 이들이 연구에서 무엇을 발견했는지 알고 싶었다. 장마다 항의로 가득했다. 깁스와 볼저가 수백 명을 인터뷰하고 나서 확인해보았더니, 동요가 공통된 주제였다. 두 사람의 주장으로는, 이머징 교회의 과제는 '해체와 … 재건'이다. 이들은 전통 교회가 불쾌해한다는 것을 안다. 그러나 재건 과정을 서둘러서는 안 된다고 덧붙인다. 해체는 필수이다. "어떤 사람에게는 무의미한 불평이 포스트모더니즘 문화에서 살아남지 못할 교회의 인식을 해체하는 더 큰 과정의 일부다."[4] 이머징 교회는 교회에 포스트모더니즘에 적합한 사역을 하고자 스스로 해체하고서 재건하라고까지 요구한다.

이머징 교회의 자료는 무엇이 필요한지 설명하고자 해체, 전면적 변화, 분해 같은 단어를 사용한다. 브라이언 맥클라렌은 기독교 신앙이 포스트모더니즘 문화에 다가가려면 '재부팅'이 필요하다고까지 말했다. 재부팅을 하기 전에, 교회는 모더니즘 시대에 침투한 바이러스를 '제거해야' 한다. 나는 이들이 무엇을 제거해야 한다고 말하는지 알아보려고 블로그 글과 이머징 교회와 관련한 도서를 읽었다. 이머징 교회 운동에 참여하는 친구와 이전 동료도 만났다. 많은 이머징 교회를 직접 방문해 그들이 전통 교회에서 가장 싫어하는 부분이 무엇인지도 들었다. 이런 노력은 이머징 교회 운동을 부분적으로나마 정의하는 데 도움이 되었다. 어떤 사람이 무엇을 반대하는지 아는 것과 그 사람이 무엇을 찬성하는지 아는 것은 같지 않다. 그래도 무엇을 반대하는지 알면, 무엇에 관심이 있는지 파악하는 데 큰 도움이 된다. 이런 방법으로, 이머징 교회 운동이 무엇을 적극적으로 상상하는지 짐작할 수 있었다. 이머징 교회가 전통 교회에 느끼는 모든 불만을 압축해 정리하는 과정에서, 자료와 블로그 글과 담론을 보다가 이들이 제기하는 항의의 일곱 가지 주요 범주를 발견했다. 물론 일곱 가지가 넘겠지만, 이 범주는 이머징 교회가 무엇을 믿는지 요약하는 데 유익하다.

이머징 공동체의 확신을 원만하게 표현하는 것이 내 목적이다. 이들의 항의를 폭넓게 살펴본다면, 이들에게서 더 많은 것을 배울 수 있고 손쉬운 한두 과녁에 집중하는 편협함도 피할 수 있다. 이머징 교회를 비판하는 사람들은 대부분 이머징 교회가 포스트모더니즘을 보는 시각에 초점을 맞춘다. 그러나 이머징 교회 운동은 인식론과 해석학을(이것도 중요하기는 하다) 훌쩍 뛰어넘어 설교와 문화와 공동체에 대한 시각까지 포함한다. 내가 선택한 일곱 가지 범주를 살펴보면, 이머징 교회가 제기하는 비판의 폭이 어느 정도인지 파악할 수 있을 뿐만 아니라 그들이 어떻게 변화를 조직적으로 요구하는지도 드러난다. 나는 스콧 맥나이트Scot McKnight가 최근에 어느 강연에서 한 말을 좋아한다. 우리에게 주는 좋은 경고이다.

이머징 교회 운동을 이머전트 빌리지로 좁힌다면, 그 가운데서도 특히 포스트모더니즘의 충동으로 좁힌다면, 이것은 이머징 교회 운동을 복음주의 운동에서 일어난 작은 균열로 축소하는 셈이다. 그러나 현대 교회의 주요 흐름을 국제적인 수준에서 숙고할 만큼 신중하다면, '이머징'을 우리 가운데 많은 사람처럼 정의한다면(인식론 용어보다는 선교 용어나 교회론 용어로 정의한다면) 교회의 거실 중앙에 거대한 코끼리가 있다는 것을 금세 발견할 것이다. 그 코끼리는 이머징 교회 운동이며, 분명히 전통 복음주의 교회론을 위협한다.[5]

거실에 코끼리가 있다면, 전통 교회는 신중히 다루어야 한다. 그러려면 이머징 교회 운동의 주장을 전체적으로 살펴보아야 한다.[6]

이머징 교회는 무엇에 항의하는가?

1. 전통 교회는 계몽적 합리주의에 사로잡혔다 첫째, 이머징 저자들은 전통 교회가 계몽적 합리주의Enlightenment rationalism에 사로잡혔다고 강하게 비판한다. 17세기에 시작된 계몽주의는 계시가 아니라 자연 이성을 진리의 토대로 삼는 철학이다. 계몽주의가 강해지면서 전통 교회를 위협했다. 당시 문화는 신앙을 경멸했고, 교회는 이런 상황에서 신앙을 수호해야 했다. 그래서 교회는 철학적 논증으로 교리를 뒷받침하고, 세상에서 자신을 보호하고자 이성(대부분 계시와 분리된 이성)에 눈을 돌렸다. 이머징 저자들 말로는, 시간이 흐르면서 전통 교회는 점차 계몽주

의가 낳은 모더니즘처럼 보이기 시작했다. 다시 말해, 전통 교회는 자신을 차별화할 길이 없고, 당시 문화의 세계관에서 벗어날 수 없었다. 교회는 모더니즘의 사제로 전락해 계몽주의를 떠받치는 기둥인 개인주의와 합리주의와 실용주의에 거의 면죄부를 주었다. 그 결과는 양 극단으로 나타났다. 한쪽은 주류 교단이 내세운 사회 복음social gospel이었고 다른 한편은 근본주의가 내세운 종족주의tribalism였다. 그런데 양 극단 모두 자신이 성경을 기반으로 한다고 주장했다. 그러나 이들은 이성과 상식에 속하는 자명한 진리를 최종 판단의 근거로 삼았다. 많은 이머징 저자들이 말하는 바로는, 두 가지 선택 때문에 교회는 문화에 맞서라는 소명을 저버렸다.

전통 교회는 이렇듯 계몽주의와 손을 잡았으나 계몽주의가 쇠퇴하면서 설 자리를 잃었다. 따라서 이들은 교회에 모더니즘을 버리고, 계몽주의를 해체하는 포스트모더니즘을 받아들이라고 요구한다. 이들은 대부분 강경한 포스트모던주의자는 아니다. 즉, 여전히 계시를 믿는다. 그러나 포스트모더니즘의 '뒤집기 프로젝트'(negative project, 합리주의 해체하기)에 가치를 둔다. 이머징 교회 진영에서, 어떤 사람은 포스트모더니즘의 '세우기 프로젝트'(positive project, 해체 후 재건)에 가치를 둔다. 그러나 많은 이머징 저자가 재건을 위해 포스트모더니즘에 주목하기보다는 교회는 '거주 외국인'(resident alien, 나그네)이라는 성경 관점에 더 주목한다.

2. 전통 교회는 구원관이 편협하다 이머징 교회는 전통 교회가 개개인이 어떻게 구원받느냐에 지나치게 집중한 나머지 그리스도인으로서 어떻게 사느냐는 문제에 소홀했다고 주장한다. 전통 교회가 칭의에 지나

치게 집중한 나머지 성화 과정을 제대로 강조하지 못했다는 것이다. 그 결과, 교회는 서신서가 말하는 구원 방법에 지나치게 의존하여, 복음서가 말하는 하나님나라에 대한 예수님의 가르침에 제대로 집중하지 못했다. 전통 교회를 비판하는 사람들은 복음이 단지 죄 용서와 천국행 티켓이 아니라고 한다. 복음은 하나님나라의 출현이다. 예수님은 그 나라에 들어오라고 사람들을 초청하신다. 그리고 그 나라에 사는 사람답게 다르게 살라고 하신다.

산상설교는 사람들이 가장 좋아하는 구절이다. 일단 하나님나라에 들어가면, 하나님과 가족이 된 이유가 하나님나라에서 파송되기 위해서라는 사실을 깨닫는다. 교회는 파송되어 세상으로 들어가라는 선교 사명을 받았다. 죄에서 어떻게 구원받는지만 강조할 때, 기독교는 인생의 마지막을 위한 '화재보험'으로 전락한다. 이런 기독교는 우리가 지금 여기서 어떻게 살고, 어떻게 증언해야 하는지 가르치지 않는다. 많은 이머징 저자들이 과거 근본주의자의 종말 신학에 반발해 하늘만큼이나 땅에도 관심을 두라고 외쳤다. 이렇게 되려면, 교회가 편협한 구원관을 버리고 더 넓은 시각을, 하나님나라를 받아들여야 한다. 하나님나라는 개개인의 구원뿐 아니라 물질세계를 비롯해 온 세상이 하나님의 것으로 회복되는 일도 포함한다.

댄 킴벌에게 "'이머징 교회'라는 말은 이머징 문화에서 예수님이 맡기신 사명에 초점을 맞추고 하나님나라를 생각하는 교회를 의미할 뿐이다."[7] 킴벌은 선교하는 교회라면 예수님의 복음이 이머징 세대에 삶으로 전달되고 실행되는 광경을 보겠다는 열정을 품는다고 주장한다.

3. 전통 교회는 속하기보다 믿기를 앞세운다   이머징 교회는 교회에 들

어가려면 먼저 옳은 신학을 믿어야 한다는 전통적 시각을 비판한다. 그래서 교리를 문지기로 세우길 거부한다. 구도자들이 교회에 들어오지 못하게 막기 때문이다. 그 대신, 사람들이 자유롭게 들어오고 나가며, 질문을 던지며, 영원한 문제에 참여하며, 공동체의 일원이 되어 하나님을 알아가는 활짝 열린 자세를 원한다. 또한 전통 교회가 온갖 울타리를 쳐서 내부 사람은 가두고 외부 사람은 들어오지 못하게 막음으로써 교회의 사명(선교)을 가렸다고 믿는다. 더 나아가 공동체의 중요성을 담아내는 복음주의를 실천하는 새로운 방식을 요구한다. 이머징 교회 진영에서는, 믿기보다 속하기가 먼저이다.

4. 전통 교회는 상황에 맞지 않는 예배를 드린다 이머징 교회가 전통 교회에 일반적으로 제기하는 또 다른 비판이 있다. 전통 교회 예배는 주변 문화에 말을 걸지 않는다는 것이다. 전통 교회는 수백 년이 지난 음악과 전통을 그대로 사용하고, 동시대 문화에 전혀 말을 걸지 않으며, 세상에 적대적인 자세를 취하기 때문에 하나님을 위해 문화에 다가갈 능력을 잃었다. 전통 교회는 열방에서 예배하라는 성경의 소명을 충실히 이행하지 못하고 있다. 안타깝게도, 기독교 메시지를 포스트모던 세계에 효과적으로 전할 방법이 없다.

5. 전통 교회는 설교가 효과적이지 못하다 많은 이머징 교회 지도자들이 옛날 방식 설교에 깊은 의문을 품으며, 새로운 제자 삼기 기술을 요구한다. 옛날 방식 설교는, 더그 패깃의 표현에 따라 '연설'은, 더는 영적 성장을 위한 효과적 방법이 아니다. 그리고 이것은 이머징 교회에 속한 많은 사람의 생각을 대변하는 말이다.[8] 이러한 옛날 방식 설교, 다시 말해 목사가 모든 지식의 원천이고, 합리주의가 체험을 이기며, 사

람들이 배움 과정에 참여하지 못하는 설교는 영적 성장을 머리에 머무는 지식으로 떨어뜨린다. 그래서 패짓은 서로 배우는 영적 성장을, 다양한 체험과 방식으로 변하는 영적 성장을, 우리를 능히 변화시키는 지식 이상의 것이 필요한 영적 성장을 요구한다.

6. 전통 교회는 교회론이 약하다 새로운 교회를 찾아내는 방법은 하나뿐이다. 낡은 교회론을 거부해야 한다. 전통 교회에 수갑을 채우고 전통 교회가 성경에 충실하지 못하게 하고 효율성마저 잃게 하는 교회론을 거부해야 한다. 교회론이란, 교회 구조와 직제職制와 운영을 연구하는 분야이다. 그래서 직임자와 규범을 포함한다. 이머징 교회에서 어떤 사람은 전통 교회가 사명보다는 형식에 집중한다고 생각한다. 그리고 하나님이 파송하신 사람으로 살기보다 제도로 살아남는 데(교회 성장과 재산 보호에) 더 집중한다고 생각한다.

7. 전통 교회는 종족주의를 좇는다 이머징 교회는 전통 교회가 문화에 들어가 소금과 빛이 되려 하지 않는다고 비판한다. 새로운 목소리를 내는 사람들은, 자신들이 자라난 문화적으로 편협한 근본주의 가정교육에 자주 반발한다. 그리고 전통 교회가 분파적이며, 포스트모더니즘 문화에서 사람들에게 다가가려는 열망이 없다고 비판한다. 또한 예술 분야에서 창의성을 발휘하라는 성경 소명에 무관심하며, '기독교 세계'에 함몰되었다(이것은 많이 논의되는 주제이다)고 비판한다. 이머징 저자들은 기독교 세계의 중심에 침투한 권력욕이 세상에 대한 부정적이고 비판적인 태도로 이어졌다고 말한다. 교회는 무엇을 위하느냐보나 무엇을 반대하느냐로 알려진다. 교회는 문화를 개혁하고 새로운 삶의 방식을 제시하며 아름다움을 창조하는 능력을 잃었다.

이머징 교회의 텐트가 얼마나 큰가?

몇 년 전이었다. 나는 성인 교육반에서 이머징 교회를 가르쳤다. 어느 수업 시간에, 앞서 말한 일곱 가지 특징을 제시했다. 반응이 꽤 좋았다. 사람들은 대부분 이것이 전통 교회 문제라는 데 동의했다.

"그런데 왜 이머징 교회에 그렇게들 말이 많은가요?" 한 사람이 물었다. "그러게 말입니다." 내가 대답했다. "제 생각에는 이머징 교회가 지적하는 전통 교회의 문제점이 아니라 그들이 제시하는 해결책이 뜨거운 감자여서 그런 게 아닌가 생각합니다." 나는 계속 설명했다. "이머징 교회가 제시하는 몇몇 해결책이 논쟁의 대상입니다. 그러나 모든 해결책이 다 논쟁의 대상이지는 않습니다. 방금 말씀드린 일곱 가지를 더 자세히 들여다보면, 전통 교회가 왜 그렇게 강하게 반발하는지 좀 더 잘 알 수 있을 겁니다." 그러나 나는 이렇게 덧붙였다.

이머징 교회의 주장을 따르기 어려운 이유는, 이머징 교회가 내세우는 전통 교회에 대한 의견은 일치하지만, 문제 해결 방안에 대한 의견은 일치하지 않기 때문입니다. 바꾸어 말하면, 이머징 교회는 한목소리를 내지 않습니다. 이머징 교회 운동에 여러 진영이 있습니다. 어떤 진영은 일곱 가지 범주에서 모두 전통 교회에 더 가깝고, 어떤 진영은 아주 멉니다. 설상가상으로, 사람들은 몇몇 유명한 저자가 이머징 교회 운동 전체를 대변한다고 봅니다. 따라서 이 저자들이 비난을 받으면, 전통 교회에 속한 사람들은 대부분 이머징 교회 운동 전체를 의심합니다. 그러므로 이머징 교회를 이해하려면, 어떤 집단이 이머징 교회를 구성하며, 이들이 앞서 지적한 전통 교회의 일곱 가지 문제점에 어떻게 다른 반응을 보이는지 알아야 합니다. 이 질문을 이렇게 던질 수도 있습니다. "텐트가 얼마나 크며, 그 속에 누가 있는가?"

이것은 뜨거운 설전이 벌어지는 주제이다. 몇 가지 면에서, 이 주제는 '누가 이머징을 정의하며, 무엇이 내부자와 외부자를 결정하는가?' (꼭 덧붙이자면, 이것은 이머징과는 거리가 멀다)라는 문제로 요약할 수 있다. 그러나 실제로, 정의는 제외를 낳는다. 어떤 사람은 포함되고 어떤 사람은 제외된다. 이 용어의 의미를 정의하기 전에는, 이 용어를 의미 있게 활용해 대화하기란 매우 어렵다.

댄 킴벌은 책 제목에 이머징을 가장 먼저 사용한 사람 가운데 하나인데, 이머징 교회의 텐트가 상당히 크다고 본다. 킴벌은 변해가는 주변 문화를 선교 관점으로 파고드는 모든 교회를 이머징 교회에 포함한다. 킴벌은 교회의 소명(선교하도록 문화에 파송되었다)과 교회론(교회의 형식과 틀)에 초점을 맞춘다. 다른 사람들은 이러한 정의가 너무 넓다고 생각한다.

며칠 전, 라이언 볼저 교수와 커피를 마셨다. 그때 그에게 이머징이란 단어를 정의해달라고 했다. 그 정의에 따라 누가 포함되고 누가 제외되느냐고 물었다. "이머징 교회의 텐트가 꽤 크다는 댄 킴벌의 시각에 동의하십니까? 아니면, 교수님 책에서 밝혔듯이 지금도 이머징 교회를 더 좁게 정의하십니까?" 《이머징 교회》라는 책에서, 그와 에디 깁스 교수는, 이머징 교회는 소수이고(75개가 안 된다), 지도자가 없기 때문에 예배 시간에 누구나 말할 수 있다고 확고하게 주장했다. 이런 특징 때문에, 이머징 교회는 전통 교회와 구분될 뿐만 아니라 더욱 큰 X세대 교회(구도자 교회보다 최근 교회이며 모든 행동이 앞에서 이루어지는 교회)와도 구분된다. 볼저 교수는 여전히 X세대 교회를 이머징 교회에서 제외하는가? 나는 그의 대답에 깜짝 놀랐다.

그는 이렇게 말했다. "그것은 교회론의 문제예요. 저는 교단, 포스트모더니즘에 관한 특별한 시각, 신학에 그다지 관심이 없습니다. 선교하는 교회, 가난한 사람들을 돌보고 진정한 공동체를 세우는 교회에 관심이 많습니다." 그래서인지 내가 솔직한 예배 형식과 매력적인 사역 본을 보이는 몇몇 유명한 대형 교회를 언급하자, 그는 그 교회들을 인정한다는 듯이 고개를 끄덕였다. 볼저 교수는 이러한 교회들의 예배 형식보다 이들의 교회론과 환대와 구제 사역에 더 관심을 보였다. 그는 이러한 교회들이 이 모든 분야에서 장족의 발전을 거두고 있다고 느꼈다. 따라서 이러한 교회들은 이머징 교회라고 불러도 좋았다.

볼저 교수와 헤어질 때, 과연 그가 이머징을 예전과 다르게 정의하는지 아니면 더 넓게 정의하는지 확신이 서지 않았다. 이머징이란 용어는 초기 몇몇 이머징 교회 사람들의 생각보다(이들은 이 용어를 작은 가정 모임으로 한정했다) 더 크고 더 포괄적이며, 대부분 전통 교회 사람들이 생각하는 것보다 훨씬 크다(이들은 이것을 인식론, 이머전트 빌리지, 또는 브라이언 맥클라렌으로 한정한다). 많은 사람의 마음에는, 브라이언 맥클라렌이 이머징 교회이다. 그러나 킴벌과 볼저가 주장하듯, 이머징 교회 운동은 이보다 훨씬 크고, 복음주의 세계의 큰 부분을 포함한다.[9]

이머징 계열의 주요 세 그룹

이머징 교회를 비판하는 사람들은 이머징 교회 운동을 한두 저자로 축소하지만, 사실 이머징 교회의 텐트는 이보다 훨씬 넓다. 나는 이 문제와 씨름할 때 교회 개척 전문가 에드 스테처Ed Stetzer에게 도움을 받았다. 그는 세 개 넓은 범주 또는 그룹을 제시하는데, 이들이 교회나 모임의 크기와 상관없이 이머징 텐트를 구성한다고 주장한다. 세 그룹이란, '연결주의자Relevants', '재건주의자Reconstructionists', '수정주의자Revisionists'이다. 그는 세 그룹의 특징을 요약하면서 이렇게 말한다. "연결주의자는 역사적 형태의 교회와 같은 복음을 취하지만, 이머징 문화에서 그 복음을 더 이해하기 쉽다고 생각한다. 재건주의자는 같은 복음을 취하지만, 교회 형태의 많은 부분에 의문을 제기하고 재건한다. 수정주의자는 복음과 교회에 의문을 제기하고 수정한다."[10] 세 진영을 함께 살펴보자.

연결주의자 스테처가 한 말로는, 연결주의자는(개인적으로는 '적용주의자'라 부르고 싶다-옮긴이) 보수적인 신학을 표방하는 복음주의자이며, 신학을 수정하기보다 예배 형식과 설교 기법과 교회 지도 체제를 쇄신하는 데 관심을 둔다. 이들은 흔히 성경의 권위와 설교, 남성 중심의 목회자를 비롯해 복음주의 진영에서 공통된 여러 가치를 아주 중요하게 여긴다. 연결주의자는 "예배와 음악과 전도를 이머징 문화에 좀 더 맞추려고 노력한다." 코스타메이사의 락 하버 교회, 시애틀의 마스힐 교회, 산타크루스의 빈티지 페이스 교회가 여기에 속한다. 이러한 교회들은 서로 아무리 다르더라도, 많은 면에서, 특히 성경이 오류가 없다고 믿고 니케아 신조를 받아들이며 제도적 교회를 중요하게 여긴다는 점에서, 전통 진영과 딱 들어맞는다. '젊고 활동적인 개혁주의'(Young, Restless and Reformed, 콜린 핸슨이 쓴 책의 제목이기도 하며, 이 책은 〈크리스채너티 투데이〉에 먼저 실렸다가 나중에 내용을 더해 책으로 출판되었다-옮긴이) 진영에 속하는 많은 사람도 여기에 속할 것이다.

재건주의자 스테처는 재건주의자가 '전형적으로 복음과 성경을 정통 시각으로 보지만' 현재 교회 형식과 구조는 다시 생각한다고 말한다. 이들은 전통 교회 모델뿐 아니라 구도자 교회 모델도 성경에 맞지 않고, 변하는 문화의 도전에 대응하기에 부적합하다고 주장한다. 이들은 재세례파와 메노나이트를 비롯해 주류에 좀 더 가까운 교회 모델에게 자주 영향을 받는다. 따라서 가정 교회와 새로운 수도원 공동체처럼 형식을 탈피하고 성육신적이며 유기적 형태의 교회를 실험한다. 교회는 파송된다는 점을 강조하고, 적극적으로 교회를 개척한다. 또한 교회에 '거주 외국인'처럼 살라고 요구하고, 계층 요소가 덜하고 더욱 섬기는 교회가 되라고 외친다. 이들은 콘스탄틴 이전의 초대교회를 본으로 삼는다. 재건주의 지도자들은 닐 콜, 호주 사람인 마이클 프로스트와 앨런 허쉬, 조지 바나와 프랭크 비올라와 같은 사람들에게서 영감을 얻는다.[11]

수정주의자 수정주의자들이 가장 큰 관심을 끈다. 스테처가 한 말로는, 수정주의자는 신학과 문화에 관한 복음주의의 핵심 교리에 거리낌 없이 의문을 제기하며, 이러한 교의^{dogma}가 포스트모던 세계에 적합한지 의심한다. 이들은 이머전트 빌리지 출신 지도자, 특히 브라이언 맥클라렌, 토니 존스, 더그 패짓을 주목한다. '대리 속죄의 성격, 지옥의 실재, 남성과 여성의 상호보완성, 복음 자체의 성격' 같은 문제에 의문을 제기한다.

사람들은 대부분 이머징 담론을 생각할 때, 수정주의자를 떠올린다.[12] 이들이 매체를 가장 많이 탄다. 왜 그런가? 부분적으로는, 브라이언 맥클라렌처럼 세간의 이목을 끄는 저자 때문이다. 맥클라렌은 십여 권의 책을 냈고, 수많은 이머징 행사에서 강연을 한다. 게다가 매우 선도적이며, 반향을 일으키거나 담론을 이끌어내는 말을 자주 한다. 또 다른 이유는, 수정주의자가 속한 이머전트 빌리지가 눈에 띄기 때문이다.[13] 많은 사람이 이머징 교회 운동과 이머전트 빌리지가 같다고 본다. 댄 킴벌은 이머징이란 용어가 더 큰 운동을 기술하는 데 사용될 때 '이머전트'라는 이름이 생겨나 혼란이 일어났다고 회상한다. 그는 이렇게 말한다. "'이머전트'라는 용어가 공식적으로 처음 사용된 것은 2001년 6월 21일, 토니 존스와 브라이언 맥클라렌과 더그 패짓이 만나 몇몇 사람과 전화 좌담을 나누면서 자신들이 시작하는 새로운 네트워크의 이름을 찾을 때였다."[14] 이들은 이머전트 빌리지라는 이름을 선택했다. 킴벌은 이머징 교회가 이머전트 빌리지보다 훨씬 폭이 넓다고 강조한다. 이 둘은 서로 연관이 있으나 실은 같은 대상은 아니며, 이는 중요한 사실이다.

이머전트 빌리지라는 이름이 채택된 그다음 날, 마크(마르코) 외스트라이셔와 댄 킴벌은 미니애폴리스로 날아가 브라이언 맥클라렌과 토니 존스와 더그 패짓을 만났다. 이늘을 만났을 때, 이제 막 유스 스페셜티스(Youth Specialties, 청소년 선교 단체) 회장이 된 마르코는 이머전트 빌리지와 손을 잡고 도서를 출판하고 행사를 열기로 했다. 이렇게 해서 이머전트YS 라인이 형성되고, 연례 이머전트 대회가 시작되었다. 그런 가 하면 킴벌이 말하듯, 이머징 교회라는 용어는 이머징 문화에서 교회로 존재한다는 게 무엇을 의미하는지 다시 생각하는 교회들을 가리키는 말로 계속 사용되었다. 브라이언 맥클라렌, 더그 패짓, 토니 존스 같은 가장 두드러진 저자이자 강연자를 둔 이머전트 빌리지는 계속 성장하는 큰 운동의 한 분파이며, 가장 두드러진 단체이다. 그러므로 많은 비판자가 전체 운동을 한 부분으로 축소하는 것은 잘못이다.

이 책에서는 재건주의 진영이나 수정주의 진영에 속하는 저자를 중점적으로 살펴보려 한다. 이 두 진영이 가장 크게 전통 교회의 공격을 받았다.[15] (연결주의자가 적어도 신학적으로 전통 교회와 일맥상통하는 점이 가장 많다.) 재건주의자는 재세례파와 메노나이트에게 영향을 받았으며, 교회론과 공동체 분야에서 전통 교회에 가장 강하게 도전한다. 수정주의자의 인식론은 포스트모더니즘의 영향을 받았으며, 문화를 대하는 교회 태도와 교회의 복음 선포를 비판한다.

왜 이머징 교회를 정의하는 게 중요한가?

한 교인이 내게 왜 이머징 교회 운동을 정확히 정의하는 게 중요하냐고 물었다. "우리가 이머징 교회에서 무엇을 배울 수 있습니까? 이머징 교회 운동 때문에 우리가 어떻게 달라집니까? 어떤 사람은 이머징 교회를 좋아하지 않습니다. 그렇다면 이머징 교회는 어떤 점이 새롭습니까?" 내가 어떻게 대답했는지 솔직히 기억나지 않는다. 그러나 다음은 지금 내가 하고 싶은 말이다.

첫째, 이머징 교회는 교회의 건강에 열정적이다. 이머징 교회는 전통 교회가 심각한 문제를 안고 있다고 보며, 따라서 변화를 원한다. 그들은 우리의 형제요 자매이다. 그러므로 우리는 사랑으로 이들을 존중하고 정확히 이해하며, 이들에게 귀를 기울일 필요가 있다.

둘째, 항의가 교회에 유익할 수 있다. 우리는 프로테스탄트이기에 개혁의 중요성을 안다. 항의가 없으면 개혁도 없다. 따라서 우리는 동료 신자들의 진지한 실험을 반겨야 한다.

그렇다고 이머징 교회 운동의 실험이 모두 옳다는 뜻은 아니다. 내가 생각하기에, 이머징 교회는 몇몇 부분에서 심각하게 잘못되었다. 이들의 항의는 지나치게 맹렬하다. 때로는 성상 파괴에 가깝다. 복음주의 교회를 전면적으로 거부하여(어떤 재세례파들은 콘스탄틴 시대까지 거슬러 올라가면서 모든 교회를 거부한다) 수많은 훌륭한 사상가를 쓸어낸다.

예를 들면, 칼 헨리$^{Carl\ F.\ H.\ Henry}$는 잘 알려진 표적이다. 이들은 헨리의 인식론이 계몽적 합리주의에 물들었다고 주장하는데, 나도 이러한 주장에 동의한다. 그러나 헨리의 모든 것을 부정해버리면, 그가 복음주의에 남긴 큰 기여와 특히 교회에 반지성주의와 세상을 부정하는 근본주의를 버리라고 했던 외침도 모두 놓치게 된다. 복음주의 교회는 칼 헨리와 그의 지지자들 덕분에 크게 발전했다. 이머징 교회의 친구 리처드 마우는, 이러한 성상 파괴는 공정하지 못하며, 강도를 낮추지 않으면 새로운 개혁 운농이 장애에 부딪치고, 어쩌면 또 하나의 분파주의로 전락해 반지성주의, 반전통주의, 종족주의 같은 과거 실수를 되풀이하게 된다고 말하는데, 나도 여기에 동의한다.

마지막으로, 우리가 공정하게 대화하려면, 이머징 교회 운동이 무엇이며, 이 운동이 무엇에 항의하며, 이 운동의 핵심적인 신념은 무엇인지 알아야 한다. 우리는 자신의 견해가 왜곡되길 원하지 않듯, 상대방의 견해도 존중하고 공정하게 제시해야 한다. 단지 쓰러뜨릴 목적으로 허수아비를 세우길 거부해야 한다.

복음주의 세계에서 서로 의견 충돌이 어떻게 일어나는지 따져봐야겠다. 전통 교회부터 보자. 사람들은 이머징 교회를 비판할 때마다 최악의 시나리오를 가정하거나 가장 극단적인 진술을 하는 것 같다. 어느 칼뱅주의자가 말하듯, 어느 전통 교회 사상가도 자신의 신학이 축소되길 원하지 않는다. 예를 들면, 이단자 세베르투스를 화형에 처해야 한다거나 장 칼뱅은 신정주의자이며 따라서 모든 개혁 교회는 분파주의고 율법주의라는 단편적인 주장을 해서는 안 된다. 그러나 사실 이쪽에 이롭다면, 저쪽에도 이롭다. 맥클라렌이 블로그에 썼듯이 "우리는 모든 오류와 모든 책의 비판에 휘둘리지 않으면서 포스트모더니즘에, 이머징 문화에 다가가려고 노력하고 있다."[16]

이머징 담론은 포스트모더니즘보다 크며, 브라이언 맥클라렌보다 넓다. 브라이언도 동의할 것이다. 스콧 맥나이트가 말하듯, 대화 상대를 정의할 때 그 사람이 인정할 만한 방식으로 정의해야 한다. 이머징 교회에 대한 정의는 대부분 이머징 교회에게 인정받지 못할 것이다. 여기에는 맥클라렌도 포함된다. 맥나이트가 경고하듯이 이머징을 이머전트로, 이머전트를 브라이언 맥클라렌으로, 브라이언 맥클라렌을 포스트모더니티로, 포스트모더니티를 진리 부정으로 축소하는 것은 잘못이다. 이것은 브라이언 맥클라렌에게 공정하지 못하고(그는 강경한 포스트

모더니스트가 아니기 때문이다) 이머징 담론에도 공정하지 못한 전형적인 예이다.[17]

이머징 교회에 대해서도 따져볼 수 있다. 이머징 교회도 전통 교회 내부의 다양한 차이를 인정해야 한다. 전통 교회의 모든 사람을 근본주의와 분파주의와 정초주의foundationalism와 연결하고 현실감이 없다고 말한다면, 전혀 공정하지 못하다. 이런 행위는 가장 나쁜 종류의 근본주의만큼이나 분파적이고 분열을 일으킬 위험이 있다.

우리는 어떻게 해야 하는가? 양 진영이 연합하고 서로 배울 수는 없는가? 나는 그럴 수 있다고 생각한다. 그러나 그렇게 하려면, 먼저 양 진영이 연합의 중요성을 깨달아야 한다. 2장에서, 이머징 교회가 자신을 변하는 문화의 한가운데서 선교하고 하나님나라를 추구하는 교회로 정의했다는 것을 살펴보았다. 이머징 교회가 전통 교회에 제기한 일곱 가지 주요 항의도 살펴보았고, 이머징 교회 운동의 세 분파도 살펴보았다. 한 가지 확실한 게 있다면, 복음주의 개신교에서 이머징 교회 진영과 전통 교회 진영 간에 분명한 차이가 존재한다는 사실이다. 나의 목적은 이러한 차이를 밝히고, 양쪽에게서 모두 배우며, 제3의 길을 모색하는 것이다. 최종적으로, 나의 목적은 연합하는 것이다. 예수님이 요한복음 13장에서 교회에 명하신, 바울이 "너희가 한마음으로 서서 한 뜻으로 복음의 신앙을 위하여 협력"(빌 1:27)하라고 한 연합을 회복하는 것이다.

연합하라는 명령은 선택 사항이 아니다. 연합은 믿음의 한 부분이며, 연합하고자 싸워야 한다. 그래서 일곱 가지 항의로 넘어가기 전에, 연합은 하나님나라와 예수님을 전하는 데 필수라는 사실을 분명히 해야겠다. 연합하지 못하면, 세상을 향한 교회의 증언은 도저히 회복하지 못할 상처와 해를 입는다. 연합의 중요성을 깨닫기 전에는 우리를 비판하는 자들에게 귀를 기울이고 그들의 비판을 이해하려는 마음이 좀처럼 들지 않는다.

03

THE QUEST FOR MERE CHRISTIANITY

순전한 기독교를 찾아서

우리가 좀 더 겸손하게 자신의 신앙을 지킬 때
자신의 교단이나 전통이 모든 진리 문제에서
무조건 옳다고 보지 않게 된다.

로베르타 그린이라는 자매가 가족과 함께 리디머 장로교회에 등록하기 전에 마지막으로 내게 물었다. 수년 전, 로베르타와 남편은 어느 작은 개혁 교단에 소속된 교회를 다녔는데, 그 교단은 매우 분파적이고 내부에 초점을 맞추었다. 행복한 경험이 아니었다. 로베르타는 근본주의 교회에서 자랐으며, 그곳에서도 상처를 받았다. 그는 이렇게 물었다. "리디머 장로교회는 에큐메니컬인가요, 아니면 분파적인가요? 저는 근본주의 세계 한가운데서 자랐어요. 거기서는 우리 교단에 속하지 않은 교회와 신자는 누구든지 이단이었고, 멀리해야 할 대상이었어요. 다시는 그런 교회에 발을 들여놓고 싶지 않아요."

나는 몇 달에 걸쳐 로베르타와 그 가족을 잘 알게 되었다. 그래서 이들이 세계 곳곳에서 전통과 교단이 다양한 그리스도인을 폭넓게 접해 보았다는 사실도 알았다. 로베르타와 그 가족은 이러한 그리스도인들과 다른 점이 있었으나 공통점을 더 중요하게 여겼다. 중동과 아프리카 이슬람 정부의 심한 박해 앞에서는 특히 더 중요했다. 이들은 정통 신앙을 중심으로, 역사적인 신앙고백과 예수님을 향한 깊은 열정을 중심으로 뭉쳤다. 또 장 칼뱅과 그의 세계관 및 인생관에, 암브로시우스, 아우구스티누스, 아타나시우스 같은 고대 교부에게도 열심이었다. 이집트와 터키를 여러 주 동안 여행하면서 고대 기독교와 초대 교부들을 찾아다녔다. 그래서 로베르타가 '에큐메니컬'이란 단어를 사용했을 때, 나는 로베르타가 무엇을 말하려는지 알았다. 그것은 죽어가는 자유주의의 낡은 에큐메니즘(교회 일치 운동)이 아니라 새로운 에큐메니즘, 또는 토머스 오덴Thomas Oden이 말한 전 세계에서 일어나는 놀라운 '정통의 재탄생rebirth of orthodoxy'을 가리키는 것이었다.[1]

로베르타의 질문에 답하기 전에, 나는 그 자매에게 물었다. "자매님, 리디머 장로교회가 초대교회에 뿌리를 둔 신학적 전통에 충실하면서 동시에 모든 진정한 신자와의 연합에도 열심을 낼 수 있을까요?" "물론입니다." 자매가 대답했다. "그렇다면, 저희 리디머 장로교회가 자매님 가족에게 잘 맞을 것입니다." 내가 말했다. 얼마 후, 로베르타와 그 가족은 우리 교회에 등록했다.

몇 달이 지나고서, 아내와 함께 로베르타 자매의 집에서 열리는 저녁 파티에 초대받았다. 로베르타 가족이 십여 명 정도를 집으로 초대해 파티를 여는 일은 드물지 않았다. 파티에는 대개 특별한 손님을 초대했는데, 우리는 멋진 주제를 중심으로 대화를 나누었다. 맛있는 식사와 훌륭한 포도주에 즐겁고 유익한 대화까지 나누었다. 아주 멋진 저녁이었다. 그날 특별 손님은 케임브리지, 코펜하겐, 카이로, 샬로츠빌, 로마, 모스크바, 워싱턴 D.C.를 비롯해 세계 곳곳에서 왔다. 이번 파티의 특별 손님은 신학자이자 유명 작가 토머스 오덴이었다. 파티가 있기 몇 주 전, 나는 그의 저서 《정통의 재탄생 The Rebirth of Orthodoxy》을 주문했다. 그의 책을 한 권도 읽어보지 않았으나 대화에 참여하고 싶었다. 그때는 이 책이 얼마나 획기적인지 깨닫지 못했다. 이후 나는 그 책에서 깊은 도전을 받고, 존재하는지조차 알지 못했던 현실을 보는 눈이 열렸다.

2장에서 전통 교회와 이머징 교회가 서로 귀를 기울이지 않고 상대를 공정하게 표현하지 않으면, 둘 사이에 진정한 대화나 배움은 이루어질 수 없다고 했다. 지금 전통 교회와 이머징 교회 간 대화에서 빠진 게 있다. 그것만 있다면, 상대를 비난하는 데서 서로 배우는 곳으로, 비꼬는 데서 서로 정직하게 대하는 데로 옮겨가는 데 도움이 될 것이다. 그것은 바로 신뢰이다. 신뢰는 상대의 의도가 선하며, 상대에게 방어적이며 조심스러운 태도를 취할 이유가 없다는 확신이다. 한쪽이 모욕을 느끼거나 상대방이 자기 생각을 무시했다고 느낄 때, 신뢰는 깨지고 소통은 막힌다. 양쪽 모두 불신과 자기방어의 악순환에 빠진다. 지금껏 이머징 교회와 전통 교회 사이에 바로 이런 일이 일어나지 않았는가? 그리고 이것은 교회의 증언에 해를 끼치지 않는가?(요 13:33-35)

물론, 이머징 교회와의 연합을 모색하는 교회는 많지 않다. 전통 교회가 볼 때, 이머징 교회는 어쨌든 자유로운 신학을 표방하기 때문이다. 의심할 여지없이 이는 진지한 비판이다. 이머징 교회의 신학이 자유주의적이라면, 다시 말해 이머징 교회가 정통의 재탄생을 거부한다면, 연합은 가능하지도 않고 바람직하지도 않다. 나는 이러한 부분이 분명했으면 좋겠다. 예를 들면, 어떤 사람이 그리스도의 신성이나 성육신을 부정한다면 연합은 불가능하다. 그래도 우리는 여전히 그를 사랑하고, 정중하고 친절하게 대할 것이다. 정통의 울타리 밖에 있는 사람과 나누는 대화라도, 대화는 언제나 좋다.[2]

그러나 이머징 교회의 신학이 자유주의적이지 않다면 어떻게 되는가? 그런데도 이머징 교회를 불신하고 마치 원수처럼 대하는 것이 옳은가? 이머징 교회는 전통 교회와 대화할 때 불안해하고 위협을 느끼며 바짝 경계할 것이다. 심지어 전통 교회를 무시하여 호의를 악의로 되갚을지도 모른다. 그렇게 되면, 진정한 대화는 거의 불가능해진다. 양쪽이 서로 불신할 때, 복음주의 교회는 분열된다.

연합

앞으로 나아갈 길이 있는가? 양쪽이 이단으로 몰지 않으면서 차이를 이야기하고 서로 배우려면 어떻게 해야 하는가? 첫째, 그리스도인을 하나로 묶는 데 대해 같은 생각을 품어야 한다. 간단하다. 존 스토트가 말한 '복음의 연합'에 이르러야 한다. 모든 연합은 교리적인 면이 있다. 중심이 되는 한 생각과 믿음의 울타리가 없으면, 그 어떤 연합도 불가능하다. 어느 집단이라도 분열하지 않고 견디는 데는 언제나 한계가 있다.

존 스토트는 《복음주의의 기본 진리*Evangelical Truth*》(IVP 역간)에서 이렇게 주장한다. "(사도 바울은) '한마음으로 서서 한뜻으로 복음의 신앙을 위하여 협력하라'(빌 1:27)고 간청한다. 바울은 이어서 이렇게 촉구한다. '마음을 같이하여 같은 사랑을 가지고 뜻을 합하며 한마음을 품어 … 나의 기쁨을 충만하게 하라'"³(2:2-4). 스토트가 주장한 바로는, 바울은 어떤 희생을 치르더라도 연합하라고 요구하지 않았다. 예를 들면, 관계적 연합을 유지하기 위해 근본 진리라도 기꺼이 양보하라거나 신학과 교리의 모든 부분에서 완전히 일치하지 않는 사람과는 갈라서라고 요구하지 않았다. "오히려 바울은 복음 안에서, 복음의 본질 안에서 연합하라고, '굳게 서서 … 함께 싸우며 복음적 믿음의 진보를 이루라'고 말한다"⁴(빌 1:27, REB 직역). 이것은 성경의 가르침에 충실하면서 동시에 평화로운 연합을 이루는 일이다.

존 스토트가 말한 바로는, 복음주의자의 문제는 '나뉘려는 병적인 성향'이 있다는 것이다.⁵ 우리는 교리의 순수성을 연합 위에 두거나 관계적 연합을 바른 교리보다 강조한다. 그러나 진실은 이것이다. 예수님은 우리가 교회의 평화와 교회의 순수성에 똑같이 전념하길 원하신다. 그렇게 하지 못할 때, 분열을 피하지 못하고, 그 분열은 세상에 복음을 외치고 증언하는 데 큰 방해가 된다. 우리는 서로 사랑한다고 말만 할 뿐, 그 사랑을 '최종적으로 변증하지' 못한다.[6] 본질적 부분에서, '복음의 연합'에서 견해를 같이한다면, 신뢰를 다시 세우고 앞으로 나아가기 위한 첫발을 내디딘 것이다.

존 스토트가 말한 '복음의 연합'을, 토머스 오덴은 '새로운 에큐메니즘'이라 부른다. "새로운 에큐메니즘은 무엇보다도 고대 에큐메니컬의 가르침에 무조건 전념한다."[7] 이것은 하나님 말씀에, '오랜 기간에 걸쳐 누적되고 합의된 역사적 시각에, 성부와 성자와 성령을 보는 고전적이고 에큐메니컬적인 시각'에 전념하는 것이다.[8] 이것은 또한 '성육신, 속죄와 부활, 주님의 재림 같은 고전적이며 일치된 교리'를 붙잡는 것이기도 하다.[9] 오덴이 분명히 하듯, "이것은 고대 에큐메니컬 전통에서 확고한 경계석이다. 우리는 이 경계석을 옮기거나 수정하려 해서는 안 된다. 고대 에큐메니즘에서 … 대체로 이러한 고전적 교리는 급진적 사회변혁을 은연중에 표방하는 도발적인 수사학 밑에 감춰졌다."[10]

오덴은 '고전적'이란 단어를 사용해 자신의 주장을 기술한다. 이 단어는 오덴이 요구하는 것에 중요하며, 신뢰에 관한 나의 논증을 좀 더 진전시키는 데도 도움이 된다. 오덴이 말했다. "고전 기독교는 신약성경 본문에서 가장 믿을 만한 정의를 볼 수 있다. 그리고 구원사인 성경에서 전적으로 나온 세례를 위한 원시 신앙고백에서 가장 간결하게 요약된다."[11] 이 교리의 핵심은 사도신경, 니케아 신조, 아타나시우스 신조에 담겼으며, 셋 모두 지금까지 오랫동안 그리스도인을 하나로 묶는다.

사도신경

전능하사 천지를 만드신 하나님 아버지를 내가 믿사오며,

그 외아들 우리 주 예수 그리스도를 믿사오니,

이는 성령으로 잉태하사

동정녀 마리아에게 나시고,

본디오 빌라도에게 고난을 받으사,

십자가에 못 박혀 죽으시고,

(지옥에 내려가사)

장사한 지 사흘 만에 죽은 자 가운데서 다시 살아나시며,

하늘에 오르사,

전능하신 하나님 우편에 앉아 계시다가,

저리로서 산 자와 죽은 자를 심판하러 오시리라.

성령을 믿사오며,

거룩한 공회와,

성도가 서로 교통하는 것과,

죄를 사하여 주시는 것과,

몸이 다시 사는 것과, 영원히 사는 것을 믿사옵나이다.

아멘.

니케아 신조

한 분이신 하느님을 저는 믿나이다. 전능하신 아버지, 하늘과 땅과 유형무

형한 만물의 창조주를 믿나이다.

또한 한 분이신 주 예수 그리스도, 하나님의 외아들, 영원으로부터 성부에게서 나신 분을 믿나이다. 하나님에게서 나신 하나님, 빛에서 나신 빛. 참 하나님에게서 나신 참 하나님으로서, 창조되지 않고 나시어 성부와 한 본체로서 만물을 창조하셨음을 믿나이다.

성자께서 저희 인간을 위하여, 저희 구원을 위하여 하늘에서 내려오셨음을 믿나이다. 또한 성령으로 인하여 동정 마리아에게서 육신을 취하시어 사람이 되셨음을 믿나이다. 본디오 빌라도 통치 아래서 저희를 위하여 십자가에 못 박혀 수난하고 묻히셨으며 성경 말씀대로 사흗날에 부활하시어 하늘에 올라 성부 오른편에 앉아 계심을 믿나이다. 그분께서는 산 이와 죽은 이를 심판하러 영광 속에 다시 오시리니 그분의 나라는 끝이 없으리이다.

또한 주님이시며 생명을 주시는 성령을 믿나이다. 성령께서는 성부와 성자에게서 발하시고 성부와 성자와 더불어 영광과 흠숭을 받으시며 예언자들을 통하여 말씀하셨나이다.

하나이고 거룩하고 보편되며 사도로부터 이어오는 교회를 믿나이다. 죄를 씻는 유일한 세례를 믿으며 죽은 이들의 부활과 내세의 삶을 기다리나이다. 아멘.

아타나시우스 신조

누구든지 구원을 받고자 하는 사람은 모든 것 이전에 먼저 이 신앙을 소유해야 한다.

누구든지 이 신앙을 완전하고 순결하게 지키지 않으면, 의심할 여지없이 영원히 멸망하리라.

이 신앙은 다음 것이다. 우리는 삼위로 계신 한 하나님과 일체이신 삼위 하나님을 예배하니, 그 위(位, persons)를 혼동해서도 안 되고 그 본질을 나눠서도 안 된다.

아버지가 한 위이시고, 아들이 또 한 위이시며, 성령이 또 다른 한 위이시기 때문이다.

그러나 아버지와 아들과 성령은 신성神性이 하나이시며, 영광이 동등하시며, 위엄도 똑같이 영원하시다.

아버지의 본성이 아들의 본성이요, 성령의 본성이다.

아버지께서 창조되지 않으셨고, 아들도 창조되지 않으셨으며, 성령도 창조되지 않으셨다.

아버지께서 무한하시고, 아들도 무한하시며, 성령도 무한하시다.

아버지께서 영원하시고, 아들도 영원하시며, 성령도 영원하시다. 그러나 영원하신 세 분이 아니라 영원하신 한 분이 계신다. 창조되지 않고 무한하신 세 분이 아니라 창조되지 않고 무한하신 한 분이 계신다.

아버지께서 전능하시고, 아들도 전능하시며, 성령도 전능하시다. 그러나 전능하신 세 분이 아니라 전능하신 한 분이 계신다.

따라서 아버지께서 하나님이시고, 아들도 하나님이시며, 성령도 하나님이시다. 그러나 세 신神이 아니라 한 하나님이 계신다.

따라서 아버지께서 주님이시고, 아들도 주님이시며, 성령도 주님이시다. 그러나 세 주님이 아니라 한 주님이 계신다.

우리는 이 각각의 삼위께서 스스로 하나님이요, 주님이시라는 사실을 기독교 진리로 받는 바이다. 따라서 세 하나님이 계시며 세 주님이 계시다는 말은 참 기독교인으로서 금한다.

아버지께서는 창조되지도 않으셨고 태어나지도 않으셨다. 아들도 창조되지 않으셨으나, 오직 아버지에게서 나셨다. 성령도 창조되지 않으셨으나, 아버지와 아들에게서 나오셨다.

따라서 세 아버지가 아니라 한 아버지가 계시고, 세 아들이 아니라 한 아들이 계시며, 세 성령이 아니라 한 성령이 계신다.

이 삼위일체에는 어느 한 위가 다른 한 위에 앞서거나 뒤에 계신 것이 아니며, 어느 한 위가 다른 위보다 크거나 작을 수 없다. 다만 삼위가 함께 영원하며 동등하다. 그러므로 우리는 일체이신 삼위와 삼위로 계신 한 하나님을 예배해야 한다.

누구든지 구원받으려는 자는 삼위일체를 이렇게 생각해야 한다.

영원한 구원을 받으려면 우리 주 예수 그리스도께서 육신이 되셨다는 것을 신실하게 믿어야 한다.

이것이 우리가 믿고 고백하는 참 신앙이기 때문이다. 우리 주 예수 그리스도, 하나님의 아들은 하나님이요, 인간이시다.

그분은 만세 전에 아버지에게서 태어나신 하나님이시고, 어머니에게서 세상에 태어나신 인간이시다. 완전히 하나님으로 존재하시며, 이성적인 영혼과 인간의 몸을 지닌 완전히 인간으로 존재하신다. 아버지와 신성에서는 동등하시지만, 인성人性에서는 아버지보다 낮으시다.

그분은 하나님이요 인간이시지만, 분리되지 않으시며, 한 분이신 그리스도이시다.

그분이 한 분이신 이유는 하나님이 인성을 취하셨기 때문이며, 그분의 신성이 인성으로 바뀐 게 아니다.

그분은 온전히 하나이시며, 자신의 본성을 혼합하지 않으셨다.

이성적인 영혼과 몸이 한 사람이듯이, 한 분 그리스도께서 하나님이자 인간
이시기 때문이다.
그분은 우리의 구원을 위해 죽으셨다. 그분은 지옥으로 내려가셨고, 죽은
자 가운데서 다시 살아나셨다.
그분은 하늘에 올라가셨고, 아버지 오른편에 앉아 계신다.
그분은 다시 오셔서 산 자와 죽은 자를 심판하실 것이다.
그분이 오실 때, 모든 사람이 육체로 부활하여 자신의 행위에 따라 심판받
을 것이다.
선을 행한 자들은 영원한 생명에 들어가고, 악을 행한 자들은 영원한 불에
들어갈 것이다.
이것이 교회의 참 신앙이다.
이것을 굳게, 신실하게 믿지 않으면 구원받지 못한다.

간단하고 명료하게 말하면, "정통은 성령의 인도를 받아 성경을 분별하는 고대의 일치된 전통 바로 그것이다."[12] 전통이란 '2천 년에 걸쳐 전 세계에서 문화를 초월해 다 함께 받아들인 성경 해석을 대대로 성실하게 물려주는 것'이다.[13] 교부학자 크리스토퍼 홀Christopher Hall이 말하듯, "성령에게는 역사歷史가 있다."[14] 하나님은 그분 메시지가 서도록 그분의 교회를 주권적으로 지켜보신다. 그러므로 우리는 이러한 전통에서 배울 수 있으며, 이러한 전통을 신뢰할 수 있다.[15]
여기서부터 흥분된다. 오덴이 말한 바로는, 오랜 세월 서로 다른 전통을 지켜온 그리스도인이 이제 고전적 일치에서 자신들이 하나라는 사실을 발견한다. 신뢰가 회복되고 있다! 오덴은 이렇게 말한다. "어떻

게 그다지도 다양한 그리스도인이 이러한 같은 노력에서 영감과 공통된 신앙을 발견하는가?" 고전 기독교의 토대가 되는 본문이 자신들의 문화적 다양성 속에서 에큐메니컬하고 보편적이라는 사실을 "인정하기 때문이다."[16] 그가 결론지었듯이 "문화가 전혀 다른 사람들이 이러한 증언에서 자신들이 문화적 기억과 음식과 의복과 경건의 습관이 다름에도 하나님의 백성으로서 하나라는 사실을 인식하고 있다."[17]

2단계 시스템

나는 신학자 마이클 호튼과 인터뷰를 하며, 어느 유명한 근본주의자를 거론했다. 그 근본주의자는 이머징 교회를 아주 큰 소리로 공격하며, 이머징 교회는 신자유주의에 지나지 않는다고 했다. 내가 마이클 호튼에게 이 유명한 라디오 강연자와 아직도 접촉하느냐고 물었더니 그는 하지 않는다고 대답했다. 호튼은 "그 양반은 내게 말도 걸려 하지 않을 걸요"라고 했다. 내가 알기로, 두 사람은 오랜 친분이 있고 지속적으로 대화도 나누었다(그리고 정통에 충실했다). 그래서인지 나는 그의 말에 깜짝 놀랐고, 충격이 고스란히 얼굴에 드러났다. 호튼은 충격을 받은 나의 얼굴을 보더니 이렇게 말했다 "그 양반은 내가 자유주의자라고 합디다." 나는 웃음을 터뜨렸다. 극우주의자가 아니고서는 마이클 호튼을 자유주의자라고 부르기 어렵다.

추측하건대, 논증법과 수사학이 지나치게 판을 치는 세상에서라면, 우리와 견해가 다른 사람이라면 누구라도 의심할 권리가 있다고 느낄 것이다. 우리가 극우나 극좌라면, 더더욱 그렇게 느낄 것이다. 급진 자유주의자나 급진 보수주의자에게는 누구라도 이단처럼 보인다. 아주 작은 차이나 변화의 여지도 없다. 양 진영은 점점 더 극단으로 치우치고, 자신의 논증법과 수사학에 매인다. 이러한 극단적인 양분법을 극복할 길이 있는가?[18]

있다. 우리를 하나로 묶는 것이 무엇인지 서로 동의한다면, 적어도 부분적으로는 길이 있다. 이 부분에서는 로버트 그리어[Robert Greer]의 《포스트모더니즘과 기독교Mapping Postmodernism》가 큰 도움이 되었다.[19] 로버트 그리어는 토머스 오덴과 존 스토트와 비슷한 부분을, 특히 초기 신앙고백을 살피고 나서, 정통 신앙 가운데 필수적인 부분과 정통 신앙의 울타리 안에 존재하는 서로 다른 전통들이 내세우는 특정 부분을 구분하는 2단계 시스템이 필요하다고 주장한다. 상층부는 역사적 · 보편적으로 정통이라고 규정된 초대교회 신앙고백에 해당한다. 하층부는 개별 교회의 특징에 해당한다.

이러한 2단계 시스템은 몇 가지 실제적인 이점이 있다. 첫째, 이 시스템은 승리주의나 교단 우월주의를 약하게 한다. 상층부에서 서로 일치하면, 다양한 진영은 자연스럽게 상대방을 정통으로 여기고 신뢰하며 존중한다. 그러면 기본 가르침에 관한 논의는 정통을 시험하는 기회가 아니라 배우고 성장하는 기회가 된다. 그리어는 이렇게 적절하게 이야기했다.

2단계 시스템은 기독교 신앙 내에 가족 유사성(family resemblance, 가족간 닮음) 현상을 투영한다. 상층부는 전체적인 가족 유사성을 세운다. 하층부는 가족 내에 서로 다른 모습을 위한 공간을 형성한다. 이러한 일체감에 다양성이 더해져, 그리스도께서 대제사장 기도에서 그렇게 하셨듯이 교회가 서로 사랑하고, 그럼으로써 믿지 않는 세상에 효과적인 증인이 될 기회가 생긴다(요 17:20-23).[20]

나는 3장을 쓰면서, 시카고의 노스파크에서 종교학을 가르치는 스콧 맥나이트 교수와 접촉했다. 맥나이트 교수는 50대이며, 이머징 교회를 지지하는 형님 역할을 자처했다. 이머징 세계에서 그의 블로그는 방문자의 수가 최고로 많다. 형님으로서, 그는 필요할 때 동생들에게 훈계도 하지만, 절대로 바리새인처럼 훈계하지는 않는다.

내가 그에게 말했다. "스콧 교수님, 제가 전통 교회와 이머징 교회 양쪽에게서 모두 배우지만 이 둘을 뛰어넘는 대안으로 깊이 있는 교회라는 '제3의 길'을 모색하고 있습니다." 맥나이트 교수는 이미 "제3의 길"[21]에 전념하고 있었기에 내 말에 흥분했다. 그는 이렇게 말했다. "목사님이 브라이언 맥클라렌의 《기독교를 생각한다 A Generous Orthodoxy》(청림출판사 역간)에 동의하든 하지 않든지 제3의 길을 찾는 사람이 엄청나게 많다는 것은 분명합니다."

그는 솔직하게 덧붙였다. "다만 주장이 지나치게 양극화되었습니다. 한쪽 끝에는 신근본주의자들이 있고 맞은편 끝에는 신자유주의자들이 있지요. 각자 컨퍼런스에서 상대를 잘근잘근 씹을 때 외에는 어느 쪽도 상대에게 말을 걸지 않지요." 우리가 공통 기반을 찾지 못하면, 이러한 양극화는 심화되고, 교회 전체가 고통을 겪으며, 우리의 증언이 힘을 잃는다.

물론, 스콧 맥나이트의 진단은 정확하다. 불신의 골이 꽤 깊다. 나로서는 바로 이 부분에서 그리어의 2단계 시스템이 도움이 된다고 생각지 않을 수 없었다. 2단계 시스템은 연합과 논의를 위한 출발점이 되는 공통 기반이 무엇인지 밝힌다. 그것은 바로 고전(정통) 기독교이다. 이 새로운 공통분모는 신뢰를 회복하게 해줄 뿐 아니라 양극단에 있는 자들에게 이러한 공통분모를 인정하라고 요구할 것이다.

예를 들면, 전통 교회에 속한 많은 사람이 이머징 교회가 신학적으로 자유주의적이지는 않은지, 즉 핵심 교리를 부정하지 않는지 염려한다. 어느 정도는 그럴지도 모른다. 맥나이트는 몇몇 이머징 교회가 이 방향으로 흐르고 있지는 않은지 염려한다.[22] 그러나 이들이 정통을 고수하는지 어떻게 아는가? 2단계 시스템이 도움이 된다. 특정한 사상가가 고전적·전통적 공통분모, 즉 상층부를 인정하는가? 이 부분은 분명하게 논의하고 점검할 수는 있다. 그러나 이 부분을 절대로 함부로 주물러서는 안 된다. 이 부분을 인정하는 사람은 정통이다(설령 하층부에 대해서는 시각이 다르더라도). 그러나 이들이 이러한 핵심 교리가 성경에 기초하며 '어디서나, 언제나, 누구에게나' 받아들여졌다는 사실을 인정하지 않는다면, 이들은 새로운 에큐메니즘의 일원이 아니다.[23]

전통 교회가 이머징 교회를 두려워하듯이 이머징 교회도 전통주의와 근본주의의 어두운 부분에 반감을 느낀다. 이러한 어두운 부분의 중심에 모든 교리와 실천의 문제에서 자신이 옳다는 승리주의가 있다. 리처드 마우가 말하는 '아는 자의 겸손'이. 나시 말해, 정통 내에서 고진적 공통분모 너머에 서로 존중해야 하는 폭넓은 차이가 존재한다는 믿음을 보여주는 표시가 거의 없다. 그 대신 "성경이 그것을 말하면, 나는 그것을 믿고, 그것으로 모든 게 해결된다"라는 전통 교회의 유산이 자리한다. 이렇게 되면, 관계는 한쪽으로 밀려난다.

이머징 교회의 시각에서 보면, 전통적 시각은 절대적이고 신학에 대한 하나님의 시각을 반영하는 특별한 신학적 결론을 제시한다. 그 결론이란, 경쟁하는 모든 주장은 거짓일뿐더러 이단일 수도 있다는 것이다. 그리어는 이것을 가리켜 '승리주의'라고 부르며, 승리주의가 근본주의자로 하여금 "자칭 하나님의 경찰로, 자신의 신학 체계에 '신성한 배지'를 단 진리의 파수꾼으로 보게 한다"라고 말한다.[24] 물론, 이러한 지나친 자신감은 자신의 신학 그룹과 교회 그룹에서 불일치와 분열로 이어질 때가 아주 많다. 복음주의 그리스도인에게는 '병적인 분열 성향'이 있다는 존 스토토의 말이 바로 이런 뜻이다.[25] 2단계 시스템은 전통 교회에게 새로운 에큐메니즘에 큰 자신감(적절한 자신감)을 품고, 하층부, 즉 칼뱅이 '대수롭지 않은 것'이라 부른 부분에서는 깊은 겸손을 품으라고 요구한다.

순전한 기독교

현재의 양극화를 극복할 길이 있는가? 나는 있다고 믿는다. 새롭고 (아니면 오래되었다고 해야 하나?), 에큐메니컬하며 고전적인 공통분모가 그것이다. 복음주의자의 수호자 C. S. 루이스는 《순전한 기독교Mere Christianity》(홍성사 역간) 서문에서 이렇게 말한다. "내 생각에 내가 믿지 않는 이웃을 섬길 가장 좋은, 어쩌면 하나뿐인 방법은 언제나 거의 모든 그리스도인에게 공통이었던 신앙을 설명하고 변호하는 것이다." 루이스의 말은 오덴의 새로운 에큐메니즘을 떠올리게 한다. 루이스는 이어서 이렇게 말한다.

> 나는 누구도 여기서 제시하는 '순전한' 기독교가 기존 교회의 신앙고백에 대한 대안이라고 생각하지 않길 바란다. 다시 말해, 마치 회중 교회나 그리스 정교회를 비롯해 어느 교회를 버리고 '순전한' 기독교를 선택해도 좋다고 생각하지 않길 바란다. '순전한' 기독교는 여러 방으로 직접 이어지는 넓은 홀에 더 가깝다. 누구라도 홀까지 데려올 수 있다면, 내가 하려던 바는 다 한 셈이다. 그러나 난로와 의자와 음식은 현관이 아니라 방에 있다.[26]

물론, '난로와 의자와 음식'은 하층부, 개별 교회 전통에 대한 루이스의 묘사다. 이곳은 시간을 보내기에 아주 좋은 곳이다. 넓은 홀은 '순전한 기독교', 즉 모든 사람에게 똑같은 위대한 전통이다. 이러한 시각을 취하면, 그리스도인은 본질적인 부분에서 의견을 같이하면서도 저마다 다른 점을 겸손하고 너그럽게 고수할 수 있다. 우리는 순전한 기독교를 붙잡을 수 있다. 다시 말해, 고전적이고 공통된 복음의 전통을 딛고 서는 동시에,[27] 우리의 특별한 전통을 상층부만큼 중요하지만 그보다 확실하지는 않은 것으로 붙잡을 수 있다.

우리가 좀 더 겸손하게 자신의 신앙을 지킬 때 자신의 교단이나 전통이 모든 진리 문제에서 무조건 옳다고 보지 않게 된다. 마음을 더 열고 다른 전통과 대화하게 된다. 그리고 때로는 우리가 틀렸음을 깨닫고, 다른 시각을 토대로 잘못을 바로잡기도 한다. 우리가 옳은 부분에서라도, 대화는 나아지고 시각은 예리해지고 활기를 띤다. 또 우리가 이해한다는 느낌을 풍길 수 있다.[28]

이 단락을 쓰는 지금, 터키 이스탄불 포시즌 호텔에 앉아 전 세계에서 모인 언론인들이 펼치는 사실과 소문의 문제에 관한 토론을 듣고 있다. 참가한 언론인 50명 가운데 다수는 그리스도인이며, 경제적으로 낙후된 지역에서 온 사람이 많다. 컨퍼런스 주제는 '진실과 소문'이다. 언론인에게 소문과 도시의 전설과 음모론에 짓밟힌 세상에서 사실을, 진짜 이야기를 보도한다는 게 무슨 뜻인가? 어느 무슬림 발표자가 말했듯이 이슬람 세계는 대부분 이스라엘과 미국을 비난하는 음모론에 빠져 있다. 몇몇 이론은 우스운데도, 중동에서는 그것을 진지하게 받아들인다.

그가 몇몇 터무니없는 음모론을 말하자, 사람들은 웃음을 터뜨렸다. 그러나 그것은 불안한 웃음이었다. 최근에 터키에서 폭탄 테러가 일어났고, 전직 군인 다섯 명이 출입문을 지키고 있다는 사실을 알기 때문이었다. 그날 저녁을 먹을 때, 우간다, 인도, 필리핀, 슬로베니아, 미국에서 온 언론인과 한 탁자에 앉았다. 그들은 성공회부터 감리교와 무소속에 이르기까지 교단과 전통은 달랐으나 모두 그리스도인이었다. 장로교인은 나 하나뿐이었다. 모든 언론인이 저마다 정치적 탄압과 정의를 위한 투쟁을 이야기하며, 자신의 나라에는 언론의 자유가 없다고도 했다. 우리는 이렇게 자리를 함께한 것을 기뻐했다. 대화는 여러 시간 계속되었다.

슬로바키아에서 온 두 사람은 각각 텔레비전 쇼 진행자와 주간 잡지 발행인이었다. 우리는 그들을 유명 인사라고 놀렸다. 방금 만났는데도,

마치 오랜 친구처럼 웃음꽃을 피웠다. 그리스도인의 교제가 우리를 하나로 묶었다. 대화하면서, 나는 사람들에게 3장에 쓴 내용을 언급했다. 그들이 사는 위험한 세상에서 볼 때, 우리가 그리스도인으로서 소유한 공통점이 차이점보다 중요한지 물었다. 한 사람이 이렇게 대답했다. "물론이죠. 의심할 여지가 없어요. 최전선에서는 모든 그리스도인이 형제요 자매인걸요." 컨퍼런스 기간에, 다양한 언론인이 아침마다 한 자리에 모여 찬양과 짧은 설교가 있는 기도회를 열였다. 연합하는 모습이 참으로 놀라웠다.

배경과 전통이 아주 다양한 세계 각지 그리스도인이 아침마다 한자리에 모여 지존하신 하나님을 예배했다. 전통과 신학의 차이를 제쳐두고 함께 모여 예배했다. 차이도 중요하지만, 공통점인 예수 그리스도의 복음만큼 중요하지는 않다. 이것이 토머스 오덴이 말하는 정통의 재탄생이다. 우리는 우리 창조자요, 구속자를 함께 예배하고 나서 그날 일과로 돌아가, 그리스도인을 박해하고 세계 평화와 안정을 위협하는 운동을 어떻게 보도하고 그 운동과 어떻게 싸워야 할지를 배웠다. 예배드릴 때는, 차이점을 잠시 제쳐두었다. 그리스도인을 죽이는 공공의 적과 싸울 때는 연합하여 해결책을 모색했다.[29] 우리는 서로 신뢰했다. 그곳에 모인 언론인에게는 서로 맞댈 등이 있었다. 차이를 논하지 않았다는 뜻인가? 아니다. 나는 그곳에 모인 언론인들과 우리를 하나로 묶는 부분뿐 아니라 교리적으로 갈라놓는 부분을 놓고도 여러 차례 대화를 나누었다. 멋진 대화였다.

리디머 장로교회의 깊은 연합

세계 각지에서 온 언론인과 대화하면서 생각에 잠겼다. 나는 리디머 장로교회가 어떤 교회가 되길 원하는가? 이 부분을 깊이 생각하는데, 같은 교단의 어느 목사님에게서 받은 이메일이 생각났다. 그 목사는 우리 교회가 윤리학자이자 신학자인 비겐 구로얀Vigen Guroian을 강단에 세워 문화와 문학에 관한 강연을 들었다는 점을 지적했다.[30] 나는 그 금요일 밤에 들었던, 기독교 세계관에서 바라본 피노키오에 관한 강연을 절대 잊지 못한다. 구로얀은 이야기의 장면 하나하나를 우리가 전혀 들어보지 못한 방식으로 되살려냈고, 우리는 그 이야기 속으로 빨려들었다. 왜 학교에서는 이것을 배우지 못했을까?

내게 이메일을 보낸 목사님은 왜 정교회 전통에 속하는 사람을 우리 교회 강단에 세웠느냐고 물었다. 그는 이 일이 우리 교단의 작은 모퉁이에서 혼란을 일으켰고, 이 때문에 자신과 같은 목사들이 사람들에게 우리 교단이 무엇을 표방하는지 설명하기 어려워졌다고 했다. 그가 보기에, 우리 교단 교회들은 우리와 견해가 다른 정교회 사상가를 초청하지 않는다. 구로얀을 강단에 세움으로써, 우리 교회는 이 목사가 보기에 잘못된 신학을 인정한 셈이었다. 그는 우리 교회가 개혁주의 장로교회의 기준에 미치지 못한다고 했다.

나는 그의 이메일에 답하지 않았다. 그러나 답을 했다면, 비겐 구로얀은 동방 정교회 신학을 가르치러 온 게 아니라 문화를 강연하러 왔다고 설명했을 것이다. 그러나 설령 그가 우리에게 정교회를 이해하게 하려고 왔다고 해도, 전혀 문제 되지 않았을 것이다. 우리는 그에게서 배울 수 있다. 그러나 이와 별개로, 리디머 장로교회는 전통을 자랑스러워하고 그 전통에 굳게 서 있다. 우리는 우리 전통을 부끄러워하지 않는다. 오히려 그것을 받아들이고 실천한다. 그러나 동시에, 교회의 더 넓은 연합을 바라고 장려한다. 우리는 고전적 공통분모를 강하게 붙잡으며, 1-4세기 신앙고백에 분명하게 표현된 '복음의 연합'을 경험한다. 우리와 비겐 구로얀을 비롯한 다양한 사람들 사이의 일치를 발견하는 것이다. 그래서 마음을 열고, 하층부에서 우리와는 시각이 다른 신자들을 너그럽게 대한다.[31]

리디머 장로교회는 다양성과 특수성 사이의 긴장을 어떻게 유지하는가? 다시 말해, 어떻게 역사적 전통에 깊이 뿌리내리는 동시에 마음을 열고 차이점에 관해 대화하는가? 몇몇 예를 들어보자. 첫째, 매주 우리 교회는 최고 기독교 역사가 물려준 역사적 전례에 예배의 뿌리를 둔다. 우리는 매주 개혁주의 전통을 물려준다. 시의적절한 문화 방식으로 하나님의 완전한 말씀을 전하고 제자학교를 운영하는 데 중점을 둔다. 우리는 성경을 가르친다. 그러나 우리 전통을 통해 성경을 놀랍게 이해한다.

그러나 우리는 다른 그리스도인과의 공통점도 존중한다. 예를 들면, 리디머 장로교회에는 '안전한' 도서 목록이 없다. 우리는 교인에게 전통이 다양한 기독교 도서를 폭넓게 읽도록 허용하고 권장한다. 우리 교회 도서실에는 루터와 칼뱅과 청교도들의 저서와 나란히 미로슬라브 볼프, 비겐 구로얀, N. T. 라이트, 글랜 스타센, 달라스 윌라드 같은 사람의 저서가 꽂혀 있다. 우리와 이들은 하층부에서 시각이 다르다. 그렇더라도, 이들은 모두 고전적 공통분모를 인정한다. 비록 우리와는 다른 전통을 깊이 파고드는 책이라도, 우리는 교인들이 분별력을 갖고 그런 책을 읽으며, 그런 책으로 스스로 생각하고 풍성해지도록 훈련한다.

둘째, 우리는 단지 깊이 있는 교회의 특징을 설교하는 데서 그치지 않는다. 그것을 실천한다. 바꾸어 말하면, 그리스도인으로서 시간과 힘을 즐겁게 투자해 신념을 삶으로 실천한다. 우리는 타 교단이나 교회나 그리스도인들이 우리와 어떻게 다른지를 찾는 데 시간을 쏟아붓지 않는다. 우리를 정의하는 기준이 무엇을 반대하는가가 아니라 찬성하는가이기를 바란다.

셋째, 우리는 태도를 조심한다. 죄악 된 태도는 그리스도인을 분열하게 한다. 대학 은사였던 존 프레임John Frame 교수의 말처럼, "우리는 자기 영광을 구하기 때문에, 타인의 잘못을 찾아내려 한다. 논쟁을 좋아하는 사람은 언제나 논쟁거리를 찾으며, 논쟁을 시작하고 평화를 깨뜨릴 방도를 찾는다."[32] 우리는 분별력을 잃지 않으려 애쓴다. 다른 전통이나 기독교 사상가의 오류를 곱씹지 않는다. 우리는 다른 사람들과 생각이 같지 않을 때라도, 그들의 장점을 찾아내려 노력할 뿐, 우리의 주장을 내세우려고 그들의 약점을 지나치게 공격하지는 않는다. 상대의 약점을 지나치게 들추고 공격하면 분열이 일어난다. 우리는 다른 사람들에게 미심쩍은 부분이 있으면 일단 좋은 쪽으로 해석한다. 그리고 연합을 지키고 상호 대화를 촉진해, 서로 배우고 권면하기 위해 그들의 책을 최대한 긍정적 시각으로 읽는다. 우리는 프레임 교수의 생각에 동의하기에, 거친 말, 질투, 우월 의식, 분파 의식, 조소, 편협함 등을 삼간다. 이것은 모두 연합의 적이다.

넷째, 우리는 오만을 경계한다. 우리와는 전통이 다른 사람들에게는 배울 게 전혀 없다고 생각하려는 유혹을 물리친다. 우리는 하나님이 그분의 지혜를 우리에게만, 그리스도의 교회를 구성하는 한 작은 부분에만 주셨다고 믿지 않는다. 그렇다고 우리 전통을 신뢰하지 않는다는 뜻이 아니다. 우리가 믿는 것에는 겸손하며, 다른 사람들에게서 기꺼이 배우려 한다는 뜻이다. 또한 우리 전통이 내포한 특징이 우리가 다른 전통과 공유하는 교리나 의식보다 중요하다는 생각을 배격한다. 우리도 프레임 교수처럼, 교단과 신학 전통을 초월해 가장 널리 고백하는 부분을 가장 중요하다고 생각한다.

다섯째, 우리 교회는 문턱이 낮다. 우리 교회에 등록하려는 사람들에게 니케아 기독교를 비롯해 복음주의 교회의 테두리를 벗어나는 부분에 서명하라고 요구하지 않는다. 등록하려는 사람들은 우리 교회 신학에 전적으로 동의하지 않아도 된다. 우리는 복음의 연합을 중심으로 모이고, 차이점을 존중하며, 특히 종말론, 세례(침례), 언약 신학과 같은 부분에서 관대하다. 심지어 교인들이 성경을 더 많이 안다. 우리 교회의 역사적 신조와 신앙고백의 가치를 더 깊이 알아 성숙한 신앙인이 되도록 가르칠 때에도 이 부분은 변함이 없다.

여섯째, 성장하려면 시간이 필요하다는 사실을 인정한다. 우리 교회에 오는 기존 신자나 새신자를 보더라도 성숙 정도가 제각각이다. 심지어 나를 포함해, 교회 지도자들도 성장해야 할 부분이 적지 않다. 성장은 과정이다. 교인들에게 처음부터 영적 성숙을 기대할 수는 없다. 분명히 하나님은 우리에게 그분의 모든 신리를, "성도에게 단번에 주신 믿음의 도"(유 3)를 지키라고 요구하신다. 그러나 교회가 모든 것을 다 알지는 못한다고 인정해야 하는 부분이 있다. 우리는 오류가 없지 않으며, 우리 전통도 마찬가지이다. 이런 이유 때문에, 그리스도인 사이에 차이점이 사라지지 않는다. 우리는 이러한 현실을 받아들이며, 더 깊이 이해하고 성숙하려고 함께 노력한다. 우리는 사람들에게 인내해야 하며, 그들이 우리에게 인내하길 바라야 한다. 리디머 장로교회에서는 인내심을 기르려고 노력한다. 인내심을 기르면 배우고 성장하는 안전한 환경이 조성된다. 그리고 지금껏 확인했듯이 교인들의 지식과 은혜가 엄청나게 자라났다.

내 꿈은 이러한 연합을 전통 교회와 이머징 교회가 이루는 것이다. 나는 양 진영이 서로 이해하려고 열심히 노력하고, 정통 신앙 부분에서 공통점을 찾아내며, 하층부에서는 서로 다르더라도 연합을 유지하려고 노력하길 바란다. 앞으로 여러 장에 걸쳐, 차이점을 논하고 대안으로 삼을 시각을 살펴보기도 하겠지만, 온 힘을 다해 이러한 연합의 본보기를 제시하려 한다. 더욱이, 내가 제안하는 깊이 있는 교회가 연합을 위한 지도가 되길 바란다. 깊이 있는 교회가 전통 교회와 이머징 교회에게서 배우면서 이 둘을 뛰어넘어 더 탁월한 길로, 순전한 기독교로 향하리라 믿는다.

우리 교회 어느 새신자 주일이 지금도 생생히 기억난다. 그 주일에 나산이 우리 교회 교인이 되었다. 바로 교도소에서. 비록 나산은 참석하지 못했으나 우리는 오렌지색 점퍼를 입은 그의 사진을 스크린에 띄웠다. 사진에서 그는 환하게 웃고 있었다. 기쁨을 감출 수 없었다. 교인 서약은 우리 교회 모든 질문에 답한 나산의 대답을 녹음해서 틀었다.

PART 2

일곱 가지 분야에서 깊이 있는 교회를 이루라

PROTEST, REACTION AND THE DEEP CHURCH

04

DEEP TRUTH

깊은 진리

하나님은 우리에게 그분의 말씀으로 말씀하셨고,
분명한 구원 메시지를 주셨다.
따라서 우리는 우리 가운데 샘이 있다고 확신하며 선포한다.

리디머 장로교회를 시작하기 6개월 전, 교회 개척에 관한 지역 컨퍼런스에 참석했다. 스펜서 버크Spencer Burke가 운영하는 이머징 교회 웹 사이트 '디 오즈The Ooze'에서 후원하는 행사였다.[1] 강사는 대부분 오렌지카운티에서 교회를 성공적으로 개척한 목회자였다. 어느 분임 토의 시간에, 우리는 이런 토론 과제를 받았다. 우리는 복음으로 문화에 다가가기 위해 어떤 노력을 하고 있으며, 포스트모더니즘 환경은 새로운 방법을 요구하는가? 좋은 질문이다. 상황화는 모든 교회 개척자가 깊이 생각해야 할 문제이다. 분임 토의 진행자는 22세 목사였다. 그가 캘리포니아 풀러턴에 개척한 교회는 빠르게 성장했다. 그 교회는 20대 젊은이들에게 다가갔다. 그의 첫마디는 교회들이 포스트모던화하기 전에는 절대로 이 세대에게 다가가지 못한다는 것이었다. 나에게는 생소했으나, 내가 포스트모더니즘이란 용어를 이해하지 못하기 때문은 아니었다. 이미 4년 전에, 박사학위 논문을 완성했는데, 그 가운데는 포스트모더니즘에 관한 장도 있었다.[2] 나는 포스트모더니즘이란 용어를 꽤 잘 이해한다고 생각했다.

그래서 손을 들고, 젊은 교회 개척자에게 물었다. "교회가 포스트모던주의자에게 다가갈 수 있는 교회가 되어야 한다는 뜻인가요, 아니면 교회가 이 세대에 다가가기 위해 포스트모던화해야 한다는 뜻인가요?" 그의 대답에 깜짝 놀랐다. 그는 우리가 포스트모던화해야 한다고 말했다.

그 말이 내게 충격이었던 이유는, 포스트모더니즘을 상대주의의 동의어로 이해했기 때문이었다.[3] 그래서 나는 이 젊은 목사가 상대주의적인 교회를 목회하고 싶을 뿐 상대주의를 믿는 사람들을 목회하고 싶지는 않다고 말한다고 생각했다. 그러나 내가 볼 때, 그의 교회는 지극히 복음주의적인 복음 중심의 교회였으며, 포스트모더니즘적인 교회가 아니었다. 토의 주제는 음악과 영상 같은 상황화의 다른 요소로 빠르게 옮겨갔다. 그러나 그의 대답은 내 머리에 맴돌았다. 포스트모더니즘이 새롭게 정의되었는가? 그 젊은 목사가 복음을 훼손했는가? 아니면, 내가 늙어가는 것인가?

나는 젊은 목사의 말뜻을 이해하기 시작했다. 이머징 저자들이 포스트모던이란 용어를 나와 같은 방식으로 사용하지 않는다는 사실을 곧바로 깨달았다. 젊은 목사는 브라이언 맥클라렌의《저 건너편의 교회 *The Church on the Other Side*》(낮은울타리 역간)나 토머스 존스의《포스트모던 시대의 청소년 사역*Postmodern Youth Ministry*》같은 책을 읽으면서 포스트모더니즘에 대한 새로운 정의를 받아들인 게 분명했다.⁴

나는 이들의 책을 읽으면서 두 가지 사실을 발견했다. 브라이언 맥클라렌과 토머스 존스는 포스트모더니즘을 나와는 다르게 이해했으며, 더 나아가 복음주의 교회와 계몽주의 간 결합을 나보다 훨씬 강력하게 비판했다. 이들은 포로를 잡지 않았다. 내가 발을 딛고 선 전통마저도 이들의 비판을 견뎌내지 못했다. 마음이 아팠다. 그러나 계속 읽었다. 이들을 이해하고 싶었다. 이들처럼 나도 계몽적 정초주의Enlightenment foundationalism를 싫어했다. 계몽적 정초주의 때문에 우리 문화와 교회가 수많은 부분에서 왜곡되었다. 그러나 이들이 제시한 해결책, 곧 포스트모더니즘은 문제의 한 부분으로 보였다. 나는 당혹스러웠다. 내가 이들을 오해했는가, 아니면 이들이 실수했는가?

과거의 포스트모더니즘 이해

내가 1990년대 초에 풀러 신학교에 다닐 때만 해도 포스트모더니즘은 비교적 새로운 개념이었다. 기억하기로, 포스트모더니즘을 구체적으로 다루는 강의는 전혀 없었다. 유행의 첨단을 달리는 조지타운 대학마저도 정치철학 수업에서 포스트모더니즘을 다루지 않았다.

나는 조지타운 대학에서 2년간 과정을 밟고서, 논문 주제를 정해야 했다. 쉽지 않은 일이었다. 전전긍긍하는 상황에서, 데이비드 반 햄스트라는 친구에게 전화했다. 그는 샬로츠빌에 있는 버지니아 대학에서 같은 과정을 밟고 있었다.

"데이비드." 나는 투덜거리며 말했다. "앞으로 3년 동안 관심을 두고 연구해야 할 주제를 정해야 하는데, 도무지 어디서부터 시작해야 할지 모르겠어! 도와줄 수 있어?"

"짐." 그가 대답했다. "2년 동안 정치철학에서 가장 좋은 부분을 연구했잖아! 그렇다면 네가 해답을 찾고 싶은 뜨거운 문제들이 있을 거 아니야?"

나는 잠시 생각에 잠겼다. 그러고서 네다섯 가지 질문을 했다. 그중에는 인식론(우리는 실재를 어떻게 아는가?)과 윤리(개개인과 사람들이 서로 죽이지 않으면서 어떻게 공동체를 세우는가?)에 관한 질문도 있었다. 이것은 훌륭한 정치철학적 주제이며, 사역과 교회를 위해서도 훌륭한 질문이다.

그는 주저 없이 대답했다. "포스트모던 저자도 똑같이 질문하거든."
순간, 관심이 급증했다. 더 알고 싶어졌다.

그래서 연구하기 시작했다. 포스트모더니즘에 관한 자료라면, 세상 자료든 기독교 자료든 가리지 않고 구할 수 있는 대로 구해 읽었다. 알고 보니, 세속적 학자든 그리스도인 학자든, 학자들의 절대다수가 포스트모던이란 용어를 급진적 모더니티$^{radical\ modernity}$의 동의어로 사용하고 있었다.

모더니즘과 포스트모더니즘이란?

먼저 정의부터 내려보자. 모더니즘은 17세기에 생겨난 세계관으로, 초월적 진리를 거부하며, 그 대신 이성과 개인에게서 의미를 찾는다. 우리는 세상을 계시가 아니라 이성으로 이해한다. 그러나 모더니즘이 생겨난 지 400년이 지나고 나서, 이 세계관 때문에 도덕성과 자아와 공동체가 붕괴되었다. 이성만으로는 윤리와 도덕을 지탱하기에 부족했다. 일단 이성적인 개인이 하나님의 계시를 존재와 윤리의 근원으로 삼지 않게 되자, 건강한 자의식을 유지하거나 공동체에 참여할 근거가 없어졌다. 개인은 전통 및 공동체와 떨어져 뿌리 없이 홀로 섰다. 그 결과, 공동체가 무너졌다. 왜냐하면 공동체는 다른 사람들에게 베풀 줄 아는 안정되고 성숙한 구성원이 필요하기 때문이다. 21세기 인간을 가장 잘 묘사하는 말은 '혼자 텔레비전을 보는 사람'이다.[5]

어떤 비판자의 말로는, 모더니티(현대성)가 나쁘지만, 포스트모더니즘은 더 나쁘다. 사실, 저자는 대부분 포스트모더니즘을 초모더니즘^{hypermodernism}, 계몽주의라는 동전의 뒷면이라 부르면서 이 둘이 같다고 본다. 어느 저자는 포스트모더니즘을 급진적 모더니즘radical modernism이라 부른다.[6] 포스트모더니즘은 개인주의를 극단으로 몰고 간다. 개개인은 이제 더 큰 전통과 공동체에서 잘려나와 매일 자신을 새롭게 만들어낸다.[7] 삶에 위안과 도움을 주는 모든 것이 진리가 된다. 따라서 모든 진리는 각자에게 상대적이다. 상대주의가 지배하며, 공동체가 붕괴하고, 윤리가 창밖으로 내동댕이쳐진다. 포스트모더니즘이 모더니즘보다 더 나쁜 이유는 포스트모더니즘이 모더니즘을 논리적 극단으로 몰아가기 때문이다. 이런 시각에서 보면, 우리가 어떤 모양으로 빚든지, 포스트모더니즘은 좋은 게 아니다. 모더니즘에 대한 해결책으로, 포스트모더니즘은 환자를 훨씬 더 빨리 죽이는 치료약이다.

포스트모더니즘은 무너졌는가?

나는 포스트모더니즘을 부정적으로 본다. 그러기에 찰스 콜슨Charles Colson이 2002년에 〈브레이크포인트Breakpoint〉라는 라디오 프로그램에서 '포스트모더니즘의 붕괴'[8]라는 제목으로 논평했을 때 놀라지 않았다. 나는 콜슨의 열렬한 팬이다.[9] 콜슨의 책이라면 거의 다 읽었고, 그가 지난 수년간 재소자 선교회Prison Fellowship에서 해온 일에 경의를 표한다.[10] 나는 포스트모더니즘에 대한 찰스 콜슨의 지적에 대체로 동의하는 데 전혀 문제가 없었다. 단지, 나라면 표현이 달리했을 것이다. 누가 그의 논평에서 잘못을 찾아내겠는가? 그러나 브라이언 맥클라렌은 찰스 콜슨의 논평에 항의하는 공개서한을 내놓았다.[11] 맥클라렌은 콜슨이 문제를 완전히 잘못 짚었으며, 포스트모더니즘의 가치를 인정하고 포스트모더니즘이 기독교의 아군이라 믿는 이머징 교회의 많은 사람을 공정하게 평가하지 못했다고 생각했다.

그렇다면 도대체 콜슨이 뭐라고 말했기에 맥클라렌이 그렇게 반발했는가? 내 학위 논문에서 정의했듯, 콜슨은 포스트모더니즘을 가장 나쁜 모더니즘의 연속이라고 정의했다. 게다가, 포스트모더니즘은 "초월적 진리란 없으며", "실재에 의미를 부여하는 거대 담론도 없으며", "모든 원리는 개인적인 기호일 뿐이다"라는 주장으로 이어진다고 했다. 그러므로 이런 것을 붙잡으면, 교회와 문화가 황폐해진다. 결국, 신적인 입법자가 없으면, 삶은 힘의 문제로, 누가 다른 사람들에게 자신이 좋아하는 것을 부가할 수 있느냐의 문제로 귀결된다. 9·11 테러 이후 세계에서, 이러한 시각은 위험하며 악을 두고 도덕적 판단을 내리지 못하게 한다.

콜슨이 옳은가? 맥클라렌이 콜슨의 분석에서 어떤 오류를 찾아낼 수 있겠는가?

연속인가 단절인가?

나는 크리스털 다우닝Crystal Downing의 《포스트모더니즘이 (나의) 신앙을 어떻게 섬기는가》를 읽으면서 알았다.[12] 다우닝의 말로는, 우리가 포스트모더니즘을 보는 시각이 포스트모더니즘을 계몽주의의 연속으로 생각하느냐 아니면 계몽주의와 분명히 단절한 거로 생각하느냐에 따라 달라진다. 콜슨처럼 나는 포스트모더니즘이 철저히 모더니즘의 연속선상에 있다고 보았다.

반면, 맥클라렌을 비롯해 이머징 교회에 속하는 사람들은 포스트모더니즘이 계몽주의의 연속선상에 있지 않다고 보았다. 따라서 이들은 포스트모더니즘을 더욱 긍정적으로 본다. 이들은 포스트모더니즘이 세상을 계몽주의 이성의 형상으로 재창조하려는 모더니즘의 시도(이런 시도가 마르크스주의와 공산주의와 파시즘을 낳고, 심지어 자본주의까지 낳았다)에 종지부를 찍었다고 본다.

이것이 바로 맥클라렌이 콜슨에게 보인 반응이다. 맥클라렌은 도덕적 상대주의를 반대하고, 모든 울타리를 제거하는 데 반대하며, 진리를 잃고 싶지 않다고 분명하게 말한다. 그도 초월적 진리를 믿는다. 콜슨과 달리, 맥클라렌은 포스트모더니즘을 계몽적 상대주의의 동의어로 보지 않고, 오히려 계몽적 상대주의의 해결책으로 본다. 이 부분에서 논쟁의 문제가 무엇인지 밝혀진다. 이머징 교회와 전통 교회는 포스트모더니즘을 매우 다르게 이해하며, 이 때문에 온갖 혼란과 불신과 적대감이 일어났다. 전통적 사상가에게, 포스트모던이란 상대주의를 의미하며 진리도 없고 도덕도 없다는 뜻이다. 이들은 이러한 철학이 교회에 들어오길 원하지 않는다. 그게 전부이다. 나는 이전에 포스트모더니즘을 이런 식으로 보았으며, 컨퍼런스에서 젊은 교회 개척자에게 그렇게 반응한 것도 바로 이 때문이었다. 나는 포스트모더니즘이야말로 가장 나쁘다고 생각했었다.[13]

밤길을 항해하는 배 두 척

책을 읽을수록 이머징 교회와 전통 교회가 포스트모더니즘과 모더니즘의 관계를 보는 시각이 얼마나 다른지 몰랐다는 확신이 강해졌다. 양쪽이 똑같은 용어를 사용한다. 그렇더라도 말하는 대상은 같지 않다. 양쪽은 마치 밤에 항해하는 배 두 척과 같다. 동시에 상대방의 잘못을 일반화하고 과장하는 잘못을 범했다. 양쪽 다 허수아비를 세우는 잘못을 범했다.

설명해보자. 이머징 교회는 지난 100년간 아브라함 카이퍼, C. S. 루이스, 코넬리우스 반틸, 헤르만 도예베르트, 니콜라스 월터스토프 같은 복음주의 사상가들이 계몽적 합리주의에 가한 비판을 간과함으로써 전통 교회가 모더니즘의 합리주의와 개인주의에 사로잡혔다는 점을 과장하는 경향이 있다.[14] 포스트모던 사상가들이 등장하기 오래전에, 이러한 기독교 사상가들이 과학과 합리주의에 사로잡힌 교회의 가면을 벗겼다. 이머징 교회에 영향을 미친 두 사상가 스탠리 그렌츠Stanley Grenz와 존 프랭크John Franke처럼 뛰어난 학자가 이 부분을 지적하지 않는다는 사실이 나로서는 흥미롭다.[15] 이머징 교회는 수사학적 목적에서, 전통 교회에 대해 전면적 일반화 방법을 사용하는데, 이것은 공정하지 못하다.

그러나 전통 교회도 마찬가지로 잘못을 범했다. 전통 교회 사상가들은 이머징 교회가 포스트모너니즘이란 용어를 어떤 의미로 사용하는지 시간을 두고 이해하려는 노력을 게을리했다. 그리고 이머징 교회는 역사적 기독교를 포기한다는 성급한 결론에 이른다. 이머징 교회 운동 전체가 이러하지 않은 것은 분명하다. 스콧 맥나이트가 주장하듯이, 브라이언 맥클라렌을 비롯해 이머징 교회에 속한 많은 사람이 '강경한' 포스트모더니즘을 거부한다. 급진적 상대주의를 받아들이는 사람은 거의 없으며, 모든 계시와 외적 권위를 거부하는 깊은 구성주의(constructivism, 인간이 자신의 경험에서 지식과 의미를 구성한다는 심리학 이론 – 옮긴이)를 받아들이는 사람도 거의 없다. 맥나이트가 주장하듯, 공정한 전통 교회 저자라면 이머징 교회 운동을 정의할 때 그 운동의 지지자처럼 정의하려 할 것이다. 이머징 교회를 이런 방식으로 정의할 때까지, 양 진영은 계속 서로 말이 통하지 않을 것이다. 또 전체 교회에 해를 끼치지 않을까 싶다.

버지니아 대학의 정초주의

2008년 12월 버지니아 대학을 방문했다. 버지니아 대학은 토머스 제퍼슨이 계획하고 세웠으며, 미국에서 가장 아름다운 대학 가운데 하나다. 그리스와 로마 건축물을 본떠 지은 건물은 그야말로 경외심을 자아낼 만큼 멋지다. 나는 맨 먼저 로툰다(천정이 둥근 건물)로 갔다. 이 건물은 대학의 중심이며, 넓은 계단을 오르면 3층짜리 돔 룸이 나온다. 이 돔형 건물은 제퍼슨이 그리스 신전을 본떠 지었다. 이 건물에 감탄하면서, 입구에 비치된 안내 팸플릿을 펼쳤다. 팸플릿에는 이렇게 돼 있었다. "제퍼슨이 로마의 파르테논 신전을 본떠 로툰다를 지었다. 계몽주의에 깊은 영향을 받은 제퍼슨의 지도 원리는 논리와 이성의 힘이었다." 바로 이런 이유에서, 제퍼슨은 로툰다의 중앙에 도서관을 배치했다. 청교도 정신이 깃든 하버드, 예일, 프린스턴과는 달리, 제퍼슨이 세운 '학문의 마을' 중심에는 교회가 없었다. 100년 넘게, 로툰다는 학교 도서관으로, 지식의 중심, 대학의 '신전' 역할을 했다. 이성과 지식으로 자유를 지탱한다. 이것이 계몽주의의 꿈이었다.

나는 로툰다에서 북쪽으로 갔다. 10분쯤 걸으니 유니버시티 서클 University Circle 이 나타났다. 지금은 각종 동아리방으로 사용되는 오래된 건물 중앙에 완전히 복구된 건물이 하나 있었다. 그 건물은 선진 문화 연구소로 사용되고 있었다. 내가 그곳에 간 목적은 그 연구소의 학자이며, 예일 대학을 은퇴한 교수 니콜라스 월터스토프를 인터뷰하기 위해서였다. 그는 독실한 그리스도인이기도 하다.[16]

"교수님, 제퍼슨은 정초주의자였습니까?" 내가 니콜라스 교수에게 물었다. 그리고 니콜라스 교수의 대답에 깜짝 놀랐다.

"네. 물론, 제퍼슨은 정초주의자였지요. 하지만 지금 복음주의자는 대부분 정초주의자인걸요."

나는 이머징 교회의 많은 사람이 똑같이 생각한다고 말했다. 이머징 교회는 전통 교회에 항의하는데, 그 중심에 정초주의가 있다. 이머징 교회는 정초주의자들이 계몽주의와 모더니즘에 사로잡혔다고 말한다.

"교수님, 정초주의란 무엇입니까?" 내가 물었다.

교수는 잠시 생각에 잠기더니 신중하게 말했다. "그러니까 정초주의란 아동 학대와 같아요. 아무도 정초주의자라 불리길 원하지 않지요. 정초주의는 조롱하는 말이 되었고요. 기본적으로, 정초주의는 확실성을 추구해요. 자신의 신념을 정당화하고, 그 신념을 누구도 공격할 수 없는 기초 위에 세우려는 시도이지요."

나는 조지타운 대학에서 계몽주의를 연구하던 시절을 생각했다. 30년 전쟁(1618-1648) 기간에, 르네 데카르트는 《방법서설Discourse on the Method》(문예출판사 역간)을 출판했는데, 이 책에서 종교에서 벗어나, 국가와 인종을 초월해 사람들을 하나로 묶으며 유럽을 황폐하게 한 전쟁을 끝낼 철학적 기초를 세우려 했다. 정초주의란 지식이 종교를 비롯한 그 어떤 외부 권위의 뒷받침도 필요하지 않은 자명한 진리에, 즉 '흔들릴 수 없는 확실성'을 갖춘 지식에 기초할 수 있다는 시각이다. 이머징 사상가들은 정초주의가 전통 교회를 오염하고, 전통 교회가 설교와 지도 체제와 공동체와 교회 구조를 보는 관점을 형성했다고 주장한다.

나는 니콜라스 교수의 《종교의 한계 내에서의 이성Reason Within the Bounds of Religion》(성광문화사 역간)이란 책을 들어 말했다. "제가 이곳에 온 이유는 바로 이 책 때문입니다. 대학원 시절에 이 책을 읽었습니다. 비행기를 타고 오면서 다시 훑어보았습니다. 교수님은 직접 말씀은 안 하시지만, 제3의 길을 찾고 계시는 듯합니다. 맞나요, 교수님?"[17]

나는 니콜라스 교수에게 그 책 한 부분을 인용했다. "모든 면에서, 정초주의는 상태가 좋지 않다.… 내가 보기에, 정초주의를 도덕적으로 나쁜 것으로 보고 포기하고 정초주의 없이 사는 법을 배우는 수밖에 없다."[18]

"교수님은 여전히 이렇게 생각하십니까?" 내가 물었다.

"네, 맞습니다. 정초주의는 상태가 좋지 않습니다."

"그럼 교수님은 탈정초주의자이신가요?" 내가 물었다. 그는 고개를 끄덕이더니, 계몽주의는 난공불락의 이성과 과학을 토대로 확실성을 추구했으나, 이제 이것도 막다른 골목에 이르렀다고 말했다. 막다른 골목에서 빠져나오지 못한다. 지금껏 빠져나온 적이 없었다.

"교수님은 '폭탄에도 끄떡없는' 확실성이란 없다는 이머징 교회 사람들의 주장에 동의하십니까?"

니콜라스 교수는 이렇게 대답했다. "그들의 주장이 옳다고 생각합니다. 우리가 아는 한 폭탄에도 끄떡없거나 확실한 것은 없습니다. 자명한 진리 위에 세워진 고전적 정초주의는 공격을 견디지 못합니다."

니콜라스 교수가 이렇게 말할 때, 나는 그의 책에서 눈을 돌려 나의 공책을 보았다. "우리의 미래는… 비정초주의적인 미래가 되어야 할 것이다."[19]

"정초주의가 죽었다면, 왜 복음주의자를 정초주의자라고 말씀하십니까?" 나는 공책에서 시선을 떼며 물었다.

그러자 그가 이렇게 대답했다. "정초주의는 죽었습니다. 그러나 복음주의자들이 인식하지 못해도, 그들은 여전히 정초주의자처럼 행동합니다."

정초주의는 전통 교회에 어떻게 영향을 미치는가?

나는 니콜라스 교수에게 이머징 교회가 동의하리라고 말했다. 이머징 교회도, 전통 교회가 인정하든 안 하든, 정초주의가 전통 교회에 영향을 미쳤다고 주장한다. 나는 이머전트 빌리지의 토니 존스와 나누었던 대화를 이야기했다. 토니는 정초주의를 '경계 집합형' 사고('bounded-set' thinking, 안팎의 구분이 뚜렷하고 내부 구성원 간 공통점 또한 뚜렷한 집단—옮긴이)라고 부른다. 그의 말은 경계 집합형 교회들이 성경이 참이라고 증명하면서 계몽주의의 이성과 과학을 도구로 활용했다는 뜻이다. 이러한 의존은 과신과 승리주의로 이어졌다. 이러한 과신은 우리 지식만 믿는 오만한 태도로 이어질 위험이 있다.

토니는 의심할 나위 없거나 폭탄에도 끄떡없는, 확실성 추구를 바탕으로 하는 이러한 과신이 이머징 교회를 가장 멀리하게 만든다고 말하는 것이 분명하다. 이머징 교회 사람들이 보기에, 정초주의 목회자들은 비열하고 오만할 때가 많다. 이들은 배우려 하지 않고 유순해 보이지도 않는다. 이들은 모든 정답이 자신에게 있다고 믿는다. 다른 사람들은 모두 틀렸다는 것이다. 내가 생각하기에, 많은 이머징 교회 지도자가 이런 오만에 상처를 입었다. 이러한 오만은 대화와 배움과 성장을 차단한다. 니콜라스 교수는 이런 일이 실제로 가능하다는 데 동의했다.

전통 교회가 어떻게 이렇게 되었는가? 니콜라스 교수는 이렇게 말했다. "전통 교회는 실재론에 열정적입니다. 다시 말해, '기실재(既實在, ready-made reality)'가 있다고 생각하는데, 이것은 옳습니다. 그러나 문제는 따로 있습니다. 전통 교회는, 형이상학과 관련해 이러한 시각은 자신들이 정초주의 인식론에 열정적이라는 뜻이라고 생각합니다. 이 때문에, 이들은 뻣뻣하고 오만하며 승리주의에 취해 자기주장을 내세웁니다." 이러한 정신은 이머징 교회 진영의 많은 사람에게, 니콜라스 교수 같은 탈정초주의자에게 상처를 입혔다.

나는 니콜라스 교수에게 또다시 물었다. "그러나 정초주의자란 말은 실재를 알 수 없다고 믿는다는 뜻입니까?" 그렇다면 우리가 실재를 만들어내야 하는가? "니콜라스 교수님, 간단히 말해, 이것은 '끝까지 구성주의'를 믿는다는 뜻인가요?"

"아닙니다." 그가 강한 어조로 말했다.

우리가 인식론과 관련해 정초주의자가 아니라면, 이것만으로도 '기실재'를 믿지 않는다는 뜻인가? 《종교의 한계 내에서의 이성》에서 말하듯이, 그는 "우리가 모두 마음에 품고 믿는 것과는 독립된 본성을 지닌 객관적 실재가 있다"라는 사실을 부정하지 않는다. 다시 말해, "당신과 내가 객관적 실재에 관한 진정한 믿음에 이르지 못한다"라는 것을 부정하지 않는다. 그는 또한 정초주의를 부정한다는 말은 "아무거나 좋다"라는 태도를 취한다는 뜻이라고 말하지도 않는다.[20]

그렇다면 이머징 교회는 어떠한가? 이머징 교회는 탈정초주의에 속한다. 이머징 교회는 모더니즘에 대한 포스트모더니즘의 비판을 받아들인다.

니콜라스 교수는 이렇게 대답했다. "포스트모더니즘은 부정적으로 작용할 때가 좋습니다. 그러나 긍정적일 때는, 즉 정의와 인간 존엄의 근거를 찾으려 할 때는 그다지 좋지 않아요."[21]

"왜 그렇습니까?" 그의 말을 확실히 이해하려고, 내가 다시 물었다.

"포스트모더니즘이 늘 '기실재'에 전념하지는 않기 때문이지요. 존재론에서는, 즉 무엇이 현존하며 무엇이 실재하는가라는 부분에서는, 이머징 교회가 반실재론자인 경우가 많아요."

"재미있네요." 내가 말했다. "이머징 교회가 포스트모더니즘을 토대로 계몽적 정초주의를 비판한 것은 옳지만, 자신의 적극적인 과제인 정의 수호를 위한 존재론을 만들어내는 부분에서는 지나치게 빨리 시류에 편승하지 않았나요?"

"그런 거 같아요." 니콜라스 교수가 말했다.

포스트모더니즘의 역마차에 너무 빨리 올랐다

나중에 니콜라스 교수의 말을 숙고하면서 토니 존스를 생각했다. 토니 존스는 정초주의가 교회에 승리주의와 오만을 심었다고 믿었기 때문에 정초주의를 거부했다. 이와 관련해, 존스가 포스트모더니즘과 탈정초주의적 기독교의 비슷한 점에 집중한 나머지 차이점을 간과한 게 아닌가 하는 의문이 들었다. 바꾸어 말하면, 그는 너무 성급하게 역마차에 오르지 않았는가? 이것이 이머징 교회 사역에 역효과를 미치지 않겠는가?

니콜라스 교수의 말을 생각하면서, 이것이 토니의 첫 번째 저서 《포스트모던 시대의 청소년 사역》에서 나타난다는 것을 깨달았다. 토니는 풀러 신학교를 막 나오고서 낸시 머피$^{Nancy Murphy}$ 교수에게서 영감을 받아 이 책을 썼다.[22]

그런데 이 책에서, 그는 포스트모더니즘은 청소년 사역과 교회에 절대적으로 적절하다고 주장한다. 처음부터 포스트모더니즘이 기독교의 친구였다고 주장한다. 포스트모더니즘은 계몽적 모더니즘을 거부했다. 따라서 교회에서 오래 지속된 정초주의와는 대조적이었다. 이 책을 전개하면서, 토니는 우리가 이미 살펴본 탈정초주의 논증을 사용한다. 그가 포스트모더니즘을, 포스트모더니즘과 모더니즘의 단절을 어떻게 정의하는지 알면, 왜 책에서 확연히 충격적인 말을 하는지 이해하는 데 도움이 된다. 예를 들면, 그는 "대문자 T로 시작하는 진리^{Truth}란 없다"라고 말하는데, 이것은 진리란 없다는 뜻이 아니라 계몽적 정초주의에 근거한 진리가 없다는 뜻이다.[23]

그리고 토니는 '모든 것이 상대적'이라고 말하는데, 이것은 개인이 스스로 진리를 만들어내야 한다는 뜻이 아니라 모든 실재는 해석이라는 뜻이다.[24] 모든 실재는 우리가 쓴 안경으로, 즉 책상에 올려놓은 신념, 우리의 전제들로 형성된다. 따라서 "모든 것은 믿음의 문제다."[25] 그는 이어서 이렇게 말한다. "포스트모더니즘은 몇몇 기독교 사상가들이 만들어내는 그런 악마가 아니다. 오히려 반대로, 모더니즘에 대한 포스트모더니즘의 많은 비판을 교회가 기꺼이 받아들여야 한다. 우리는 더는 과학적 증명 모델에 기대지 않는다.… 모든 것을 설명하거나 합리화할 필요는 없다."[26]

포스트모더니즘이 고전적 정초주의 비판에 부정적 방식으로 사용될 때, 토니가 옳다고 생각한다. 포스트모더니즘은 보편적이고 총체적인 이성의 오류와 위험뿐 아니라 해석의 중요성을 깨닫는 데도 도움이 된다. 우리는 서구 사회의 과격한 개인주의와 동구 사회의 공산주의 같은 정치 이데올로기에서 이러한 이성이 초래한 파괴적인 결과를 보았다. 인식론적 확실성은 가능하지 않다. 니콜라스 월터스토프 교수도 동의할 것이다.

포스트모더니즘은 어디서 실패했는가?

포스트모더니즘이 건설적인 면에서는 그렇게 유익하지 않다. 일단 계몽주의가 무너지면, 포스트모더니즘은 어떤 건설 도구를 제공하는가? 고전적 정초주의를 거부하는 것과 우리가 다양한 해석을 어떻게 취하고 그것으로 삶의 방식을 세우는지 설명하는 것은 전혀 다른 문제이다. 포스트모더니즘은 그리스도인이 건강하고 변화를 낳는 공동체를 세울 뿐 아니라 문화를 건설적으로 상황화하는 데 도움이 되는가? 포스트모더니즘은 자기 정체성, 성숙한 자아 형성을 뭐라고 말하는가? 포스트모더니즘은 정의 수호를 위해 어떤 자원을 제공하는가?[27] 여기서 우리는 인식론에서 형이상학(존재론)으로 옮겨간다.

니콜라스 교수에게 물었다. "이머징 교회는 어디서 잘못되었나요?"

"이머징 교회도 전통 교회와 비슷한 실수를 했다고 생각합니다." 그가 대답했다. "전통 교회는 자기들의 존재론 때문에 정초주의 인식론에 전념한다고 생각하지만, 이머징 교회는 이와 반대인 실수를 하지요. 이머징 교회는 자신들의 탈정초주의 때문에 반실재론적 형이상학에 전념한다고 생각합니다. 그러나 진실은 실재가 거기 있다는 것입니다. 저도 보고, 목사님도 봅니다."

나는 그의 말에 동의한다. 하나님의 계시가 없는 비그리스도인이라도, 하나님의 말씀이 있는 신자만큼 분명하게는 아니더라도, 이 실재를 볼 수 있다. 우리에게는 이 실재를 말해주는 외적 권위가 있다. 니콜라스 교수가 말한 바로는, 칼뱅은 이것을 이미 거기에 있는 실재에 초점을 맞춰주는 '안경'이라 했다.

핵심은 이것이다. 포스트모더니즘은 계시에 어느 정도 열려 있다. 그래도 포스트모더니즘은 공동체 삶을 이끄는 외적 권위를 주지 못하며 주지도 않는다. 외적 계시가 없다면, 선한 삶을 세우거나 이끄는 법을 어떻게 진정으로 아는가? 포스트모더니즘은 윤리가 공동체 안에서 세워진다고 말한다. 사실, 토니 존스는 자신의 뜻을, 실재를 발견하기 위한 '관계 해석학relational hermeneutic'이라 부른다. 진리는 공동체 안에서, 함께, 성령의 도움으로 발견한다. 이것은 물론 근본주의의 '경계 집합형' 명제주의와는 대조적이다.

니콜라스 교수와 대화를 나누고 나서, 왜 이머징 교회 사상의 몇몇 부분에 그렇게 신경이 쓰였는지 깨달았다. 나는 고전적 정초주의를 거부한다. 그렇다고 관계 해석학을 편안하게 받아들이는 것도 아니다. 나는 성경에 기록된 하나님의 계시가 무엇이 실재인지 우리에게 말해주며, 기독교 공동체를 위한 권위를 제공한다고 믿는다. 우리는 하나님의 계시 위에 우리의 형이상학을 세운다. 하나님의 계시는 우리가 기실재를 적지 않게 안다는 확신을 준다.

이머징 교회의 많은 사람이 포스트모더니즘의 '구성주의' 인식론으로, 다시 말해, 공동체에 사는 사람이 지식을 만들어내고 형성한다는 쪽으로 지나치게 빨리 옮겨갔다는 생각이 든다. 그러나 계시가 없으면, 구체적인 전통이나 공동체나 역사에 책임을 물을 만한 게 전혀 없다. 예언의 목소리가 없다.

이머징 집단 사람 가운데 다양한 탈정초주의가 있다는 사실을 깨닫지 못하는 사람이 분명히 있다. 어떤 사람은 기독교에 좀 더 우호적이다. 반면, 어떤 사람은 기독교에 적대적이며, 특히 반실재론자들이 그렇다. 반실재론은 기독교와 양립하지 못한다. 반실재론은 사실상 초모더니즘이나 강경 포스트모더니즘이기 때문이다. 내 말은 토니 존스를 비롯해 이머징 교회에 속하는 사람들이 반실재론을 받아들였다는 뜻이 아니라 탈정초주의에 대한 자신들의 열심을 반실재론과 늘 주의 깊게 구분하지는 않는다는 뜻이다.

이것이 왜 교회에 위험한가? 강경 포스트모더니즘을 무비판적으로 받아들이는 그리스도인은 제임스 스미스가 말하는 '상호 관계 모델 correlationist model'에도 자신을 연다.[28] 이렇게 되면, 이들의 세계관이 하나님의 계시가 아니라 주변 역사와 언어와 공동체로 형성될 위험이 있다. 즉 신앙과 문화가 연결되는 것이다. 자유주의 신학이 수년간 이렇게 했다. 신중하지 않으면, 이머징 교회는 똑같은 덫에 빠질지 모른다. 이머징 교회가 포스트모던 시대 사람들에게 다가가려고 복음을 상황화하려다 문화를 초월하는 복음의 메시지를 놓치지 않을까 우려스럽다. 레슬리 뉴비긴은 이것을 '혼합주의 syncretism'라 불렀다.[29]

정초주의와 강경 포스트모더니즘을 넘어서: 네 가지 선언

전통 교회의 실재론은 옳으나 전통 교회의 정초주의는 옳지 않으며, 이머징 교회의 탈정초주의적 비평은 정확하나 이머징 교회의 형이상학은 정확하지 않다면, 대안은 무엇인가? 니콜라스 월터스토프 교수는 '둘을 분리하는 것'이라고 말한다. 정초주의자도 아니고 반실재론자도 아니라는 것은 속임수이다. 양립 불가능한 형이상학과 인식론을 섞어서는 안 된다. 지금껏 양쪽 모두 이렇게 하려는 경향을 보였다. 제3의 길은 고전적 정초주의와 강경 포스트모더니즘을 거부한다. 깊이 있는 교회가 된다는 말은 바로 이런 뜻이다.

나는 니콜라스 교수의 사무실을 나와 다시 대학 교정을 거닐었다. 머리는 새로운 통찰과 이 논쟁을 보는 새로운 방식으로 쌩쌩 돌아갔다. 로툰다 북쪽 벤치에 앉아 생각에 잠겼다. 이러한 제3의 길이 깊이 있는 교회에 무엇을 의미할까? 이것이 우리가 교회로 존재하는 방식에 내외적으로 어떤 영향을 미치는가? 샬로츠빌로 돌아오는 내내 고민했는데, 해답을 찾았다고 생각한다.

첫째, 깊이 있는 교회는 탈정초주의에 기초해야 한다. 나는 이것을 조금도 의심하지 않는다. 니콜라스 교수의 통찰력을 통해, 난공불락의 확실성이란 신자에게도 없음을 깨달았다. 우리의 인식론을 지탱할 만한 철학적 정초는 없다. 그러나 '아무것이나 좋다'는 뜻은 아니다. 우리와 실재 사이에는 언제나 언어가 있으며, 신념과 신앙이 우리가 세상을 해석하는 방식을 결정한다. 설령 이것을 깨닫더라도, 우리는 여전히 우리 바깥에 객관적 실재가 있고, 그것을 어느 정도 알 수 있으며, 모든 것이 우리 상태나 공동체에 따라 상대적이지는 않다고 믿는다. 우리는 문화를 초월할 수 있다.[30] 그러나 계몽주의로 돌아가 개인으로나 집단으로 우리 자신의 실재를 만들어냄으로써 문화를 초월하지는 않는다. 우리는 우리를 가르치고 바꾸는 성경 이야기 속 삶으로써 문화를 초월한다.

둘째, 깊이 있는 교회는 정초(기초)를 믿는다. 그러나 정초는 이성이 아니라 신앙 위에 세워진다. 나는 이것을 니콜라스 교수에게서 확실하게 배웠다. 우리는 이해하기 위해 믿는다. 의심할 나위 없는 정초를 따라 행하지 않고, 계시된 진리를 믿는 믿음을 따라 행한다. 우리는 탈정초주의의 시조이며 "이해하기 위해 믿는다"라고 했던 아우구스티누스를 따른다. 우리가 진리를 추구하는 방식은 '해석학적 순환'이 특징이다. 이러한 순환은 지식에서 시작해 신앙에 이르지도 않고, 신앙에서 시작해 지식에 이르지도 않는다. 우리는 이러한 순환에 어떻게 들어가는가? 출발점은 우리 밖에 있으며, 성령께서 신앙-지식의 순환에 우리를 두신다. 이것은 우리가 객관주의자도 아니며 주관주의자도 아니라는 뜻이다. 우리는 뭔가 다르다. 따라서 혼합주의에 빠지지 않도록 복음을 문화에 지나치게 맞추지 않는다. 또 공동체를 진리의 유일한 근원으로 보는 상관주의나 급진 구성주의를 가까이 하지 않는다.

셋째, 우리는 뉴비긴이 말하는 '적절한 자신감'을 소유한다. 우리는 지식이 있어도 겸손하라는 훈련을 받았는데, 우리에게 그 지식을 주신 분 때문이다. 우리는 죄인이며, 이기심과 자만심으로 실재를 보는 경향이 있음을 안다. 그래서 모든 것을 은혜로 보고 우리가 보는 바를 보지 못하는 불신자에게 겸손해야 한다. 또한 광장에서 정치인들이 우리가 진리라고 아는 바를 인식하지 못할 때에도 인내해야 한다.

'적절한 자신감'이 있으면, 성경과 진리에 관해 우리와 다른 시각을 가진 신자를 부드럽게 대하게 된다. 죄가 우리에게 미치는 영향을 인정하기에, 우리가 항상 분명하게 보지는 못하며, 우리의 신학적 입장이 성경 진리를 완전히 설명하지 못할지도 모른다는 것을 깨닫는다. 마음을 열고 우리와 전통이 다른 사람들에게서도 배우며, 그들의 시각이 우리에게 유익할 수도 있다고 믿는다. 실재는 다면체 다이아몬드와 같은

데, 우리는 그 가운데 한두 면만 보는 경향이 있다. 그러므로 다이아몬드의 더 많은 면을 보여주는 다른 전통도 필요하다. 깊이 있는 교회는 이것을 '다중관점주의multiperspectivalism'라 부른다. 우리는 복음에서 다중관점주의를 본다. 모두 같은 이야기를 다양한 각도에서 들려준다. 다중관점주의는 우리로 교만하지 않고, 알수록 머리를 숙이게 한다.

마지막으로, 탈정초주의적이란 말은 우리가 소심하다는 뜻이 아니다. 우리가 자신감 있을 수 있는 이유는 우리 때문이 아니며 우리에게 실재를 파악하고 보는 놀라운 능력이 있기 때문도 아니다. 하나님이 모든 것을 아시며 우리를 그분 이야기의 한 부분으로 선택하셨기 때문이다. 하나님은 처음과 끝을 계시하시고, 우리에게 그분의 세상에서 왕 같은 제사장이 되라고 요구하셨다. 이 복된 소식을 들은 우리는 초점을 자신에게서, 실존적 의미 추구에서 옮기고 공동의 선을 위해 다른 사람들을 담대히 섬기려고 노력한다. 우리가 이렇게 할 수 있는 이유는 의미와 우리 정체성의 근원이 안전하다는 것을 알기 때문이다.

울타리가 아니라 샘이다

교정에 앉아 로툰다를 바라보고 있노라니, 2006년 마이클 프로스트와 앨런 허쉬가 풀러 신학교에서 이틀간 인도했던 컨퍼런스가 생각났다. 두 사람 모두 호주 출신이며, 이머징 교회의 일원이다.[31] 토니 존스처럼, 이들도 전통주의자는 정초주의에서 힘을 얻는 경계 집합형 교회에 속한다고 주장한다. 이러한 교회들은 오만하고 과장되고, 언제나 자신이 옳다고 확신한다. 따라서 자신들과는 다른 곳을 찾거나 다른 곳에 속한 사람들에게 좀처럼 자리를 내주지 않는다. 이들은 항상 편을 가른다. 회의주의자는 이들에게 환영받지 못한다.

어느 친구에게서 들은 이야기가 생각난다. 친구는 다니던 작은 교회에 아주 실망했다. 가끔 낯선 사람이 교회에 오면, 교인들은 그 사람을 반갑게 맞이하기 위해서가 아니라 그 사람이 정통 신앙을 소유했는지 알아보려고 그에게 다가갔다. 교인들은 새로 온 사람이 조직에 적합한지 아니면 조직을 흩뜨리지는 않을지 확인하고 싶었다. 그래서 겉으로는 친절한 척하지만 속으로는 그 사람을 깐깐하게 뜯어본다. 놀랄 일도 아니지만, 새로 온 사람은 대부분 절대로 다시 오지 않는다. 이것이 경계 집합형 교회이다.

경계 집합형 교회를 설명하고 나서, 프로스트와 허쉬는 중심 집합형 교회(centered-set church, 구성원 하나하나가 중심과 어떤 관계인가를 강조하는 교회—옮긴이)를 설명한다. 최우선순위는 누가 안에 있는지 결정하기 위해 엄격한 경계선을 긋는 게 아니다(이런 구분선을 긋는 것은 경계 집합형 교회의 특징이다—옮긴이). 중심 집합형 교회는 자신의 핵심 가치로 규정되며, 사람들을 내부인인가 외부인인가로 구분하기보다 중심성에 따라 구분한다. 이런 의미에서, 잠재적으로 모든 사람이 공동체의 구성원이다. 프로스트와 허쉬가 말한 바로는, 이런 교회는 그리스도가 중심이다. 중심 집합형 교회는, 복음이 너무나 새롭기에 그리스도를 사랑하는 사람이라면 그분에게서 너무 멀리 벗어나지 않으리라고 본다. 외부인이 물을 찾는 목마른 순례자처럼 공동체 안으로 이끌려 들어올 것이다. 프로스트와 허쉬는 이것을《새로운 교회가 온다*The Shaping of*

Things to Come》(IVP 역간)에서 이런 예를 들어 설명한다.

어떤 농업사회(공동체)에서, 농부들은 자기 땅에 울타리를 쳐서 울타리 안에 있는 가축과 울타리 밖에 있는 이웃 농장의 가축을 보호한다. 이것이 경계 집합이다. 그러나 농장이나 목장이 어마어마하게 넓은 지역에서는 울타리를 쳐서 재산을 보호하기란 불가능하다. 내 호주 교향에서는, 목장이 엄청나게 넓어 울타리를 치기가 불가능했다. 이런 경우, 농부는 관정管井을 박거나 샘을 파서 오지에 귀중한 물을 공급한다. 그러면 가축이 길을 잃더라도 죽지 않으려고 절대로 샘에서 멀리 떠나지 않는다. 이것이 중심 집합이다. 깨끗한 물이 공급되는 한, 가축은 샘 근처에 머문다.[32]

아주 훌륭한 예이다. 여전히 정초주의에 매인 전통 교회에게 울타리는 아주 중요하다. 이와는 반대로, 탈정초주의적인 중심 집합형 교회는 중심에 자리한 샘인 그리스도에 초점을 맞춘다.

그렇다면 강경 포스트모더니즘을 받아들이는 교회는 어떤가? 실제로 경계 집합형, 중심 집합형, 관계 집합형, 이렇게 세 그룹이 있다(이는 관계 해석학을 받아들이는 교회들을 지칭하는 나의 용어다). 셋째 그룹이 강경 포스트모더니즘에 가장 가깝다. 에드 스테처는 이들을 수정주의 진영으로 분류한다. 토니 존스는 관계 해석학적 교회는 공동체 내에서 진리를 인식한다고 말한다. 다시 말해, 성령의 인도를 받는 공동체가 진리를 찾아내고, 교회가 각 시대와 환경에서 어떤 모습이어야 하는지를 찾아낸다.[33] 이러한 해석학은 경계 집합형 교회나 중심 집합형 교회보다 울타리가 적은 교회로 이어진다.

내가 주장하려는 핵심은 이것이다. 깊이 있는 교회는 탈정초주의적인 중심 집합형 교회이다. 한편으로 정초주의의 울타리에 갇히지 않으며, 다른 한편으로 강경 포스트모더니즘에 몰두하지 않는다. 우리는 제3의 길을 모색한다. 이런 교회는 실제로 어떤 모습일까?

마약을 버리고 그리스도께로

셰릴은 우리 교회에 나오는 젊은 자매인데, 3년 전에 인생 밑바닥까지 떨어졌었다.³⁴ 셰릴은 가까운 IHOP(팬케익 전문 체인점 – 옮긴이)에서 아침을 먹으며 자신의 이야기를 털어놓았다. 네바다 주 칼리엔테는 라스베이거스에서 북쪽으로 세 시간 거리이다. 셰릴은 그곳의 어느 트레일러에서 크리스털 메스라는 마약에 취해 하나님께 도와달라고 소리쳤다. 열흘 동안 잠을 못 자고, 누군가 자신을 죽이려 한다는 생각에 두려워 떨었다. 마약에 취한 데다 잠까지 자지 못해, 그야말로 미치기 직전이었다. 이런 상태가 조금만 더 계속되면, 셰릴은 죽을 것이다. "창자 속까지 느껴졌어요." 셰릴은 자기 배를 가리키며 말했다. "제가 죽어간다는 것을 알았어요."

셰릴은 어쩌다 이 지경까지 떨어졌는가? 2년여 전에 이 지경에 빠졌다. 대학을 중퇴하고 펩 보이스PepBoys라는 자동차 용품점에서 풀타임으로 일했다. 거기서 남자를 만나 동거했다. 이때부터 곤두박질쳤다. 남자친구 샘은 욱하는 성미 때문에 일자리를 얻는 족족 잃었다. 그때마다 두 사람은 그다음 금 항아리를 찾아 고향에서 조금씩 더 멀어졌다.

마침내, 작은 도시의 트레일러 파크에까지 오고 말았다. "막다른 골목이었어요." 셰릴이 말했다.

어느 날 오후였다. 친구들과 어울려 몇 시간을 놀고 있을 때, 어느 친구가 크리스털 메스 꾸러미를 꺼냈다. 셰릴은 친구들의 실망한 표정을 보고 싶지 않았고, 또 마땅히 거절할 명분도 없었기에 마약을 피웠고, 결국 중독되고 말았다. 그러다가 점점 강도를 높이고, 결국 그 지경에 이르고 말았다. 셰릴은 이제 집에서 멀리 떨어져 마약에 중독된 채, 자신을 학대하고 속이는 남자친구와 외롭게 살았다. 셰릴은 생각에 잠겼다. 어떻게 오렌지카운티의 명문가 소녀가 마약에 절어 트레일러 파크에서 끝나게 생겼단 말인가?

"머리는 마약에 절어 있었지만 마음은 이래서는 안 된다는 것을 알았어요."

"그래서 어떻게 했나요?" 내가 물었다.

셰릴이 계속 이야기했다. "어느 날이었어요. 열흘이나 못 자고 제대로 먹지도 못한 상태에서 평소에 절대로 안 하던 짓을 했어요. 기도를 한 거예요. 하나님께 잠 좀 자게 도와달라고 했어요. 그래야 살 수 있었으니까요. 만약 하나님이 그날 밤만 넘기게 해주시면, 그곳을 떠나겠다고 약속했어요."

셰릴은 기도를 마치고, 한 주 반 만에 처음으로 잠이 들었다. 다음 날, 셰릴은 여전히 살아 있었다. 셰릴은 믿을 수가 없었다. 그래서 짐을 모두 꾸려 지프에 싣고, 섭리하시는 하나님의 도움으로 간신히 고속도로를 찾아 남캘리포니아로 돌아왔다. 그렇게 남자친구와 마약과 옛 삶을 버렸다. 그날이 2006년 12월 7일이었다.

3주 후, 리디머 장로교회에 출석한 지 몇 달밖에 안 되는 어느 친구가 셰릴을 교회로 초대했다. "처음 왔을 때, 제 몰골은 끔찍하기 이를 데 없었어요. 마약의 흔적이 제 몸에 고스란히 남아 있었거든요. 그러나 곧바로, 리디머 장로교회야말로 제게 필요한 곳이라고 느꼈어요. 희망으로 가득하고 좋았고, 그 무엇이 저를 깊이 끌어들였어요." 셰릴이 말했다. 그래서 셰릴은 그다음 주에도, 그 후 6개월 동안 교회에 나왔다! 셰릴은 가만히 앉아, 말씀을 듣고 찬양하며 성찬식에도 참여했다. 셰릴은 샘으로 이끌렸다.
　"마약은 어떻게 됐나요?" 내가 물었다. "해독제를 써야 했나요?"
　셰릴은 눈물을 흘리며 말했다. "리디머 장로교회가 해독제였어요."
　매주 셰릴은 정신이 점점 또렷해졌다. 복음에 마음을 열었다. 리디머 장로교회 공동체가 셰릴을 안아주고, 교회로 반갑게 맞아들였다. 리디머 장로교회는 셰릴이 하나님의 사랑을 생각하고 그 사랑을 물으며 체험하는 곳이 되었다. 셰릴은 자신의 자리를 얻었다. 셰릴을 제외할 울타리는 전혀 없었다. 교회는 그를 안으로 초대하고, 정죄하거나 판단하지 않았다. 봄 동안, 나는 스티븐 쿠퍼 목사와 함께 '아름다운 삶'이라는 제목으로 십계명에 관한 시리즈 설교를 했다. 그리스도인의 삶을 복된 삶으로, 하나님이 우리가 살도록 계획해놓으신 삶으로 제시했다. 이것은 셰릴이 원하던 삶이었다. 셰릴은 하나님이 계획하신 삶 안으로 이끌리고 있었고, 샘이신 그리스도께 나오라고 초대받았다.
　중심 집합형 교회의 한 부분으로서, 리디머 장로교회의 목사들은 구도자를 세밀하게 배려하는 방식으로 설교하고 예배를 인도한다. 우리는 죄인이며 복음이 필요하다. 그러기에 겸손하고, 믿지 않는 게 어떤 것인지 생각해본다. 허풍을 떨거나 오만하지 않으며, 모든 것을 아는 체하지 않는다. 의미를 찾는 사람들을 위해, 불필요한 울타리를 세우지 않는다. 그러나 이것은 우리 가운데 있는 샘에 확신이 없다는 뜻이 아니다. 우리는 강경 포스트모더니스트가 아니다. 우리의 확신은 그리스도에게 있을 뿐 우리에게 있지 않다. 복음에 관해서라면 확신하며, 독단적이기까지 하다. 메시지는 하나님의 계시에서 나오기 때문이다. 하나님은 우리에게 그분의 말씀으로 말씀하셨고, 분명한 구원 메시지를 주셨다. 따라서 우리는 우리 가운데 샘이 있다고 확신하며 선포한다. 설교와 전례와 성찬식과 그리스도 안에서 하나 된 신자들의 공동체를 통해, 죽어가는 세상에 생수를 주길 원한다. 사람들이 생명의 근원으로 이끌리는 모습을 보고 싶다.

이것이 셰릴의 체험이었다. 셰릴이 우리 교회에 온 지 6개월이 지났을 때, 스티븐 쿠퍼 목사는 로마서 5장을 본문으로 희망을 설교했다. 셰릴은 눈물을 흘리며 그 말씀을 들었다.

그러므로 우리가 믿음으로 의롭다 하심을 받았으니 우리 주 예수 그리스도로 말미암아 하나님과 화평을 누리자. 또한 그로 말미암아 우리가 믿음으로 서 있는 이 은혜에 들어감을 얻었으며 하나님의 영광을 바라고 즐거워하느니라. 다만 이뿐 아니라 우리가 환난 중에도 즐거워하나니 이는 환난은 인내를, 인내는 연단을, 연단은 소망을 이루는 줄 앎이로다. 소망이 우리를 부끄럽게 하지 아니함은 우리에게 주신 성령으로 말미암아 하나님의 사랑이 우리 마음에 부은 바 됨이니, 우리가 아직 연약할 때에 기약대로 그리스도께서 경건하지 않은 자를 위하여 죽으셨도다(롬 5:1-6).

세릴은 환난을 겪었다. 인내했다. 연단되었다(인격을 길렀다). 그러나 이제 그리스도로 말미암아 소망을 얻었다. 세릴의 부끄러움이 사라졌다. 세릴이 그리스도께서 자신을 위해 돌아가셨다는 것을 곧바로 믿었기 때문이다. 하나님이 세릴의 마음에 그분의 사랑을 쏟아부으셨다. 세릴은 눈물을 흘리면서 앞으로 나와 성찬식에 참여하고, 그리스도 안에 있는 새로운 신자가 되었다. 세릴은 샘을 찾았다. 이것이 중심 집합형 교회이다.

* * *

이제 샬로츠빌에는 어둠이 내리고 점점 추워진다. 유서 깊은 가로등에 불이 들어왔다. 언덕 위 총장 관저에 성탄절 불빛이 보였다. 사람들이 쇼핑백을 들고 지나갔다. 그 가운데는 성탄절 선물도 분명히 있으리라. 나는 스카프로 목을 좀 더 단단히 두르고 로툰다를 쳐다보았다. 아름다운 조명을 받아, 마치 교회처럼 보였다. 그러나 그곳은 이성의 신전이었다.

버지니아 대학의 팸플릿을 한 번 더 펼쳐보았다. 제퍼슨이 로툰다 3층에 서서 '영원히' 볼 수 있도록 잔디밭 남쪽에는 건물을 세우지 말고 비워두길 원했다고 돼 있었다. 지식은 자유를 낳으리라. 지식은 우리의 존재감이 뿌리내리게 하리라. 그러나 역설적이게도, 지식은 안정과 선한 윤리로 이어지지 못하고, 대학 초기에 교수가 로툰다 앞에서 난폭한 학생에게 살해되는 혼란으로 이어졌다. 자기 의미와 목적을 창조하려던 이들의 시도는 재앙이었다. 정초주의는 포스트모더니즘처럼 거짓말로 낙인찍혀 온전한 옷감에서 제외된다.

제퍼슨이 죽고 몇 년이 지나고서, 카벨 홀이 건축되고 잔디밭 남쪽 시야가 막혔다. 제퍼슨이 알았다면 깊이 슬퍼했을 것 같다. 그러나 강의실이 더 필요했다. 나는 이 역설을 이해할 수 있었다. 실재를 찾아내려던 제퍼슨의 무한한 자유는 결국 건물에 막혔다. 그의 인식론은 실재와 충돌했다. 우리가 생각하는 것과는 무관하게, 지식이나 심지어 공동체에서 발견할 수 있는 것과는 무관하게, 기실재가 존재한다. 제퍼슨은 제3의 길이 필요했다. 역설적이게도, 그 길은 바로 옆(니콜라스 교수)에서 찾을 수 있었다. 내가 온 목적을 이루었다. 내가 절대로 이전과 같지 않으리라는 사실을 알았다. 떠나려니 슬펐으나 깊은 희망을 가득 품고 떠났다.

05

DEEP EVANGELISM

깊은 전도

제이슨은 샘이신 그리스도에 다가갈수록
다른 사람들을 공동체에 따듯하게 맞아들였다.
사실, 제이슨은 리디머 장로교회에 1년 정도 다녔을 무렵부터 달라 보였다.

20대 중반까지, 나는 전도와 공동체에 관한 지식을 대부분 제2차 세계 대전 후 유럽에서 사역한 미국인 선교사 프란시스 쉐퍼에게서 얻었다. 쉐퍼는 경험을 토대로 변증학과 영성에 관한 책을 여러 권 썼다. 나는 몇몇 부분에서 쉐퍼의 의견에 동의하지 않지만, 지난 여러 해 동안 그의 책을 거의 다 읽고 큰 유익을 얻었다. 대학 시절에 쉐퍼의 책을 처음 읽었다. 사실, 그가 1984년 암으로 세상을 떠나기 불과 몇 달 전에 그의 강연을 직접 듣는 영광도 누렸다. 그의 모습을 절대 잊지 못할 듯하다. 숱이 적은 머리를 뒤로 묶고, 수염을 길게 길르고, 하이킹 바지를 입은 모습이 마치 예언자 같았다.

프란시스 쉐퍼의 말이 그렇게도 설득력이 강했던 이유는, 그의 풍채와 저작 외에, 그가 스위스 위에모에 생기와 아름다움이 넘치는 라브리 공동체를 건설하는 데 대부분 삶을 쏟아부었기 때문이다. 정식 목사로서, 프란시스 쉐퍼는 유럽에 복음을 전하려고 성공적인 목회를 내려놓았다. 나는 쉐퍼가 자신의 변증학을 직접 실천해 보인 방식을 사랑한다. 쉐퍼는 기차나 배에서 낯선 사람들과 전혀 어렵지 않게 대화를 했다. 그러나 사람들이 공동체에서 스스로 묻고 해답을 찾아가는 과정이 얼마나 중요한지 깨달았다. 프란시스 쉐퍼와 그의 아내 이디스 쉐퍼는 환대로 유명했다.[1] 특히 이디스 쉐퍼는 나그네를 따듯하게 맞는 환대 환경을 능숙하게 조성했다.

스위스 생활 초기, 쉐퍼 부부는 라브리를 시작하려는 생각이 전혀 없었다. 그러나 딸이 주말에 함께 스키를 타려고 대학 친구들을 집에 데려왔다. 이들은 이디스 쉐퍼에게서 환대를 받고, 프란시스 쉐퍼와 밤늦도록 철학과 종교를 논했다. 이들은 곧 더 많은 친구를 데려왔고, 젊은이들이 쉐퍼의 오두막에서 공동체를 체험하고 물음의 해답까지 찾는다는 소문이 퍼졌다. 대화와 공동체로 라브리가 태어났다. 내가 살아오면서 가장 후회스러운 일을 꼽으라면, 그 가운데 하나는 프란시스 쉐퍼 생전에 라브리 생활을 해볼 기회가 없었다는 것이다. 60년대나 70년대에, 라브리 순례를 하기에는 열 살이 모자랐다. 그러나 라브리에서 8년을 살았던 내 친구 오스 기니스의 이야기를 듣길 아주 좋아한다. 오스 기니스는 라브리가 얼마나 특별한 공동체였는지 증언한다. 라브리는 구하고, 묻고, 대화하고, 논쟁하며, 복음이 공동체에서 어떻게 표현되는지 눈으로 확인하는 안전한 곳이었다.

나는 젊은 시절 내내 쉐퍼 부부에게서 부단히 감동을 받았다. 교회를 시작하기 몇 주 전, 두려움에 휩싸였다. 우리 교회가 무사히 이륙하지 못할까 봐 걱정이었다. 걱정이 얼마나 깊었던지 잠도 제대로 못 잤다. 우리의 비전이 정말 이루어질까? 깊이 있는 교회를 세울 수 있을까? 구도자들이 오기는 할까? 성숙한 제자들이 신앙 여정에 나선 사람들과 더불어 우리 교회를 집처럼 아늑하게 느낄까? 힘을 얻고자 이디스 쉐퍼의 《태피스트리Tapestry》를 집어들었다. 이 책에서, 이디스 쉐퍼는 라브리 이야기를 시간의 흐름을 따라 아름답게 들려준다. 나는 용기가 필요했다. 이 책을 읽는 동안 축 늘어졌던 나의 영혼이 생기를 되찾았다. 그래서 교회 개척을 하면서 실망하고 외로웠던 시절, 오후마다 이 책을 몇 장씩 읽었다. 도움이 되었다. 이디스 쉐퍼가 들려주는 라브리와 하나님의 신실하심에 관한 이야기를 들으며 힘을 얻었다. 이 책을 통해, 교회를 시작할 용기를 얻었다. 지금도 낙담할 때면 라브리를 떠올린다.

샘으로 이끌리다

며칠 전, 우리 교회에 나오는 제이슨을 면담하는데 쉐퍼 부부가 생각났다.[2] 제이슨이 리디머 장로교회에 온 이유는 우리 교회가 질문하고, 믿음을 실천하기에 안전한 곳이라고 느꼈기 때문이다. 제이슨에게 처음부터 차근히 이야기해달라고 했다. 제이슨은 샌프란시스코에서 여자친구와 동거하던 시절부터 이야기했다. 여자친구는 시내에서 일했고, 제이슨은 집에서 일했다. 수많은 어려움을 겪으며 제이슨은 그만 마약에 빠지고 말았다. 당시 여자친구는 비록 불신자였으나 말하자면 구도자였다. 그러나 제이슨은 아니었다. 제이슨은 그리스도인과 교회를 경멸했다. 자신이 보기에, 교회가 아주 위선적이기 때문이었다.

어느 날, 여자친구가 뉴욕에 있는 리디머 장로교회 팀 켈러 목사의 설교를 우연히 들었다. 그는 그리스도인이 그렇게 생각이 깊고 지적이며 진지할 수 있다는 게 믿어지지 않았다. 그래서 팀 켈러 목사의 설교를 몇 편 더 찾아서 들었다. 그러다가 마침내 제이슨에게도 들어보라고 권했다. 제이슨도 들으면서 흥미를 느꼈다. 그리스도인 지성인이 눈앞에 있었다. 팀 켈러 목사는 고난에 솔직한 태도를 보이고, 복음이 고난을 어떻게 말하는지 들려주었다. 제이슨은 감동했다. 그리고 어느 주일에, 두 사람은 팀 켈러 목사의 교회가 개척한 시티 교회를 찾아갔다. 곧바로, 이들은 그곳 사람들이 좋아졌다. 사람들은 꾸밈없고 진지했으며, 예상과는 딴판이었다. "그늘은 성공했으나 그와 동시에 자상했습니다." 제이슨은 이런 모습에 충격을 받았다. 설교도 아주 도전적이었다. 2년 동안, 두 사람은 한 달에 한두 차례 그 교회에 출석했다. 그저 서성

거리고 지켜보고 듣고 배우고 물을 뿐이었다. 그러나 두 사람은 공동체의 일부였다.

2년 후, 제이슨은 여자친구와 헤어졌다. 죄 가운데 산다는 죄책감도 적잖이 이유였다. 하나님이 두 사람의 양심을 회복하기 시작하셨다. 제이슨은 오렌지카운티로 돌아왔다. 역설적이게도, 헤어진 여자친구가 제이슨에게 꼭 교회를 가라고 했다. 여자친구는 인터넷에서 우리 교회를 찾아내어 제이슨에게 추천했다. 제이슨은 우리 교회에 나왔고, 곧바로 마음에 들어했다.

제이슨은 이렇게 말했다. "우리 교회 사람들을 알면서 깨달았는데, 그중에는 저만큼이나 엉망인 분도 있더라고요. 그러나 다른 점이 하나 있었어요. 그분들은 죄와 불신앙과 싸우는 인간의 상태를 알았고, 그래서인지 자신이 겪는 어려움을 숨기지 않았어요. 추한 모습을 숨기거나 그럴듯하게 포장하려 하지 않았어요. 신선할 정도로 솔직했습니다." 제이슨은 이런 모습에 끌렸다.

내가 제이슨에게 물었다. "우리 교인의 엉망인 모습에 끌렸나요? 우리가 일그러졌다는 데 저도 동의하거든요."

제이슨은 웃음을 터뜨렸다. "단지 엉망이지만은 않았습니다." 제이슨이 계속 말했다. "사람들은 진짜 어려운 일을 당하더라도 여전히 믿음이 충만했어요. 그때 저는 우울증과 마약중독과 상실감 때문에 아주 힘들었거든요. 저와 똑같은 문제와 씨름하는 교인이 있었어요. 하지만 그분들은 그리스도께 소망을 두었지요. 어려움이 닥칠 때마다 저와는 달리 마약이나 섹스로 고통을 줄이려 하지 않았어요." 제이슨은 믿으려 하고 있었다. 샘에 더 가까이 다가오고 있었다.

속하기가 믿기보다 우선이다

지난 며칠 동안, 제이슨과 나눈 대화를 생각하면서 공동체와 신앙의 관계도 함께 생각했다. 4장에서 보았듯이 셰릴은 자신이 신앙에 발을 들여놓은 순간을 정확히 기억했다. 지성과 감성과 의지로 그 순간을 체험했다. 셰릴이 신자로서 했던 첫 번째 일은 앞으로 나와 성찬식에 참여하는 것이었다. 나중에 셰릴은 우리 교회에 등록했다. 하지만 제이슨은 어떤가? 신앙을 향한 제이슨의 여정은 더 느리고, 덜 분명해 보였다. 수년이 걸렸다. 그럼에도 변화는 일어났다.

두 대화를 생각하면, 회심의 본성(어떻게 믿음에 이르는가?)에 관한 이머징 교회의 담론이 떠오른다. 속하기 전에 믿어야 하는가? 교리는 무슨 역할을 하는가? 사람들이 믿음에 이르도록 인도하고 믿음으로 양육할 때, 공동체는 어떤 역할을 해야 하는가?

이런 물음은 전통 교회에 대한 이머징 교회의 두 번째 항의로 우리를 인도한다. 간단히 말해, 전통 교회는 믿음(특정 교리에 대한 동의)이 속하기(공동체의 일원이 되기)에 반드시 선행해야 한다고 주장하지만, 이머징 교회는 전통 교회의 이런 주장을 좋아하지 않는다. 이머징 교회가 포스트모더니즘 환경에서 경험한 바로는, 사람들은 먼저 속하고 그 다음에 믿는다. 따라서 속하기가 되기보다 먼저이다.

팀 콘더Tim Conder는 이런 담론을 잘 이해하는 저자이며, 노스캐롤라이나 더럼에 위치한 '기독교 선교 공동체' 엠마오 웨이Emmaus Way를 섬기는 목사이다.³ 팀은 고든 콘웰 신학교를 졸업했으며, 이머전트 빌리지의 운영 위원이다. 팀이 회심을 보는 시각이 이머징 교회에 속한 대부분 진영을 대표한다고 생각한다.[4] 팀은 전통 교회가 교리를 문지기로 배치했다고 말한다. 그는 교리 자체는 반대하지 않으나 "교리와 신앙이 누가 우리 교회 공동체의 일원인지 아닌지를 결정할 때 지배적인 역할을 (해야) 한다"라고는 생각지 않는다. 그런데 교리와 신앙이 "공동체 형성의 중심이 되었다."[5]

팀은 이렇게 주장한다. 우리는 교회 주변에 교리로 울타리를 쳐놓고, 그 교리에 서명하지 않는 사람은 아무도 환영하지 않는다. 바꾸어 말하면, '회심을 교리에 대한 동의나 신학 정보 전달'로 축소해버렸다.[6] 그는 이러한 시각을 성경에 맞지 않는다는 이유로 거부한다. 회심을 지나치게 단순한 공식으로 축소해서는 안 된다. 팀은 사실, 신약성경에는 즉시 회심을 체험한 십자가 강도부터 '신앙을 위해 힘들고 때로는 절망적인 여정을 경험했던 예수님의 제자들'에 이르기까지 입회와 관련된 분명한 이야기가 많다고 결론짓는다.[7] 그는 이렇게 말한다. "제자들의 회심은 전형적인 '포스트모던 시대의 회심'과 비슷한데, 포스트모던 시대의 회심에서는 먼저 공동체에 들어가 그 공동체에 참여하다가 마침내 삶 전체가 변한다."[8]

팀은 이러한 경계 집합형 사고가 교회 증언에 역효과를 미쳤다고 믿는다. 교리를 문지기로 세우면, "교회 정문이 영적 구도자의 면전에서 쾅 닫힐 수밖에 없다."[9] 그는 현대 이머징 문화에서는 "사람들이 어느 공동체에 들어오고 나서야 그 공동체 신념에 동의한다. 바꾸어 말하면, 이머징 문화에서는 믿기 전에 속한다"라는 사실을 교회에 깨달으라고 촉구한다.[10]

핵심을 설명하고자 팀은 청소년 지도목사 시절을 이야기한다. 그가 지도하는 청소년부 아이들 가운데 절반이 믿지 않았다. 그는 이런 아이들을 데리고 다양한 선교 여행을 떠났다. 사역 초기에, 선교 여행 참가 신청서의 첫 질문은 "당신은 왜 그리스도인이고, 그것을 어떻게 아는가?"였다. 그가 말하듯이 "교리 검증을 통해 입회를 허락하라!"는 뜻이었다. 마침내 참가를 가로막는 울타리를 없애려고 참가 지원서 양식을 바꾸었다. 목표는 다양성에 민감하되 '기독교 선교와 공동체의 가치에 집중'하는 것이었다. 이러한 변화는 "선교 팀을 관계와 정직과 대화에 적극적으로 집중하면서 그리스도인의 길을 추구하는 역동적 공동체로 바꾸는 데 도움이 되었다." 그는 이 시절 경험에서 깨달았다. "우리는 단지 선교 팀을 운영하는 게 아니었다. 공동체와 사역이 나아갈 방향의 기초가 되는 선교 공동체 모델을 개발하고 있었다."[11]

팀은 사역을 하면서 경계 집합형 사고에서 어떻게 벗어났는지 말한다. 그의 설명이 마음에 든다. 지금껏 어떻게 공동체가 회심에 큰 역할을 하는지 살펴보았다. 교리를 오용해 구도자를 교회에서 몰아냈다. 하지만 질문을 던지고 해답을 구하는 사람들을 위해 안전하고 환대하는 환경을 조성하는 게 아주 중요하다. 어떤 사람은 신앙에 이르는 여정이 느리고 수년이 걸린다. 그러나 구도자가 어느 지점에서 도전을 받아 회개하고 그리스도께 삶을 드리며 그분의 나라에 들어가는지 우리는 늘 아는가? 어떤 사람이 언제 믿게 될지 늘 아는가? 바꾸어 말하면, 구도자가 속하기에서 믿기로 옮겨가는 지점이 있는가? 이런 일은 어떻게 일어나는가?

더 나아가, 어떤 사람이 공동체에 들어올 때 그곳에서 하지 말라고 할 일이 있는가? 우리는 그들이 자신과 다른 사람들에게 해를 끼치는 행동(예를 들면, 마약이나 도둑질이나 문란한 성생활)을 언제까지 허락해야 하는가? 그들의 생활방식이 공동체에 안 좋은 영향을 미치면 어떻게 해야 하는가? 그들이 공동체가 받아들이는 진리 기준에 어긋나는 것(예를 들면, 신영지주의나 몇몇 이상한 종교 교리)을 가르치면 어떻게 하는가? 그래도 괜찮은가? 공동체를 보호하려고 울타리를 치는 게 잘못인가? 예수님이 말씀하신 교회 권징은 어떻게 해야 하는가?(마 18:15-17) 교리는 어떤 역할을 하는가? 교회는 성숙한 제자를 기르고자 설령 몇몇 구도자를 잃더라도 어려운 성경 교리를 설교해야 하는가? 믿기와 속하기의 순서를 바꾼다고 이러한 질문에 대한 해답을 얻을지는 확실하지 않다. 나는 속하기를 좋아하지만, 신앙을 무시하고 싶지는 않다.

이런 질문은 이론적인 것이 아니다. 나는 목사이다. 그래서 사람들과 교류하고 대화하면서 매일 이런 질문과 마주친다. 예를 들면, 어느 젊은 변호사(조라 부르겠다)가 리디머 장로교회에 여러 달째 나오고 있다. 조는 오랫동안 동성애자였다. 처음 왔을 때, 조는 우리 교회가 자신에게 안전하다고 느꼈다. 그 후 매주 교회에 나왔다. 조는 가르침과 음악에 끌렸고, 어느 모임에도 참여했다. 내가 조에게, 왜 동성애와 성경에 역사적 시각을 고수하는 교회의 일원이 되고 싶었느냐고 물었더니, 조는 이렇게 대답했다. "여기서 하나님의 임재를 느꼈기 때문이에요. 성령의 기름부으심을 느꼈습니다." 내게는 조가 우리 교회에 출석한다는 사실이 소름 돋을 만큼 감격이다. 조가 매주 설교로 말씀을 들을수록 샘에 계속 더 가까이 이끌리길 바란다.

속하기가 신앙보다 먼저라고 너무 단순하게 외치는 것이 늘 유익하지는 않다. 내일 점심 약속 때 조가 등록하는 방법을 물어보면 뭐라고 말해야 하는가? 우리 교회에 등록하려면 기본적으로 네 가지 요구 사항에 서명해야 한다. 그러나 조는 서명하지 않더라도 공식적으로 우리 교회의 일원일 수 있는가? 성찬식은 어떻게 해야 하는가? 조가 자기 생활방식 때문에 등록을 못 한다면, 그래도 성찬식에 참여해야 하는가? 나는 우리의 시각을 어떻게 전달해야 하는가? 나는 조가 생수의 근원에 점점 더 이끌리길 바란다. 그러나 성경 문제에서는 내 양심을 따르고 싶다. 무슨 말을 해야 할지 고민이다.

전통 교회의 반발

전통 교회는 이 문제에 관심을 보이기 시작했다. D. A. 카슨은 《이머징 교회 바로 알기Becoming Conversant with the Emerging Church》(부흥과개혁사 역간)에서, 이머징 교회가 속하기를 믿기 앞에 둔 것은 옳다고 말한다. 그러나 카슨은 이머징 교회가 너무 지나쳤다고 생각한다. 그는 이머징 교회가 '자신의 안전지대를 고수하고, 모든 자랑스러운 전통을(성경이 그 전통을 진정으로 인정하든 안 하든) 고수하는 데 온통 신경을 집중하는' 교회를 거부하는 게 잘못이라고 지적하지는 않는다.[12] 그러나 이머징 교회는 전도와 공동체에 관한 잘못된 시각을 바로잡으려는 생각에 성경의 몇몇 핵심 주제를 간과했다. 첫째, 카슨이 말한 바로는, 신약성경은 그리스도인이 새롭고 독특한 공동체를 구성하는 것을 인정하는데, 이러한 공동체는 울타리를 포함한다(고전 6:9-11). 또한 교회 권징에 관한 신약성경의 가르침은 '내부'와 '외부'가 의미 있는 범주라는 점을 전제한다. 그게 아니라면, 가장 높은 세재에 해당하는 출교가 무의미하다.[13] 카슨은 또한 "그리스도인은 교리와(예를 들면, 요일 2:22) 윤리(요일 3:14-15; 마 7:15-20)에서 다른 사람들과 달라야 한다"라고 말한다.[14]

둘째, 신약성경은 가르침과 교리를 강조한다. 그러므로 기독교는 구도자에게 성경을 따르라고 요구해야 마땅하다. 카슨이 한 말로는, 우리는 환대하고 포용하는 쪽으로 교회 환경을 바꾸느라 성경 가르침에 물을 타는 경향이 있다. 그는 이렇게 결론짓는다. "이머징 저자들은 일반적으로 속하기를 지나치게 우선하기 때문에, 실제로 그리스도인이 된 사람의 귀중한 책임과 특권을 어떻게 존중해야 하는지 잘 모른다."[15] 그렇다면 이미 공동체의 구성원이 된 성숙한 그리스도인의 성장을 방해하지 않으면서 속하기를 강조할 수 있는가?

제3의 길이 있는가?

2008년 10월, 리디머 장로교회 교역자들은 마이애미에서 열리는 기독교 공동체 개발 협회Christian Community Development Association, CCDA 컨퍼런스에 참여했다.[16] 소작농의 아들 존 퍼킨스John Perkins가 미국 도시 지역을 바꾸려고 도심으로 이주한 사람들을 지원할 목적으로 1989년에 CCDA를 시작했다.[17] 컨퍼런스 기간에, 교역자들은 속하기가 믿기보다 앞선다는 말을 두고 계속 대화를 나누었다. 컨퍼런스 마지막 날 밤, 우리는 시내 호텔에서 택시를 타고 사우스 비치로 갔다. 늦은 저녁을 겸해 멋진 교제를 나누기 위해서였다. 우리 교회 부목사였으며 지금은 샌디에이고 시내 곳곳에 모임 장소를 갖춘 하버 교회를 섬기는 스티븐 쿠퍼도 동행했다.[18] 스티븐 목사는 포스트모던 환경에서 목회를 하는 터라 우리와 똑같은 문제로 고민했다. 그가 2년간 리디머 장로교회를 섬길 때, 내가 깊이 있는 교회를 성경 관점에서 생각하도록 도와주었다. 나는 그의 시각과 판단을 신뢰한다.

스티븐 목사에게 전도와 공동체가 나아갈 제3의 길을 성경 관점에서 요약해달라고 부탁했다. 그는 부탁을 받아들이고선 마이애미 시내에서 사우스 비치로 가는 택시에서 15분 동안 자기 견해를 요약해 들려주었다. 아주 훌륭했다. 핵심을 말하면, 다음과 같다.

그는 경계 집합형 시각과 관계 집합형 시각 너머에 제3의 길이 있다고 했다. 핵심은 예수님의 삶과 사역을 들여다보는 것이다. 그는 이렇게 설명했다. "각각의 공관 복음은 크게 세 부분으로 나뉩니다. 첫째 부분은 예수님이 갈릴리와 북쪽 지역에서 제자들과 함께 행하신 사역을 시간 순으로 기록합니다(마 1:1-16:12; 막 1:1-8:26; 눅 1:1-9:17). 둘째 부분은 예수님이 제자들과 함께 예루살렘을 향해 남쪽으로 이동하시는 여정을 들려줍니다(마 16:21-20:34; 막 9:2-10:52; 눅 9:51-19:10). 셋째 부분이자 예수님 사역의 마지막 부분은 그분이 어떻게 예루살렘에 들어가셨고, 예루살렘에서 죽음과 부활로 이어지는 어떤 행동을 하셨는지 들려줍니다(마 21:1-28:20; 막 11:1-16:8; 눅 19:11-24:53)."

"그게 왜 우리와 관련이 있는 거죠?" 내가 물었다.

스티븐 목사는 라디오에서 흘러나오는 라틴 음악을 배경 삼아 이렇게 말했다. "첫째 부분에서, 예수님은 자신이 누군지 제자들이 정확히 알도록 훈련하십니다. 자신의 가르침과 이적과 행동과 사역으로, 예수님은 자신이 누구냐는 제자들의 질문에 답하십니다. 공관 복음 저자들은 예수님이 어떤 분이고, 무엇을 하셨으며, 그분이 도래하게 하실 하나님나라가 어떠한지 들려줍니다. 알다시피, 그분이 행하시는 모든 놀라운 이적은 그분의 나라에 대한 맛보기입니다. 이 모든 이적은 우리가 예수님을 보게 하는 데 목적이 있습니다. 저자들은 예수님이 메시아라는 사실을, 하나님이 기름 부어 세우신 왕, 온 세상을 구원할 왕이라는 사실을 우리에게 확인하게 해줍니다. 이 단락에서, 예수님은 세리와 죄인에게 둘러싸이십니다. 이들은 예수님이 세우신 공동체의 일원입니다. 제자들 같은 왕따도 공동체의 일원입니다. 어떤 의미에서, 이것은 이머징 교회의 많은 사람이 속하기 개념을 형성하기 위해 들여다보는 단락입니다."

그렇다면 여기에 무슨 잘못이 있단 말인가? 나는 창문으로 마이애미 시내를 응시하며 생각에 잠겼다.

택시가 시원하게 뻗은 도로를 달려 해변으로 가는 동안, 스티븐 목사는 점점 집중해서 말했다. "재미있게도, 각 공관 복음에서 첫째 단락과 둘째 단락 사이에는 간격이 있습니다. 각 복음서는 똑같은 여러 사건과 대화를 들려주는데, 이런 방식으로 이것이 실제로 첫째 단락에서 둘째 단락으로 옮겨가는 과정에서 핵심 역할을 한다는 점을 강조합니다. 달리 말하자면, 예수님은 이러한 구체적인 전환을 하신 후에야 예루살렘을 향한 마지막 여정을 시작하십니다."

"그 전환이 무엇일까요?" 스티븐 목사는 우리에게 거창하게 물었다. 그러고는 대답을 기다릴 새도 없이 말했다. "잘 보세요. 예수님은 제자들에게 궁극적인 질문을 하십니다. "너희는 나를 누구라 하느냐?" 예수님은 제자들이 알 것이라고 확신하십니다. 그리고 나서 복음서는 구체적으로 말합니다. "이때로부터 예수 그리스도께서 … 제자들에게 비로소 나타내시니"(마 16:21). "비로소 그들에게 가르치시되"(막 8:31). "경고하사 이 말을 아무에게도 이르지 말라 명하시고"(눅 9:21). 이러한 중요한 전환은 예수님이 누군지 제자들이 마침내 정확히 이해하고 나서야 일어납니다."

스티븐 목사는 이야기를 계속했다. "각 복음서 마지막 단락에서, 예수님은 비로소 제자들에게, 자신이 예루살렘에 가면 배척당하고, 사람들 손에 고초를 당하며, 십자가에 달려 죽고, 그러고 나서야 다시 살아나리라고 밝히십니다. 이렇게 밝히시고서 곧바로, 제자들에게 자기 십자가를 지고 그분을 따르라고 명하십니다. 세 복음서 모두 둘째 단락 전체에서, 예수님은 그분에게 임박한 고난과 죽음과 부활을 여러 차례 말씀하십니다."

"그렇다면 이것이 제3의 길에 어떤 의미가 있나요?" 내가 물었다. 나는 레스토랑에 도착하기 전에 스티븐 목사가 끝을 맺길 바랐다. 레스토랑에 도착하면 다른 친구들을 만나고 대화 주제가 바뀔 것이기 때문이다. 나는 이것이 내 사고에서 중요한 도약이 되리라고 느꼈다. 점점 더 기대하게 되었다.

"저는 이렇게 봅니다." 스티븐 목사가 계속 이야기했다. "이머징 교회는 사람들이 '결단하는 회심'을 하도록 등을 떠밀기보다 그들을 공동체로 초대해 들이길 원합니다. 이런 방법은 장점이 있습니다. 제 생각에는, 그리스도인이 자유롭게 들고 나도록 울타리가 없는 교회 공동체,

다시 말해, 비경계 집합적 형태의 교회를 만드는 것도 옳습니다. 그러나 전통적인 경계 집합형 교회도 장점이 있습니다. 사람들이 한 가지 생활방식에서 다른 생활방식으로 옮기고(회심하고) 있음을 이해하게끔 그들이 특정한 진리를 받아들이는 결단을 내리도록 등을 떠미는 데는 이유가 있습니다." 공동체 안에 있는 동안, 사람들은 샘에서 물을 마시기도 하고 마시지 않기도 할 것이다!

그렇다면 누가 옳은가? 아니면 속하기와 믿기를 보는 다른 방법이 있는가? 스티븐 목사는 복음서 서술로 되돌아갔다. "예수님에게서 보듯이, 수많은 사람이 예수님의 공동체로 초대되어 들어갔습니다. 그러나 일단 사람들이 공동체에 들어가면, 예수님은 단지 공동체의 일원이기에 그치지 말고 그분에게 헌신하라고 요구하십니다(요 6:26-29, 43, 53, 66). 예수님은 그분 나라에 관한 가르침과 이적 때문에 자신을 따르는 사람들에게, 사명을 받아들이고 각자 십자가를 지고 그분을 따름으로써 그 사명을 적용하라고 요구하셨습니다. 많은 사람이 이렇게 했고, 그들은 그분의 제자가 되었습니다."

스티븐 목사는 핵심을 이야기했다. "생수의 샘이신 예수님 주변에는 실제로 두 집단이 있습니다. 바깥 집단 outer circle 은 구도자인데, 예수님과 그분의 메시지를 배우는 더 큰 공동체의 일원으로, 주변을 맴도는 사람입니다. 복음서 서술 첫째 단락에 이런 사람들이 나옵니다. 그러나 어느 시점에 이르면, 예수님은 헌신과 신앙을 요구하십니다. 제자들이 반응합니다. 제자들은 샘에 더 가까이 다가가며, 안쪽 집단 inner circle 을 형성합니다."

"바로 그거예요!" 내가 말했다. 택시에서 내리기 직전에, 나는 스티븐 목사에게 물었다. "제가 잊어버릴 때를 대비해, 오늘 한 이야기를 정리해 이메일로 보내주시면 안 될까요?" 그는 기꺼이 그러겠다고 했다. 집으로 돌아온 그다음 날, 스티븐 목사는 대화를 정리해 이메일로 보내주었다. 게다가 자신의 핵심을 분명하게 밝히려고, 누가복음 18장에 나오는 부자 관원의 이야기도 덧붙였다. 부자 관원의 이야기는 두 집단 개념을 이해하는 데 도움이 되었다. 스티븐 목사가 이메일에 쓴 내용은 이러하다.

예수님은 공동체에 들어온 사람에게 도전을 주시는데, 부자 관원의 이야기는 좋은 예입니다. 부자 관원은 예수님을 찾아올 때, 자신이 그분의 안쪽 집단(예수님을 믿는 진정한 신자이며 하나님 언약 가족의 일원)에 속한다고 생각한 게 분명합니다. 대화에서 예수님은 부자 관원에 대한 사랑과 관심을 드러내시고, 그에게 도전을 주심으로써 그가 자기 위치를 오해하지 않도록 해주십니다. 예수님은 부자 관원에게 자신을 따르라고 요구하십니다. 그러자 부자 관원은 자신이 측근 집단이 아니라는 사실을 깨닫습니다.

부자 관원의 이야기에서 볼 수 있듯이, 예수님은 사람들을 공동체로 초대해 들이길 좋아하셨으나 각자 진정으로 그분을 따르는지 확인하라는 요구도 하셨다. 이것은 전통 교회의 통찰력과(울타리가 필요하다) 이머징 교회의 가르침을(속하기가 믿기보다 먼저이다) 취하고, 이 둘을 넘어 제3의 길로 나아가는 것이다. 속하기(소속감)는 중요하나. 예수님은 많은 사람을 자신의 공동체로 초대해 들이셨다. 그래서 바리새인들(경계 집합형 사람들의 원조?)과 자주 충돌하셨다. 그러나 그와 동시에, 복음의 진리를 부끄러워하지 않고, 제자들이 우상숭배를 회개해야 한다는 점도 간과하지 않으셨다. 제자들은 예수님의 나라를, 그분의 왕권을, 그분의 죽음과 부활을 믿어야 했다. 그렇다. 속하기는 중요하다. 그렇더라도 어느 시점에서는 믿어야 한다. 그분은 바깥 집단에 속한 사람들에게 안쪽 집단에 들어오고, 샘에 가까이 나오라고 요구하신다.

관원이 자신은 진정한 신자라고 생각하며 온다.

예수님은 비록 그가 공동체 안에 있으나 아직 예수님을 믿지 않는다는 것을 보여주신다.

관원은 바깥 집단마저 박차고 나갔다. 그는 더는 공동체의 일원이 아니다.

샘이신 그분 곁으로

이런 유형이 앞서 소개한 제이슨의 삶에서 나타났다. 제이슨은 거의 2년간 두 중심 집합형 교회에서 바깥 집단을 배회했다. 그는 예수님을, 그분의 사역을, 그분의 구원 능력을, 그 나라의 시민이 되라는 부르심을 배웠다. 거기에, 공동체에서 예수님의 진정한 제자들과 함께하면서 그분의 사랑을 체험했다. 제이슨은 설교에서, 다른 신자들의 삶에서 예수님을 만났을 때, 말씀과 성령으로부터 어떤 예수를 믿을지 결정하라는 도전을 받았다. 온전한 복음이 매주 예배와 소그룹 모임 때마다 분명하게 제시되었다. 마침내, 제이슨은 안쪽 집단으로 들어왔다. 정확히 언제 이런 일이 일어났는지 나는 모른다. 제이슨도 모른다. 그러나 어느 시점에 제이슨은 단순한 속하기에서 믿기로 옮겼다. 이렇게 했을 때 그는 공동체의 일원이 되었다. 그는 공동체에 약속하고, 우리도 그에게 약속했다. 그는 안쪽 집단으로 더 들어가면서 리더 팀의 일원이 되고, 제자훈련도 받았다.

흥미로운 사실이 더 있다. 제이슨은 샘이신 그리스도에 다가갈수록 다른 사람들을 공동체에 따뜻하게 맞아들였다. 사실, 제이슨은 리디머 장로교회에 1년 정도 다녔을 무렵부터 달라 보였다. 가족이 이런 변화를 눈치챘다. 그의 누이 제인은 불신자인데도, 오빠가 좋은 사람으로 변한 사실에 놀란 나머지 우리 교회가 어떤 교회인지 직접 확인까지 했다.[19] 6개월 후, 제인은 설교를 듣다가 속하기에서 믿기로 옮겼다. 얼마 후, 제인은 네바다 사막에서 돌아온 지 며칠 후, 가장 친한 친구 셰릴을 교회로 초청했다(4장을 보라). 놀랄 일은 여기서 그치지 않았다. 제이슨과 제인의 변화된 모습에 놀라 그들의 부모님이 우리 교회를 찾았고, 부모님은 지금 우리 교회 교인이다.

깊은 공동체

마지막 문장을 끝내기가 무섭게, 아내가 울면서 전화했다. 겁이 뭔지 모르는 두 살배기 딸 메건이 개에게 물렸다고 했다. 아내는 딸들을 데리고 투표를 하러 갔었다. 개는 바깥에 묶여 있었는데, 아내가 말릴 새도 없이 메건이 개에게 달려갔고, 개는 메건을 쓰러뜨리고 얼굴을 물었다. 그 사고를 생각하면 아직도 가슴이 아프다. 우리는 응급실로 달려가면서 우리 교회에 나오는 리처드 리 박사에게 전화했다. 리처드는 캘리포니아에서 손꼽히는 성형외과 의사이다. 그는 호그 병원 응급실로 곧바로 달려왔고, 메건의 얼굴에 난 깊은 상처 네 곳을 꿰맸다. 우리는 세월이 흐르면서 흉터가 사라지길 기도했다.

병원에서 집으로 돌아오는 길에, 아내는 메건을 돌봐줄 교인이 있어 얼마나 감사한지 모르겠다고 했다. "메건과 우리 가족을 사랑하는 리처드 형제님이 있어 마음이 놓여요." 나도 전적으로 동의했다. 우리는 최고의 공동체였다. 아내의 말에 힘을 얻어, 몇 시간 전에 중단했던 부분에서 다시 시작했다. 스티븐 목사가 말한 동심원 두 개가 생각났다. 리처드와 그의 가족은 초창기부터 리디머 장로교회 교인이었다. 그는 교회에서 리더이며, 소그룹을 지도하며, 안내를 담당하며, 성숙한 제자이다. 그는 샘 가까이에 있다.

운전대를 잡고 생각에 잠겼다. 우리 교회가 제이슨과 제인처럼 내부 구도자를 따뜻이 맞아들이려 열심히 노력할 뿐 아니라 더 깊은 여정에 헌신한 사람들을 훈련하고 먹일 만큼 깊이 있는 교회여서 얼마나 기쁜지 모른다. 리처드 형제가 도와줘서 얼마나 감사한지 모른다. 리처드는 매우 바빴으나 만사를 제쳐두고 달려와 도와주었다. 비용도 전혀 청구하지 않았다. 왜냐하면 그는 우리를 사랑하며, 우리는 그의 공동체 일원이기 때문이다. 우리는 하나님나라로 함께 나아가는 사람이다.

다음 장에서 이러한 깊이가 어떻게 조성되는지 살펴보려 한다. 이것은 중심 집합형 깊이 있는 교회의 중요한 부분이다. 그러나 먼저 사람들이 바깥 집단에서 샘으로 어떻게 점점 가까이 이동하는지 살펴보려 한다. 그 순간에 어떤 일이 일어나는지 모든 사람이 정확히 알지는 못한다. 그러나 어느 시점에서, 설령 수년이 걸리더라도 우리는 구하는 데서 믿는 데로 옮겨간다. 무엇이 신앙을 낳는가? 무엇이 우리에게 제자로 살아갈 힘을 주는가? 비결은 하나님나라의 복음을 온전히 이해하는 것이다. 그러려면 이머징 교회의 셋째 항의를 살펴보아야 한다.

DEEP GOSPEL

깊은 복음

절대로 복음을 축소하지 않았다는 확신을 하고 싶었다.
우리는 복음 강령 부분을 쓰면서,
하나님나라뿐 아니라 속죄도 강조하고 싶었다.

'하나님나라'라는 말을 처음 들은 때가 기억난다. 주류 복음주의에서 자란 내게, 하나님나라는 익숙하지 않은 용어였다. 우리에게 구원은 주로 개인적인 것으로, 자기 죄에서 구원받고 하나님을 위해 도덕적으로 사는 것을 의미했다. 구원은 무엇보다도 하나님을 위해 일하며, 영혼을 구원하고, 해외 선교 사업을 후원하며, QT를 하는 것과 관련이 있었다. 고든 맥도날드Gordon MacDonald의 표현을 빌리면, 구원은 '당신의 개인 세계 다스리기'¹에 관한 것이었다. 나는 여기에 반대하지 않는다. 기독교가 한 개인의 내면에 영향을 미치지 못한다면, 그것은 한낱 도덕 종교에 지나지 않는다.

단지 나 자신과 나의 신앙생활이 기독교의 전부가 아니라는 말을 고든 대학에서 처음 들었다. 정치학개론 시간이었다. 빌 하퍼Bill Harper 박사가 아브라함 카이퍼를 소개했으나, 내게는 생소한 이름이었다.² 카이퍼는 목사요 언론인이요 대학 설립자였으며, 1902년부터 1905년까지 네덜란드 수상을 지내기도 했다. 카이퍼는 왜 그리스도인이 정치와 세상에 관심을 기울여야 하는지 보여주는 좋은 예이다. 내가 1980년대 초에 대학에 다닐 때, 도덕적 다수(복음주의 기독교 정치단체)와 레이건 정부가 있음에도, 복음주의 세계의 모든 진영이 그리스도인은 정치에 참여할 책임이 있다고 생각하지 않았다. 그래서 하퍼 박사는, 기초를 다져야 하며 그리스도인이 빛과 소금으로 살아야 하고 광장도 여기에 포함된다는 생각을 학생들에게 심어주려 했다. 그의 말로는, 카이퍼에게는 정치를 비롯해 창조 세계의 모든 영역이 하나님께 속한다. 인간이 타락했음에도, 하나님은 여전히 창조 세계의 모든 부분을 다스리신다. 카이퍼는 창조 세계의 한 부분도 포기하지 않았다. 우리도 그렇게 해서는 안 된다. 하나님은 창조 세계를 회복하게 하시며, 우리에게 동참하라고 촉구하신다.

학기 내내 그 수업을 들으면서, 카이퍼의 비전이 장 칼뱅에게서 왔음을 알게 되었다. 장 칼뱅은 삶의 모든 영역에 미치는 하나님의 주권을 깊이 이해했다. 하나님은 삶의 모든 영역을 돌보신다. 따라서 우리도 그렇게 해야 한다. 그 전에는 이런 말을 들어보지 못했다. 예전에는 교육을 받으면서, 하나님은 구원 사업에 몰두하시고 다른 것은 모두 심판 날에 불타리라 믿었다. 그리스도인은 최대한 많은 영혼을 구원해야 했다. 그러나 칼뱅과 카이퍼는 하나님이 영혼뿐 아니라 창조 세계 전체에 관심을 두신다고 가르쳤다.[3]

이러한 시각은 나의 상상력을 자극했다. 대학 시절은 취업을 위해 업무 능력을 계발하는 시간일 뿐 아니라 기독교 세계관을 키우고, 모든 영역에서 하나님처럼 삶을 시작하는 때라고 보기 시작했다. 공적인 영역에서, 세상에서 신앙대로 살려면 세상을 많이 알아야 했다. 다시 말해, 어떻게 기독교가 하나님의 창조 세계에 속한 모든 영역을 바꿀 수 있는지 최대한 많이 배워야 했다. 문화를 새롭게 하는 기술을 계발해야 했다. 그 시절에 공부하면서, 특히 정치학과 사회학과 역사를 공부하면서 얼마나 신이 났는지 모른다.

워싱턴 D. C.에서 그리스도인 대학생을 대상으로 진행된 한 학기짜리 미국 연구 프로그램에 참여했다. 그때 나는 세상에 영향을 미치겠다는 꿈에 한껏 부풀었다. 프로그램은 세미나와 국회의사당 실습으로 구성되었다.[4] 나는 중미와 남미에 집중적으로 연구하는 어느 집단에서 실습했다. 매주 세 차례 열리는 세미나는 교수 세 명, 존 번바움 John Bernbaum, 제리 허버트Jerry Herbert, 리치 개드로Rich Gathro가 진행했다. 국회의사당에서 일했던 4개월은 그야말로 황홀했다. 불 켜진 국회의사당을 밤마다 걸어서 지나면서 미국 역사를 생각하지 않는 사람이 있을까? 생각만 해도 숨이 멎을 듯했다.

첫 주말 모임은 체사피크 만 동쪽 해변에서 열렸다. 세 교수님이 내가 잘하는 말씀을 하셨다. 그분들도 하나님의 주권과 통치를, 이것이 삶의 모든 부분에서 의미하는 바를 들뜬 목소리로 이야기했다. 교수들은 근대 교회의 실패는 창조 교리를 잊은 것이라고 했다. 교회가 개인 구원과 전도에 지나치게 집중하여 기독교는 개인사가 돼버렸다. 개인 구원이 중요하지 않다는 말이 아니다. 개인 구원은 중요하다. 그러나 개인 구원은 하나님나라에 관한 예수님의 가르침과 균형을 이루어야 한다. 하나님나라는 하나님의 통치를 받는 그분의 창조 세계를 포함한다.

어떤 의미에서, 하나님은 만물을 다스리신다. 하나님의 주권은 완전하다. 그러나 다른 각도로 보면, 성경은 하나님을 섬기지 않는 사람이나 제도나 창조 세계의 어느 부분은 하나님나라 밖에, 어둠의 영역에 있다고 말한다. 우리는 신자가 될 때 하나님의 다스림에 참여한다. 우리 목적은 다른 사람들이 하나님나라에 들어오게 도울 뿐 아니라 문화, 가정, 정치, 예술, 시장 등 창조 세계의 모든 부분을 바꾸도록 돕는 것이다. 스물한 살 청년에게, 이것은 피가 끓는 비전이었다. 우주이고 거대하며 대담하고 드라마 같은 비전이었다. 나는 이 비전을 입에 달고 살았다.

마침내 내 인생의 토대로 삼아도 좋을 만큼 거대한 것을 찾아냈다. 학기를 끝내고 고든 대학 교정으로 돌아가 하나님나라 모임을 만들어이 흥분된 소식을 나누었다. 하퍼 박사에게 강사를 소개해달라고 하고, 읽을 만한 책을 추천해달라고 했다. 돌이켜보면, 그때는 다른 사람들이 나만큼 이 가르침에 사로잡히지 못했다는 게 믿기지 않았다. 이러한 성경의 가르침을 회복한다면, 교회와 세상이 완전히 달라지리라 확신했다. 복된 소식은 나에게 점점 크게 다가왔다.

이머징 교회와 하나님나라

지난 10년 동안, 이머징 교회는 하나님나라에 관해 이와 똑같이 혁명적 가르침을 발견했다. 이머징 교회의 책을 읽을 때면, 20년 전에 느낀 흥분이 되살아난다. 이머징 교회는 하나님나라를 배우고 있으며, 왜 전통 교회에서는 하나님나라가 빠졌는지 의아해한다.

사실 브라이언 맥클라렌의 《예수님의 숨겨진 메시지 The Secret Message of Jesus》(생명의말씀사 역간)의 부제가 '모든 것을 바꿀 수 있는 진리 찾기 Uncovering the Truth That Could Change Everything'이다.[5] 이 책에서 맥클라렌은 《저 건너편의 교회》와 《기독교를 생각한다》에서보다 훨씬 길게 논증한다. 맥클라렌은 교회가 예수님의 메시지를 잃어버렸으므로 회복해야 한다고 말한다. 잃어버린 메시지의 중심에는 교회의 선교 사명에 더없이 중요한 하나님나라가 있다.

맥클라렌을 비롯한 사람들은 전통 교회가 개인 구원을 강조하여 하나님의 창조 세계를 소홀히 했다고 말한다. 그 결과, 기독교는 '화재보험'으로 전락했다. 이처럼 개인화된 신앙 문제를 해결하려면, 교회가 하나님나라에 대한 확고한 시각과 선교 사명을 회복해야 한다.

맥클라렌은 자신의 글에서 미국 연구 프로그램의 교수들과 비슷한 접근을 한다. 그는 개인화된 미국 기독교에서 시작한다. 《기독교를 생각한다》에서 왜 하나님나라에 흥분하는지 생생하게 설명한다.

지난 수년 동안, 내 속에서 계속 커지는 느낌이 있다. 대체로 모호하지만 또렷할 때도 있다. 내가 무엇인가를, 아마도 중요한 무엇인가를 놓치고 있다는 느낌이다. 과거에 예수님 십자가가 나를 미래의 지옥에서 구원했다. 그러나 현재 싸움에서 예수님의 십자가가 내게 무엇을 의미하는지 분명히 알기란 쉽지 않다. 더 중요하게는, 복음이 단지 개인의 칭의만이 아니라 많은 사람을 위한 정의도 말하는가? 복음의 목적은 인간의 문화와 창조된 역사 질서에 희망을 주는 것이었는가?[6]

나처럼 맥클라렌도 개인 구원을 기독교의 핵심으로 삼는 보수 복음주의 진영에서 자랐다. 구원과 창조 세계의 관계는 별로 말하지 않았다. 초점은 대부분 개인의 성장과 순종에, 무엇보다도 도덕적 영역에서 이루어지는 성장과 순종에 맞추었다.

맥클라렌은 이렇게 말한다. "성경을 연구하고 예수님의 삶과 가르침을 숙고할수록 지금 실행되는 기독교는 대부분 성경이 말하는 진정한 예수님과 거의 무관하다는 생각이 강하게 든다." 무엇이 진정한 예수님인가? 그분의 '지혜로운 가르침과 인자한 행위'이다.[7]

맥클라렌이 여기서 생각하는 '가르침'이란 무엇인가? 하나님나라다. 어떤 전통 교회 사람은 예수님이 전한 메시지의 핵심에 초점을 맞추지 않고, 복음을 '하나의 개인주의적인 이론으로, 개인을 위한 의미만 있을 뿐 세상을 위한 의미는 없는 하나의 추상으로' 바꿔버렸다.[8] 그렇다면 맥클라렌이 개인 구원에 관심이 없다는 뜻인가? 나는 그렇지 않다고 믿는다. 사실, 그는 뒤이어 이렇게 말한다.

예수님은 우리를 개별적으로 심판하심으로써, 우리의 잘못을 용서하심으로써, 우리가 더 낫게 살도록 가르치심으로써, 나와 당신을 구원하는 데 아주 깊은 관심을 보이신다. 나는 여전히 그렇게 믿는다. 그러나 너무나 많은 그리스도인에게, '개인 구원'이 소비 상품처럼(개인용 컴퓨터, 개인 일기, 개인 시간 따위처럼) 전락하고, 기독교가 이 상품을 위한 마케팅 전략으로 전락하지 않았는지 걱정된다. 만약 그렇다면, 구원은 '완전히 나에 관한 것'일 뿐이다.[9]

나는 맥클라렌이 옳다고 생각한다. 그가 지적한 가장 큰 문제는 이것이다. 구원을 '화재보험'으로(특히 지옥을 면하는 것으로) 강조하는 교회는 "자기 이익을 좇고, 상품과 서비스를 공급하며, '내 필요를 더 잘 채우는' 교회를 끊임없이 쇼핑하듯 옮기는 곳이 되기 쉽다." 맥클라렌은 "세계를 위한 사명(선교)이 그들에게 있다고 납득하게 하는 일이 어렵다는 것은 전혀 놀랍지 않다"라고 말하는데, 그의 말에 전적으로 동의한다.[10]

맥클라렌은 전통 교회가 종교개혁 시대부터 속죄 교리와 칭의 교리를 지나치게 강조한 나머지(성경이 가르치는 하나님나라를 배제할 정도로 영혼이 지옥에서 구원받는 것을 강조했다) 공적인 영역에 대한 비전을 상실했다고 한다. 《예수님의 숨겨진 메시지》에서 맥클라렌은 기독교의 공적인 부분을 보게 도와준 사람은 존 하워드 요더John Howard Yoder, 스탠리 하우어워스Stanley Hauerwas, 짐 월리스Jim Wallis 같은 재세례주의자라고 말한다. "그들은, 기독교는 개인적이지만 사적이지는 않다고 가르쳤다."[11] 예수님이 가르치신 하나님나라 때문에, 기독교는 개인적일 뿐 아니라 정치적이기도 하다. 맥클라렌은 이렇게 말한다. "나는 예수님의 메시지가 일반에서, 경제와 원조, 개인의 권한과 선택, 외교 정책과 전쟁 특히 정치에서 공적인 문제와 조목조목 관계가 있다고 확신했다." 이어서 이렇게 말한다. "사실, 예수님은 자신의 메시지를 좋은 소식이라 부르셨는데, 좋은 소식 자체가 로마 황제의 정치적 공포公布를 떠올리는 공적인 용어였다."[12] 예수님을 통해, 하나님은 새로운 세계 질서를, 새로운 세계를, 새로운 창조를 시작하셨다. 맥클라렌은 기독교가 개인적 의미만 내포하는 환경에서 자랐으나 이제 개인 구원을 초월하는, 기독교의 사회 의미를 보게 되었다.

맥클라렌은 요더, 하우어워스, 월리스, 성공회의 N. T. 라이트의 영향을 받아 하나님나라를 예수님의 중심 메시지로 보았다. 예수님은 모든 사람에게 좋은 소식을 전하러 오셨다. 이 복음은 아브라함에게서 시작한다.

맥클라렌이 한 말로는, 교회는 하나님이 아브라함을 축복하고 구원하신 사실은 강조하지만 세상을 축복하겠다고 하신 약속은 등한시한다. 그래서 전통 교회는 복음의 질반을 놓친다. 맥클라렌은 교회가 복음을 보는 온전한 시각을 회복하길 바란다. 산상설교대로 개인과 공동체가 살아낸다면 그리스도인은 불신자를 비롯해 주변 세상에 복이 될 것이다. 맥클라렌은 이렇게 결론짓는다. 우리는 하나님이 온 세상을 돌보신다는 사실을 기뻐해야 하며, 예수님은 이와 같은 공동체로 우리를 초대하신다.

전통 교회의 반발

지난 주, 두 아들을 애너하임에 데리고 가서 내가 좋아하는 레드삭스(Red Soxs, 보스톤을 연고지로 하는 메이저리그 야구팀-옮긴이)와 엔젤스(Angels, 애너하임을 연고지로 하는 메이저리그 야구팀-옮긴이)의 경기를 보았다. 내 친구 커트 프링글이 애너하임 시장인 덕에 귀빈실에서 경기를 관람했다. 조니도 함께 있었는데, 그는 20대 청년으로 심리학을 공부하는 대학원생이다. 조니도 야구라면 사족을 못 쓴다. 나는 그의 멘토였기에, 그를 더 잘 알고 싶었다. 뿐만 아니라 그가 왜《예수님의 숨겨진 메시지》를 그렇게 좋아하는지 묻고 싶었다. 조니는 브라이언 맥클라렌이 질문하고 탐구하며 의심할 자유를 주는데, 전통 교회에서는 이런 자유를 주지 않았다고 했다. 또한 바로 전에 다녔던 교회는 지극히 개인주의적이고 사유화된 믿음을 가르쳤을 뿐 세상을 바꾸겠다는 비전이 없었다고 했다. 조니는 맥클라렌이 말하는 하나님나라와 교회의 선교 사명에 공감한다.

조니가 보기에, 맥클라렌은 구원과 섬김을 함께 강조하는 균형 잡힌 기독교 메시지를 전한다. 그러므로 내가 이머징 담론이 고전적 자유주의로 치닫는다고 말한다면, 조니는 절대 아니라며 웃을 것이다.

맥클라렌은 교회가 개인주의에 팔려 넘어갔고, 따라서 하나님나라에 관한 예수님의 가르침을 회복해야 한다고 주장한다. 그런데 어떻게 사람들이 이런 주장에 동의하지 않는지 이해하기 어렵다. 하지만 전통교회의 많은 사람이 맥클라렌을 비롯해 이머징 교회 사람들이 자유주의에 빠져든다고 믿는다. 이들은 이머징 교회가 지난 80년 넘게 주류 교단을 괴롭힌 사회 복음 운동의 아류라고 말한다. 게다가 하나님나라에 대한 맥클라렌의 관심은 교회에 균형을 주지 못하고, 오히려 기독교 메시지를 근본적으로 바꿔놓는다고 주장한다.[13] 전통주의자는 예수님을 구주요 주님으로 삼으라는 맥클라렌의 요구에 귀를 기울이지 않고, 오히려 그가 복음의 전체적 메시지(칭의, 속죄, 대리 형벌)를 우리 자신의 노력으로 사회정의와 의를 촉진하는 것으로 축소했다고 주장한다.

더 나아가, 전통 교회에 속한 비판자들은 일반적으로 맥클라렌이 산상설교를 강조하고 "하나님나라가 가까웠다"라는 예수님의 가르침을 강조하여 십자가의 중요성을 축소한다고 말한다. 전통 교회에 속한 많은 사람이 맥클라렌의 정치적 시각 때문에 그를 무시한다. 19세기 말에 주류 교회는 선교를 단지 교육과 의료와 농업을 위한 노력으로 보았다. 따라서 이들이 보기에, 맥클라렌의 정치관은 주류 교회가 걸었던 길을 그가 다시 걷는다는 증거이다. 대릴 구더Darrell Guder가 주장하듯이, 주류 교회는 사회 행위를 더는 복음 선포와 연결하지 않는다.[14]

전통 교회에 속한 많은 사람이 3세대에 걸쳐 자유주의 신학과 싸웠다. 따라서 하나님나라에 대한 이머징 교회의 담론은 이머징 교회가 좌파 신학으로 기운다는 뜻이라고 확신한다. 이머징 교회는 머지않아 십자가를 내리고 속죄 교리도 포기하며, 복음은 사회 행위와 순종과 도덕적 삶으로 축소되리라는 것이다. 전통 교회의 어떤 사람이 내게 말했다. "대화는 물 건너갔어요!" 이머징 교회가 판을 깼기에 이제는 그들의 배교에 대응해야 한다는 뜻이다.

전통 교회는 맥클라렌이 복음 축소의 비극을 바로잡으려 한다고 믿지 않는다. 오히려 맥클라렌과 이머징 교회가 복음을 송두리째 포기한다고 본다. 그리고 일단 교회가, 용서할 뿐 아니라 심판하는 십자가에 대한 확고한 자세를 잃으면, 지옥과 영원한 심판과 동성애와 타종교에 대해 유연한 자세를 취할 날이 멀지 않았다고 본다. 기독교의 중심에 바퀴 축에 해당하는 속죄 교리가 없으면, 하나님나라의 왕을 버리기 쉽다. 그러면 사지가 잘린 교회는 사회정의와 '가난한 자들을 우선하는 선택'과 '해방신학' 등을 하나님나라가 주는 혜택으로 보고 촉진할 뿐이다.[15]

축소주의(환원주의)를 넘어서

이머징 교회와 전통 교회를 잇는 다리를 놓기란 쉽지 않다는 사실을 인정해야겠다. 어느 쪽도 상대에게 귀를 기울이려 하지 않는 것 같아 절망하는 날도 있었다.[16] 양쪽 다 상대방이 자신을 오해한다고 주장한다. 그러나 역설적이게도, 모두 서로를 완벽하게 이해한다고 주장한다. 이것이 서로 입장을 거부하는 이유이다. 상대의 의견에 귀를 기울이지 않고 자기주장만 내세우다보니 불신의 골이 점점 깊어졌다.

전통 교회는 맥클라렌의 메시지를 정확히 평가했는가? 전통주의자는 이머징 교회가 옷만 갈아입은 자유주의 신학일 뿐이라고 주장하는데, 이 주장이 옳은가? 이 주장이 옳다면, 우리는 맥클라렌의 가르침을 거부해야 한다. 이 주장이 옳지 않다면, 안타깝게도 교회는 실수했고, 따라서 하나님나라에 관한 예수님의 가르침을 회복하라는 맥클라렌의 요구에 주목해야 한다. 설령 맥클라렌의 정치적 입장이 그들의 입맛에 맞지 않더라도 말이다.

양쪽 다 서로 배우고, 더 나아가 양쪽의 약점을 극복할 수 있는가? 나는 그럴 수 있다고 생각한다.

전진하려면, 서로 상대가 복음을 축소한다고 비난한다는 사실을 알아야 한다. 전통 교회는 이머징 교회가 복음을 사회 행위로 축소했다고 주장하고, 이머징 교회는 전통 교회가 메시지를 개인 구원으로 축소했다고 주장한다. 그러나 대릴 구더의 《교회의 선교적 사명에 대한 신선한 통찰 The Continuing Conversion of the Church》(미션툴 역간)에서 복음을 축소하는 것은 잘못이라고 말한다.[17] 이 책, 6장 '축소 지향적인 구원과 선교'에서 구더는 이렇게 말한다. "우리는 특히 구원 신학에서, 구원받은 자들이 세상에서 하나님의 선교를 이행하는 책임과 소명을 수반하는 구원의 유익을 누리는 데 최우선순위를 두어야 한다."[18] 이 진리를 인식하는 일이 막다른 골목을 빠져나가는 첫걸음이다.

복음에 대한 불안

브라이언 맥클라렌은 개인 구원을 지나치게 강조한 결과로 어떻게

'상품과 서비스' 교회가 생겨났는지 분명하게 말한다. 그리스도인은 자신밖에 모르고, 언제나 자신의 영적 체온만 재며, 자기 영혼만 신경 쓰고, 나머지 교회 공동체와 세상에는 눈을 감아버린다. 이것이 복음 축소주의이다. 그러나 맥클라렌을 비롯한 이머징 교회 진영은 개인주의에 아주 강력하게 반발하다가 정반대 실수를 범할 위험이 있다.

맥클라렌의 책을 자세히 읽다보니, 그가 전통 교회의 복음 축소주의를 비판하다가 특정한 구원 교리를, 속죄 교리를, 더욱 구체적으로 말하면 칭의와 대리 형벌에 대한 가르침을 경시했다는 느낌이 들었다. 그는 이러한 가르침을 부정하지는 않았으나 건전하지 못한 방법으로 경시했다.

나는 맥클라렌의 사상에서 이처럼 중요한 주제, 곧 깊이 있는 교회의 중심 주제(복음 중심)와 씨름하다가, 패서디나로 날아가 풀러 신학교의 리처드 마우 총장을 만났다. 그에게 맥클라렌이 하나님나라를 강조한 점은 옳았다는 말부터 했으나 몇 가지 불안을 느낀다고도 했다. 많은 전통 교회 사람이 맥클라렌을 비롯한 이머징 교회 사람을 오해했다는 생각이 들었다. 이머징 교회 사람들은 대부분 속죄 교리와 칭의 교리를 반대하지 않으며, 이런 교리가 하나님나라의 메시지와 균형을 이루길 바랄 뿐이다.[19]

마우 총장은 지금까지 제3의 길을 어떻게 모색해야 하는지 많이 가르쳐주었다. 그뿐 아니라 몇몇 재세례주의자와 이머징 교회 사람을 풀러 신학교 교수로 임용함으로써 자신이 속한 개혁주의 전통 사람들에게 원성을 샀다. 그래서 나는 그의 대답에 깜짝 놀랐다. "이 경우는 균형의 문제라고 생각하지 않아요. 우선순위의 문제라고 생각해요." 그는 자주 그러하듯, 이야기를 들려주었다.

"몇 주 전이었어요." 그가 이야기를 시작했다. "동부 해안에서 가톨릭과 복음주의 사이의 대화를 이끌고 있었어요. 한 사람이 제게 이렇게 말하더군요. '저는 복음을 제시할 때, 죄와 구원을 더는 신경 쓰지 않아요. 사람들을 한 운동으로 초대하지요. 그 운동에서 예수님은 세상의 모든 권세와 능력을 멸하셨고, 지금은 완전한 참여자가 되라고 사람들을 초대하시지요.' 렌터카를 몰고 공항으로 돌아가는데도 그의 말이 귀에 생생하더라고요. 평소대로 기독교 라디오 방송을 들었어요. 저는 다른 사람들의 가르침을 즐겨 듣거든요. 들어보니, 어떤 남자가 자신의 회심 이야기를 하더라고요. 그는 마약에 찌들고, 아내는 떠나고, 자살 시도까지 했더군요. 인생 밑바닥까지 떨어졌을 때 라디오에서 어느 목사의 설교를 들었답니다. 그 목사는 예수님의 피를 이야기하며 십자가가 그의 죄를 씻고, 그를 중독에서 자유로워지게 하며, 그의 영혼을 구원할 수 있다고 했답니다. 오래된 복음이지요. 그는 눈물을 흘리며 그리스도를 영접하고 자유를 얻었습니다. 그의 삶이 완전히 달라졌어요." 구원이 있었고, 변화를 일으키는 복음도 있었다. 그러나 하나님 나라나 그 나라로 초대하는 일은 없었다.

마우 총장은 앞으로 몸을 구푸리더니 질문을 하고, 균형을 잃을 위험을 감수하고 자신의 핵심을 제시했다.

우리가 더는 이런 종류의 복음을 전하지 않는다면, 무엇을 놓치고 있는 걸까요? 우리가 하나님나라와 선교하는 삶을 강조하면, 이것이 중요하기는 하지만 웨슬리처럼 훌륭한 찬송을 만들어낼 세대를 기를 수 있을까요?

오랫동안 내 영혼 결박되어
죄와 본성의 밤에 갇혔었네.
그분의 눈에서 생명 빛이 나와
나 깨어났네. 지하 감옥에 빛을 비추셨네.
나를 결박했던 사슬 끊어지고, 내 마음 자유 얻었네.
나 일어나 나아가며, 당신을 따라가네.
놀라운 사랑, 어떻게 이럴 수 있나?[20]

핵심을 찔렀다. 뭔가를 잃을 게 분명하다. 대화가 진행될수록, 마우 총장은 자신이 속죄에 관한 다른 이론들(우리가 어떻게 구원받는가)을 무시하지 않는다는 점을 분명히 했다. 복음은 여러 면으로 구성된다. 그는 하나님나라에 대한 분명한 시각을 회복해야 한다는 점을 절대로 부정하지 않았다. 그러나 칭의나 십자가에서 이루어진 형벌 속죄penal atonement가 '동류 가운데 첫째'여야 한다는 점을 강조했다. 내가 예상했던 대답이 아니었다.

총장실을 나오면서, 그의 말을 되새겨보았다. 그가 형벌 속죄만 받아들이고 성경이 제시하는 다른 속죄관은 배제한다는 생각이 전혀 들지 않았다. 오히려 그는, 그리스도께서 죄에 진노하시는 하나님의 마음을 누그러뜨리려고 우리 개개인을 위해 십자가에서 돌아가셨다는 형벌 속죄가 구원의 필수 기초라고 말했다.[21]

맥클라렌의 책을 다시 읽고 싶었다. 리처드 마우는 내가 왜 맥클라렌의 가르침에 불안을 느끼는지도 정확히 집어냈다. 나는 맥클라렌이 고전적 복음 축소주의에 반응하는 방식에서 리처드 마우가 말하는 '칼뱅주의자의 불안'을 느끼고 있었다. 또 맥클라렌이 하나님나라와 선교하는 기독교를 강조한 점은 옳다고 인정했으나 그럴수록 맥클라렌이 예수님의 피를 복음에 더 분명하게 넣지 않으면 축소주의(환원주의)라는 비난을 피하기 어렵다는 우려가 들었다. 반면, 맥클라렌이 개인의 죄에 대해, 하나님이 죄를 미워하신다는 사실에 대해, 피로 말미암은 속죄에 대해, 예수님이 십자가에서 성취하신 일에 대해 말하는 시간을 늘린다면, 그가 축소주의를 피할 수 있으리란 확신이 들었다. 맥클라렌이 여전히 이렇게 할 수 있고, 하나님나라도 포기하지 않으리라 믿는다.[22] 결국, 공관 복음 저자들은 하나님나라를 첫째 단락에서 제시했으나 마침내 그분과 그분의 임박한 죽음을 믿으라며 예수님이 제자들에게 주신 도전까지 제시한다. 예수님은 하나님나라를 자신의 속죄와 연결하셨다.

나는 스콧 맥나이트의 '맥클라렌 이머징McLaren Emerging'이라는 글을 보고 기뻤다. 이 글에서, 맥나이트는 하나님나라를 보는 이머징 교회의 시각에서, 특히 맥클라렌의 시각에서 십자가의 역할을 묻는다.

맥클라렌이 십자가에 관해 쓴 내용은 … 프랑스 지성인 르네 지라르의 이론에 가깝다. 르네는, 십자가로 하나님이 희생자들과 하나가 되셨고, 악과 조직적 폭력과 불의를 드러내고 바로잡으셨다고 말한다. 《예수님의 숨겨진 메시지》에서 맥클라렌은 십자가에서 '하나님이 제국과 종교가 자행하는 악을 드러내고 심판하셨으며' 왕이 "반역자의 피를 흘림으로써 … 자신의 피를 흘림으로써 평화를 이루신다. … 그리스도의 십자가 죽음은 이런 의미에서 폭력을 철저히 거부한다"라고 말했다.[23]

맥나이트는 맞다고 말한다. 그러나 이게 전부는 아니다.

그렇다. 나는 가면을 벗기는 이러한 십자가의 역할이 참될 뿐만 아니라 십자가를 정치적으로 다시 정비하고 활성화하는 데도 중요하다고 믿는다. 맥클라렌의 저서 《예수님의 숨겨진 메시지》와 《예수에게서 답을 찾다Everything Must Change》(포이에마 역간)에서 드러낸 사회정치학적 초점을 고려할 때, 아마도 맥클라렌은 더는 말할 필요가 없다고 생각했을 것이다.

그러나 나는 "우리가 더 가질 수 있는가?"라고 물어야 할 책임을 느낀다. 이머징 교회는 대리 형벌론이 하나님나라의 비전으로 (이어져야 하는데도) 이어지지 못했다고 믿는다. 내가 지금껏 10여 년 동안 생각하고 글로 옮긴 내용은 어떻게 속죄에 관한 성경 본문에 충실하면서도 '하나님나라kingdom' 라는 단어에 분명하게 주목하는 '이머징' 복음을 세우느냐이다. 지라르는 십자가에 대한 중요한 말을 했다. 맥클라렌도 마찬가지이다. 그러나 이것으로는 충분하지 않다.[24]

맥나이트는 내가 맥클라렌의 가르침에 느끼는 몇 가지 불안을 정확하게 집어냈다.

깊이 있는 교회, 속죄, 하나님나라

그리스도의 속죄를 보는 다양한 시각은 흔히 같은 대상을 보는 서로 다른 방식이라고들 한다. 복음은 다면체 다이아몬드 같으며, 각각의 이론은 다이아몬드의 한 면이다. 이것은 내가 어디선가 직접 한 말이다. 그러나 속죄 부분에서 제3의 길을 모색하는 한스 부어스마Hans Boersma는, 속죄는 자애롭지만 "아주 만족스럽지는 않다"라고 말한다.[25] 이 논의는 복음의 내용과 제자 삼는 방식의 핵심을 다루기 때문에 중요하다. 게다가 축소주의(환원주의)를 피하는 데도 도움이 된다.

부어스마는 헨리 블로셔Henri Blocher라는 신학자의 관점을 인용한다. "개인적인 본보기가 크리스투스 빅토르(Christus Victor, 그리스도께서 십자가에서 세상의 권세와 능력을 이기셨다) 모델의 기초를 형성하며, 이 승리는 순종과 형벌 고난으로 얻는다."[26] 이 말을 이해할 수 있다. 죄를 먼저 속하지 않는다면, 어떻게 승리를 거두겠는가? 죄가 먼저 사해지고, 하나님나라를 섬기고 그 나라에 순종하며 살 새로운 힘을 얻지 않는다면, 어떻게 하나님나라의 삶을 시작할 수 있겠는가?

뭔가 발견할 것 같았다. 그래서 계속 읽었다. 점점 더 분명해졌다. 부어스마는 예수님이 십자가에서 하신 일이 그분 승리의 '비결'이며, 따라서 그분의 십자가가 없다면 승리는 없거나 이치에 맞지 않는다고 주장한다. 부어스마는 이어서 이렇게 말한다. "한편으로, 이것이 십자가 형벌의 성격을 뒷받침한다. 죄에 대한 하나님의 심판이 하나님과 교제하는 삶을 위한 토대를 의미심장하게 형성한다. 법적 범주가 속죄 신학에서 한 자리를 차지한다. 다른 한편으로, (이런 시각은) 십자가 형벌의 성격을 지나치게 강조하지 않는다. … 법적 은유가 자리를 잡지만, 회복하게 하는 성격을 지닌다. 형벌은 언제나 자신을 초월해 공동체의 회복과 번성을 본다."[27]

내게는 새로운 통찰이었다. 부어스마는 형벌 속죄의 뿌리가 하나님나라 메시지에 깊이 뿌리내리게 하면서 형벌 속죄 교리를 보호하는 제3의 길을 찾으려 한다. 나의 연구에서 그다음 단계는 이러한 여러 통찰을 브라이언 맥클라렌의 저작에 다시 적용하는 것이었다. 나는 이러한 뉘앙스를 세밀하게 살피면서 《예수님의 숨겨진 메시지》와 《기독교를 생각한다》를 세 번째로 읽었다. 그러면서, 내가 느낀 칼뱅주의자의 불안이 틀리지 않았다는 것을 발견했다. 맥클라렌은 순종하는 삶과 그리스도께서 능력들에게 거두신 승리와 하나님나라를 강조한다. 그러나 '어떻게' 예수님이 십자가로, 자신의 피로, 우리의 죄사함으로 이것을 이루셨는지가 빠졌다. 이것은 공동체의 바깥 집단에서 신앙과 헌신의 안쪽 집단으로 옮겨가는 비결이다.

왜 이것이 그렇게 중요한가? 나는 《기독교를 생각한다》의 어느 단락에서 실마리를 얻었다. 그 단락에서 맥클라렌은 자신이 재세례파에게서 무엇을 배웠는지 말한다. 맥클라렌은 자신이 재세례주의자라고 주장하지는 않지만, 재세례파의 가르침에 깊이 공감한다. 그는 자신에게 하나님나라를 보는 시각을 가르쳐준 사람은 그 누구보다도 요더와 하우어워스 같은 재세례주의자였다고 말한다. 그래서 우리는 재세례파에 대한 맥클라렌의 공감에서 배울 게 있다. 그는 재세례파의 약점을 논하면서 이렇게 말한다. "재세례주의자는 전통적으로 … 속죄론에 지나치게 골몰하는 데 이골이 났다. … 그 대신 그들은 우리가 일상에서, 특히 이웃과의 관계에서 어떻게 행동해야 하는지에 관한 예수님의 가르침을 살아내는 데 집중하는 것이 자신의 소명이라고 느낀다."[28]

나는 맥클라렌이 느낀 꺼림칙함을 똑같이 느꼈다. 그러나 이 때문에 맥클라렌은 형벌 속죄를 공식적으로 부정하지 않는데도 축소주의라는 비판을 피하지는 못했다.

예를 들면, '포모뮤싱스Pomomusings'라는 블로그에 맥클라렌은 이런 글을 남겼다.

하나님나라는 우리가 언젠가를 위해 바라는 것이 아니다. 하나님나라는 우리가 오늘 받아들이는 것이다. '받아들인다'는 말은, 회개한다는 뜻이다. 모든 것을 이 메시지에 비추어 다시 생각한다는 뜻이다. 이것은 우리가 예수님을 왕으로 신뢰하여 그분처럼 되려고 '그분의 멍에를 매고' 그분의 길을 배우며, 그분을 따른다는 뜻이기도 하다. (…)

예수님께 하나님나라는 우리가 건설하거나 앞당기거나 확장하는 것이 아니었다. 하나님나라는 우리가 보고 들어가고 받는 것이다. 하나님나라를 보려면, 회개하고 우리가 얼마나 우매한지 인정해야 하며, 유순해지고 어린아이처럼 다시 '어려져야' 한다. 또한 하나님나라에 들어가려면, 그 나라의 일원이 되어야 하고, 그 나라를 받아들여야 하며, 그 나라를 우리의 일부로 삼아야 한다.[29]

하나님나라에 관한 멋진 묘사이며, 우리가 받은 초대, 곧 그 나라에 들어가 그 나라를 다스리라는 초대에 관한 멋진 묘사이다. 그러나 안타깝게도 이 묘사엔 뭔가 빠졌다. 놀랍게도, 맥클라렌은 어디서도 하나님나라를 속죄 교리, 칭의 교리, 그리스도와의 연합 교리, 우리가 용서받아야 한다는 교리 등과 연결하지 않으며, 양자의 관계를 언급하지도 않는다.

내가 알기로, 맥클라렌은 이러한 교리를 부정하지 않는다. 그러나 그는 이런 교리를 언급하지 않음으로써 소홀히 하게 하여 마침내 사장되도록 내버려두는지도 모른다. 게다가, 이런 교리를 언급하지 않기 때문에, 이런 교리에 대한 정의도 분명하지 않다. 이것이 복음 축소주의가 아닐까 싶다.

왜 이것이 그렇게 중요한가?

분명히 말했듯이, 맥클라렌이 하나님나라의 삶을 강조한 것은 의미가 깊다. 그러나 그가 묘사하는 하나님나라를 보면, 우리가 그 나라에 들어가 그 나라의 삶을 살아낼 능력이 없어 보인다. 우리가 먼저 하나님나라의 구성원이라는 확신이 없다면, 어떻게 그 높은 목표를 이루겠는가? 다시 말해, 우리는 그 나라에 어떻게 들어가는가? 더 나아가, 우리가 날마다 용서와 은혜와 화해로 새로워지지 않는다면, 어떻게 그 나라의 삶을 살겠는가? 하나님이 새 하늘과 새 땅을 창조하려고 무엇을 하고 계시는지 상기하고, 우리가 그 나라에 참여하라는 소명을 받았다는 사실을 상기하는 것으로는 부족하다. 날마다 우리를 새롭게 하는 하나님의 은혜가 없으면, 십자가에서 흘러나와 성령을 통해 내 삶에 임하는 은혜가 없으면, 나는 절대 해내지 못한다.

역설적이게도, 하나님나라에 대한 맥클라렌의 시각은, 우리를 아주 자유로워지게 해야 하지만 오히려 율법주의가 되게 하는 경향이 있다. 죄를 사하는 하나님의 은혜가 없으면, 하나님나라의 메시지는 율법처럼 들린다. 수많은 나의 대학 동료가 바로 이런 이유 때문에 기독교를 떠난 게 분명하다. 이들은 도저히 해낼 수 없었다.

나는 맥클라렌이 《예수님의 숨겨진 메시지》에서 마태복음 5장 21-22절을 논한 부분을 보면서 이러한 핵심을 분명하게 깨달았다. 맥클라렌은 예수님이 외적인 복종을 강조하는 바리새인들을 강하게 꾸짖고, 그들과는 반대로 내적인 마음의 변화를 요구하셨다고 정확하게 지적한다. 그럼에도 맥클라렌이 묘사하는 이러한 내적 변화는 놀랍게도 자기 스스로 일으키는 듯이 보인다. "우리는 마음에 가득한 탐심과 욕망과 오만과 편견을 반드시 해결해야 한다."[30] 우리는 마음을 변하게 하는 올바른 습관을 들임으로 이것을 해결하는 법을 배운다는 것이다. 이것을 가리켜 흔히 '덕 윤리 virtue ethics' 라 한다.

성령의 인도를 받는 그리스도인이 경건한 습관을 기르려면 어느 정도 의지를 발휘해야 한다. 이것이 "두렵고 떨림으로 너희(우리의) 구원을 이루는"(빌 2:12) 것이다.

그러나 균형을 잡지 못하고 변화를 일으키는 은혜 교리에(하나님의 은혜가 삶을 바꾸고 하나님나라를 살 힘을 준다) 치우치면, 사람들은 두 가지 유형으로 나뉜다. 어떤 사람은 이런 방식으로는 살 수 없기 때문에 소진되거나 냉소적으로 바뀐다. 또 다른 사람은 자기 힘으로 해냈다고 생각해 교만하거나 오만해진다. 아이러니하게도, 후자가 자기 힘으로 덕 윤리를 실천해냈다고 생각하면, 자신의 노력으로 세상도 바꿀 수 있다고 생각한다. 또 오른쪽으로 기울어 사회 복음 축소주의에 빠지고 만다.

깊은 복음을 지키려면

2006년 리디머 장로교회는 설립 5주년을 맞았다. 한낱 꿈이, 깊이 있는 교회를 세우겠다는 비전이 현실이 되었다. 교회를 시작하기 전에 한 해 동안 많은 사람을 만났으나 거의 하나같이 안 된다고 했다. 특히 구도자를 겨냥한 교회가 처음 시작된 오렌지카운티에서는, 아무도 이런 교회를 원하지 않을 거라고 했다. 첫 주일 오전 예배를 드리기 전날 밤이 기억난다. 아무도 안 올까 봐 두려웠다. 감사하게도 사람들이 왔고, 하나님이 놀라운 교회를 은혜로 세우셨다. 우리의 적지 않은 목표가 이미 이루어졌다. 온통 감사할 일뿐이다. 그래도 가야 할 길이 멀다.

교회 설립 다섯 돌을 맞기 몇 달 전, 교회 지도자들과 향후 5년을 논의했다. 하나님이 우리에게 무엇을 하라고 요구하시는가? 우리가 어떻게 해야 하나님이 세상과 이곳 오렌지카운티에서 하시는 일에 동참할 수 있는가? 우리는 교회의 원래 비전과 핵심 강령과 전략을 재평가하기로 결정했다. 이 가운데 많은 부분이 여전히 생생했다. 그러나 우리는 이것을 새롭게 쓰고, 우리가 누군지 다시 확인하며, 하나님이 향후 5년 동안 우리를 이끄실 곳에 이르기 위해 기도하며 계획하고 싶었다.

지난 5년 동안 우리 교회를 특징 있는 곳으로 가꾸었고, 앞으로도 그러할 일곱 개 핵심 강령을 살피다가 이해하기 쉽게 단순화하면 좋겠다는 생각이 들었다. 그래서 네 단어로 단순화했다. '복음', '공동체', '선교', '샬롬'이 그것이다.

가장 힘들게 씨름한 부분은 복음이었다. 지난 5년간 오렌지카운티의 상황에 맞게 복음을 해석하고 상황화했으며, 절대로 복음을 축소하지 않았다는 확신을 주고 싶었다. 우리는 복음 강령 부분을 쓰면서, 하나님나라뿐 아니라 속죄도 강조하고 싶었다. 그리스도의 십자가, 죗값을 치르고 우리 죄를 씻은 십자가야말로 그리스도께서 악과 억압을 이기신 승리의 토대이며, 그 십자가로 하나님의 가족이 되고 하나님나라를 다스리는 통치에 동참한다는 점을 분명히 하고 싶었다. 그리스도의 십자가는 신앙의 핵심이며, 그분의 충성스러운 자들이 만든 공동체에 점점 더 깊이 파고든다. 그래서 우리는 이렇게 썼다.

복음은 우리가 하는 모든 일의 중심이다. '복음'이란 하나님나라의 능력이 메시아이신 예수님을 통해 온 세상을 새롭게 하려고 역사에 들어왔다는 좋은 소식이다. 구주로 말미암아, 하나님이 그분의 통치를 세우셨다. 예수님이 우리와 하나님의 관계를 위해 행하신 일과 남기신 기록을(우리의 일과 기록이 아니라) 우리가 믿고 의지할 때, 하나님나라의 능력이 우리에게 임하고 우리를 통해 역사하기 시작한다. 우리는 새로워진 삶과 아름다운 공동체와 사회정의와 문화 변혁을 통해 이처럼 근본적으로 새로운 삶의 방식을 증언한다. 이 복된 소식이 새로운 삶을 낳는다. 복음은 삶과 예배 모든 부분에 동기를 부여하고, 안내자가 되며, 힘을 준다.

이제 3년이 지났다. 생각해봐도, 잘 정리한 것 같다. 내게 지금 쓰라고 한다면, 이곳에 한 단어, 저곳에 한 어구를 덧붙일지도 모르겠으나 이 글은 깊이 있는 교회를 전체적으로 잘 표현했다고 본다. 이 글에서, 우리가 복음에 충실하지만, 그것은 과거의 역사적 축소주의를 지양하는 것이라는 사실이 분명하게 드러난다. 이 글에서, 속죄와 하나님나라가 연결되며, 둘 다 영광된 소식이라는 게 드러나며, 복음의 능력이 우리를 바꾸고, 다른 삶을 살고 세상을 개혁하도록 힘을 준다는 점이 분명하게 나타난다.

깊이 있는 교회를 위해, 복음을 예배, 제자훈련, 그룹 활동, 자선, 문화 갱신(도시의 샬롬 구하기) 등 우리가 하는 모든 일의 중심에 두었다. 복음으로 우리는 속하기에서 믿음으로 옮겨간다. 복음으로 개인이든 공동체가 다 함께 성숙한다. 이것을 분명히 하려고 핵심 강령을 이렇게 제시했다.

복음 – 공동체 – 선교 – 샬롬

순서가 중요하다. 우리는 복음에 영향을 받을 때, 공동체에 들어가 서로 돌볼 힘을 얻는다. 서로 돌볼 때, 자비의 행위인 선교로 공동체 밖 사람들에게 다가간다. 섬김과 자비를 실천하는 공동체가 되면, 하나님의 원 창조 계획이 존중되는 방식으로 문화와 제도가 새로워진다. 이것이 샬롬이다. 공동체 안에 살고 자비로워지며 문화를 바꿀수록, 우리에게 힘을 주고 우리를 바꾸는 복음이 더 필요하다. 복음, 공동체, 선교, 샬롬의 순환은 다시 시작된다.

교회 역사를 돌아보면, 아주 큰 비극이 눈에 띤다. 교회에서 일어난 다양한 운동 때문에 복음이 축소되고 결국 복음을 잃고 말았다. 이런 잘못을 얼마나 자주 저질렀는지 모른다. 리디머 장로교회는 이러한 위험을 알기에, 이런 오류에 빠지지 않길 바란다. 장로 모임 때, 맡은 일에 충성하도록 지켜달라는 기도를 자주 한다. 우리는 선교하길 원하고,

자비의 대사가 되길 원하며, 문화 속으로 들어가 문화를 변혁하길 원한다. 그러나 이 모든 일을 하면서도 복음을 축소하는 죄를 범하지 않길 원한다. 복음이 없으면, 기독교는 또 하나의 도덕 체계나 인간이 만든 종교에 지나지 않기 때문이다.

DEEP WORSHIP

깊은 예배

성경과 전통과 문화,
세 가지를 모두 마음에 품을 때,
우리는 문화에 다가가면서도 혼합주의에 빠지지 않는 예배를 드릴 수 있다.

나는 복음주의 교회 예배 전쟁 한가운데서 자라났다. 로버트 웨버가 한 말로는, 1970년대까지 복음주의자의 예배 형식은 전통적이었다. "1950년대 음악 혁명이 일어나고, 1960년대 히피 운동이 발흥하며, 1970년대 예수 운동(Jesus Movement, 60-70년대 미국 서부 해안에서 시작해 북미 전역과 유럽으로 확산된 기독교 운동-옮긴이)이 등장할 때까지, 변하라는 압력은 거의 없었다." 예수 운동은 "음악을 중시하고 격식을 탈피한 예배를 소개했다. 그 후 교회는 조용할 날이 없었다."[1] 이후 20년 남짓, 교회는 더욱 성경적이면서도 사람들에게 더욱 효과적으로 다가가는 예배 형식을 찾으려고 분투를 거듭했다.

나는 이런 분투를 1990년 패서디나 우리 교회에서 두 눈으로 확인했다. 100여 년 동안, 그 교회의 예배는 전통적이었다. 예배 순서는 찬양단, 오르간, 찬송가, 설교, 짧은 전례로 짜였고, 성만찬은 이따금 했다. 교인이 5천 명에 가까웠으나 변화해야 할 이유는 없어 보였다. 그러나 1990년대 초, 담임목사가 바뀌면서 교회 지도자들은 토요일 밤에 현대적 예배를 시작하기로 했다. 어쨌든 800여 명이 넘을 정도로 많이 모였는데도, 현대적 예배의 폐지와 존속을 놓고 치열한 싸움이 벌어졌고, 교회는 상처를 입었다. 많은 사람이 교회를 떠났다. 남은 사람도 이 예배를 두고 여러 해 동안 말이 많았다.

우리는 이러한 싸움 속에서 자랐기에 지금도 혼란스럽다. 웨버는 우리 세대 많은 사람 속에 자리한 가정을 잘 파악한다. "내가 볼 때, 젊은 복음주의자는 모든 변화에 다소 현기증을 느낀다. 그리고 전통주의자와 정기적인 현대적 예배를 요구하는 사람들 사이에서 벌어지는 말싸움에 어지러워한다."[2]

교회 내 각 진영은 최고의 성경 논증을 나열하여 자신의 주장을 뒷받침했다. 그러나 이들은 실제로 자신의 선호를, 자라면서 익숙한 예배 형식을 옹호하는 논증을 했다. 이들은 자신의 전통을 표현하는 예배를 원했다. 즉 좋아하고 익숙함을 느끼는 예배를 원했다.[3]

주변에서 싸움이 치열하다. 나는 작은 교회만 한 트웬티-섬씽 펠로십을 이끄느라 씨름했다. 그런 와중에, 자료를 조사했다. 예배를 정의하는 가장 좋은 방법이 무엇이며, 성경에 토대를 둔 예배 인도 방법은 무엇인지 알고 싶었다. 나는 예배란 모름지기 감정을 고조하게 하는 의례에 불과해서는 안 된다고 믿는다. 더 나아가 전통적 예배냐 현대적 예배냐는 선택 때문에 가슴이 냉랭해졌다.

나는 하나님의 임재를 체험하길 간절히 바랐다. 예배의 다양한 전례적 요소가 회복되길 갈망했다. 얄팍한 현대 예배에 싫증이 났다. 현대 예배는 생명이 없어 보였고 기계적으로 보일 때가 잦았다. 그러나 자라면서 몸에 밴 전통적 형식의 예배로 돌아가고 싶지도 않았다. 전통 형식 예배는 하나님의 임재가 없고 정보 전달에 초점을 맞추는 듯했기 때문이다.

그래서 모든 사람이 교회가 전통적이어야 하는가, 아니면 현대적이어야 하는가를 두고 언쟁할 때, 나는 어느 쪽도 원하지 않았다. 양쪽 다 약점이 있다. 대안이 반드시 있어야 한다. 나는 정말이지 이런 수렁에서 빠져나오고 싶었다. 제3의 길을 갈망했다. 진정으로 하나님을 만나며, 깊이와 내용이 있고, 더 의미 깊은 성찬식을 자주 행하며, 사람들이 참여하며, 성경을 더 많이 읽으며, 감각을 창의적으로 사용하는 예배를 꿈꾸었다. 또 묵상 시간이 더 길며, 하나님의 초월성과 특별함에 초점을 맞추는 예배를 갈망했다.

전통 교회 예배에 대한 이머징 교회의 항의

2004년에 접어들 무렵, 우리 세대 가운데 제3의 길을 모색하는 사람이 나 혼자가 아니라는 것을 알았다. 사실, 지난 10년 동안, 20대와 30대 가운데, 크리스 암스트롱의 말을 빌리면, "쇼핑몰 같은 교회 분위기가 거북하고 어색하며, 열정적이고 오락적인 예배가 낯설고 이상하며, 비즈니스 세계를 본뜬 베이비붐 세대의 사역 전략과 구조가 탐탁잖은 사람들이 적지 않았다."[4]

캘리포니아 산타크루스에 위치한 빈티지 페이스 교회의 댄 킴벌은 목사이자 저술가로서 이러한 불편을 느끼는 사람 가운데 하나이다.[5] 그의 저서 《하나님께서 영광 받으시는 고귀한 예배 Emerging Worship》(이레서원 역간)는 베이비붐 세대를 겨냥한 오락적 예배를 뛰어넘으려는 이머징 교회를 위한 안내서이다.[6] 나처럼, 댄 목사도 현대적 예배 형식에(노래 몇 곡, 광고, 설교, 폐회송) 싫증이 났으나 그렇다고 전통 예배로 돌아가고 싶지도 않았다. 댄 목사는 이머징 예배가 단순히 노래에 관한 게 아니라고 말한다. 이머징 예배는 단지 우리가 느끼는 필요를 채우는 것이 아니며, 정보 전달이 아니다. 이머징 예배는 가까운 과거 전통에 의존하지 않는다.

댄 목사는 우리가 예배를 위해 모이는 공식적인 시간에 '새 부대'가 필요하다고 말했다. "포스트모던 문화에 상응하는 새 부대가 필요하다.

다양한 차원과 표현으로 구성된 다감각적 예배가 필요하다."[7] 이것은 이런 뜻이다.

이제 우리가 보듯이, 예술이 예배에 들어오고, 예배에 시각적 요소와 옛날 규범이 시행된다. 예배자는 수동적인 구경꾼에서 적극적인 참여자로 바뀐다. 강대상과 설교가 예배의 중심이기보다 … 이제 우리는 다양하고 창의적인 예배를 표현하며 예수님을 중심에 둔다. … 내 말은 이머징 교회에서 가르침과 배움이 다양한 방식으로 이루어진다는 뜻이다. 더는 단 한 사람이 무대에서 서서 모든 이에게 설교하는 방식이 아니다.[8]

나는 다감각적 예배란 용어를 처음 보았을 때, 아주 흥미로웠다. 전에도 R. C. 스프라울이란 신학자에게서 비슷한 말을 들었다. 그 말은 교회가 종교개혁 이후 예배와 관련해 일종의 지성주의에 굴복했다는 것이었다. 그래서 빈티지 페이스 교회 예배에 직접 참석해보기로 했다. 어느 주일, 우리 교회에서 예배 인도와 설교를 마치고 나서, 공항으로 달려가 비행기에 올랐다. 산타크루스에서 저녁 7시에 시작되는 예배에 참석하기 위해서였다. 도착해보니, 교회는 말 그대로 건축을 하고 있었다. 빈티지 페이스 교회는 건물만 남고 죽어버린 교회와 하나로 합쳤다. 건물은 매우 넓었으나 그야말로 흉물스러웠다. 건물을 수리하는 데 수천 달러가 들어갔다. 사무실과 교실을 손보고, 커피점을 꾸미며, 스테인드글라스로 장식된 300석 규모의 예배실을 만들고 있었다. 옛것을 보존하면서 새것을 아주 훌륭하게 접목했다. 사무실을 둘러보는데 천정에는 트랙 조명을, 벽에는 미술 작품을 설치하고, 바닥은 단단한

원목 마루를 깔아놓은 세련된 건축 사무소가 생각났다. 나는 시샘하지 않으려고 애썼다(그리고 대부분 재료와 노동력이 기부되었다는 사실을 알지 못했다).

예배실은 공사를 하고 있었다. 긴 의자 가운데 절반은 1인용 의자로 교체되었다. 뒤쪽 모퉁이에는 쇠기둥에 커튼을 설치하는 형태로 기도실을 꾸몄다. 기도실에는 기도 책상이 여럿 있었다. 몇몇 책상 전면에는 세계지도가 걸려 있고, 위에는 성경이 펼쳐져 있으며, 아래에는 무릎을 꿇을 수 있도록 기도반이 놓여 있었다. 저녁 예배 시간에 세계를 위해 기도할 것 같다는 생각이 들었다. 오래된 스테인드글라스 창문은 아직도 수리하고 있었다.

앞줄 구석 쪽에 자리를 잡았더니(고개를 돌려 얼마나 많은 사람이 실제로 찬양을 부르는지 보고 싶었다!), 로렌이란 젊은 자매가 인사했다. 내가 빈티지 페이스 교회에 들어서고 30분 사이에, 로렌을 비롯해 다섯 사람이 내게 인사를 건넸다. 대부분 교회에서는 흔하지 않은 광경이다. 더 충격적이게도, 로렌은 단지 인사를 건네는 데 그치지 않고 내게 이런저런 질문까지 던졌다. 깊이가 있어야 가능한 일이다. 나는 이들이 사람들에게 진지하게 다가간다는 사실을 깨달았다. 빈티지 페이스 교회는 낯선 사람이 오면 금방 안다. 이해할 수 있었다. 킴벌에겐 전도의 열정이 있으며, 이 열정은 교인들에게 옮겨졌다. 지난 수년 동안, 빈티지 페이스 교회의 회심자가 그렇게도 많았던 까닭이 바로 이것이 아닐까 싶다. 모든 교회가 이런 열정을 품길 바란다.

예배는 조시 폭스 목사가 인도하는 매우 뛰어난 찬양 팀의 열정적 찬양으로 시작했다. 조시 목사가 너무 재미있게 보여서 처음에는 가사에 집중하기 어려웠다. 찬양 팀이 한쪽 구석에 배치된 것도 눈에 들어왔다. 시선이 찬양 팀에 집중되고 예배가 쇼가 되는 것을 원하지 않기 때문이었으리라. 조시 목사는 교인들이 예수님께 집중하게 하려고 노력했다. 나도 온 힘을 다했다.

찬양 팀이 두 번째 찬양을 시작했다. 고개를 돌렸더니, 매우 젊은 청년이 눈에 들어왔다. 거의 모두 스물다섯 살이 안 된 듯했다. 몇몇은 찬양을 불렀으나 대부분 찬양을 음미하며 화음을 넣었다. 고개를 돌렸더니, 두 스크린에 정지 영상과 동영상을 배경으로 가사가 나왔다. 어떤 사람은 산만하다고 생각할지 모르나 나는 괜찮았다. 무대 한쪽 구석에는 하늘에서 두 손이 내려오는 듯한 그림이 걸려 있었다. 교회 앞면도 시각적으로 흥미로웠다. 촛불, 천정에서 늘어뜨린 천 조각들, 큰 금속 십자가, 대형 성경, 조형물이 있었다. 패서디나에 있는 어느 화가 친구의 작업실이 연상되었다. 빈티지 페이스 교회는 시각적이고 따뜻하며 영적인 분위기를 조성하려고 애썼다. 그래서 댄 목사는 촛불, 십자가, 조형물, 성찬 탁자, 세례 영상, 스테인드글라스 등으로 "예배실은 영적 모임이 이루어지는 장소이며, 기독교는 단순히 현대 종교가 아니라 고대 종교라는 생각을 불러일으킨다"라고 말한다.[9]

댄 목사는 여러 책에서 거룩한 공간과 다감각적 예배를 자주 다룬다. 그는 현대 예배를 드리는 대부분 교회가 예배 중심에서 거룩함을 제거해버렸다고 주장한다. 이머징 교회들은 예배 공간이 다시 거룩하게 느껴지게 한다. 이머징 세대는 하나님의 신비와 경이를 느끼길 갈망하기에, 예배 공간에도 이러한 갈망이 반영된다. "다감각적 예배는 시각, 청각, 미각, 후각, 촉각, 체험을 포함한다."[10]

내가 빈티지 페이스에 갔을 때 이 모든 장면을 다 보거나 체험하지는 못했다. 빈티지 페이스 교회는 다섯 주마다 성찬식을 했기 때문에, 성찬식이 없는 그날은 미각과 촉각을 사용할 기회가 없었다. 전례도 경험하지 못했다. 킴벌은 나중에 내게, 강림절(성탄절까지 4주)과 부활절 외에는 전례가 실제로 자신들의 공동체에 안 맞는다고 했다. 그러나 빈티지 페이스를 비롯한 이머징 교회들은 고대 예배 형식을 수용하려는 마음이 강하다. 어떤 이머징 교회는 강림절, 성탄절, 주현절, 사순절, 고난주간, 부활절, 오순절 같은 기독교 월력에 초점을 맞춘다. 그는 이러한 월력과 더불어, 유대교에 뿌리를 둔 고대 형식을 사용하려는 움직임이 있다고 했다. 이머징 교회는 대부분 예배 월력에 유월절 만찬을 포함한다. 그리고 유대교 관점에서 성경을 가르치는 시간을 보낸다. 몇몇 이머징 교회에서, 고대에 대한 이러한 갈망 때문에 다시 찬송가를 부른다.

두 번째 찬양이 끝나자, 서로 인사를 나누었다. 그러고 나자, 회중이 성경 한 부분을 읽었다. 이것이 전례와 가장 비슷한 부분이었다. 그다음에 댄 목사가 설교했다. 그는 영상을 활용하면서, "하나님이 예수님에 대해 듣지 못한 자들을 심판하시는가?"라는 질문을 중심으로 45분 동안 가르쳤다. 산타크루스는 종교가 다양한 도시이기에 댄 목사는 비그리스도인도 그 자리에 와 있음을 알았다. 그래서 손님에게 친절하려고, 특히 예수님만이 하나님과 구원에 이르는 유일한 길이라고(요 14:6) 외칠 때 그렇게 하려고 열심히 노력했다.

댄 목사의 설교는 성경으로 가득했다. 다른 종교 앞에서 예수님의 유일성을 강조했다. 전통 교회가 킴벌의 가르침이 얼마나 보수적인지 알면 충격을 받지 않을까 싶다. 댄 목사는 설교 시간 20분 내내 로마서 1장을 강해했다. 설교가 끝나고, 박사과정을 밟는 학생이자 전에 불교 신자였던 중국계 미국인과 대화를 나누었다. 킴벌은 이머징 교회의 핵심이 설교자 중심이 아니라 공동체 중심이라고 했다. 그러므로 한 사람에게 의존하지 않으려고, 설교가 끝나고서 최대한 많은 시간을 대화에 할애한다.

댄 목사는 가르치는 시간(설교 시간)을 빈티지 페이스 교회가 어떤 교회인지 나타내는 핵심적인 말로 요약한다. 그리스도 예수를 모르는 사람들의 영원이 걸려 있기에 그들에게 다가가는 것이다. 그에게서 전도의 열정과 잃은 양에게 다가가려는 열정을 느꼈다.

킴벌은 말을 맺기 전에, 기도실 사용법을 설명했다. 기도실에 걸린 지도는 내가 생각한 그대로였다. 각자 한 나라에 스티커를 붙이고, 그 나라 사람들이 담대한 증인으로 살도록 기도했다. 그의 설명이 끝나자, 찬양 팀이 이번에는 좀 더 부드럽게 찬양을 시작했다. 회중 가운데 20퍼센트 정도는 자리에서 일어나 기도실로 갔다. 댄 목사는 예배하는 가운데 이루어지는 자유로운 이동을 자주 말하는데, 이것이 기도에 적용되었다. 방관이 아니라 참여가 목적이다. 사람들이 이동할 때, 찬양 팀은 '오 신실하신 주'라는 오래된 찬송을 연주했다. 사람들은 마음을 다해 이 곡을 따라 불렀다. 오래된 찬송은 아주 깊으며, 온 회중의 참여를 독려한다.

사람들이 다시 돌아와 자리에 앉을 때, 찬양 팀은 박자를 좀 더 빨리 하고 드럼도 가세했다. 예배가 다 끝나간다는 느낌이 들었다. 사람들은 더 크게 찬송했고, 어떤 사람은 손을 들고 찬송했다. 마지막으로, 광고

가 있고, 특별한 음악이 연주되는 동안 사람들은 밖으로 나왔다. 폐회송 이후, 이런 마무리는 조금 실망스러워 보였다. 예배가 끝나고서, 사람들은 옆에 있는 커피점으로 밀려들었다.

예배의 모든 부분이 내 기호에 다 맞지는 않았다. 그러나 댄 목사와 조시 목사가 하나님께 초점을 맞추고 그리스도 중심의 예배를 드리려고 열심히 노력한다는 느낌이 들었다. 빈티지 페이스 교회는 아주 복음적이었다. 나는 그곳에서 섬김을 받았다. 전체적으로 말하면, 빈티지 페이스 교회는 다감각적 예배를 부지런히 시도한다. 예배실을 꾸미는 방식과 역동적인 음악과 설교에는 시각적·청각적 호소력이 있었다. 그러나 빈티지 페이스 교회는 역사적 체험도 강조했다. 옛 찬송과 예배실 전체에 흐르는 거룩한 공간의 느낌뿐 아니라 모든 감각을 아우르는 기도실로 이것을 강조했다. 예배가 끝나고, 댄 목사는 릴리 레빈$^{Lilly\ Lewin}$과 함께 쓴 《거룩한 공간$Sacred\ Space$》이라는 책을 내게 선물했다. 다감각적 예배를 위한 안내서였으며, 설교 메시지를 강화하기 위해 기도실을 어떻게 디자인해야 하는지 단계별로 설명하는 책이기도 했다.

그러고서 댄 목사와 함께 저녁을 먹으며 대화를 나누었다. 그에게 빈티지 페이스 교회가 이머징 교회 진영에서 '연결주의' 진영에 속한다고 느끼는데, 내 느낌이 정확하냐고 물었다.[11] 그는 동의했으나, 자신들이 연결자인 이유는 유행의 첨단을 걷거나 화통하기 때문이 아니라는 점을 분명히 하고 싶어 했다. 그는 전통 교회가 자신이 또 다른 오락적 예배를 인도할 뿐이라고 공격한다는 사실을 잘 안다. 결국, 그가 인도하는 예배는 소비자의 요구를 충족할 뿐이지 않은가? 대규모 구도자 교회들이 사용하는 무수한 도구와 무슨 차이가 있는가? 댄 목사는 이러한 비판에 예민하다. 우리가 "새로운 예배 기교를 받아들이고 예배의 혁신적인 부분에 찬물을 끼얹기 쉽다"고 걱정한다.

그는 《하나님께서 영광 받으시는 고귀한 예배》에서 이렇게 말한다.

> 우리는 앉아서 우리 행위를 지켜보는 사람들을 감동시키고 기쁘게 하려고 애쓸 위험이 있다. (…)
> 이머징 교회의 경우, 예배의 초점이 영상 배경, 기도실, 고대 신앙고백, 촛불, 조형물 등으로 미묘하게 옮겨지면 크게 위험하다. 이렇게 되면, 우리는 사람들에게(말은 하지 않더라도) 예배란 우리가 사람들에게 제공하는 서비스라고 가르치는 꼴이 되고 만다.[12]

다시 말해, 이것은 또 다른 형태의 오락일 뿐이다. 댄 목사가 옳다. 이러한 소비주의를 막아야 한다. 그러지 않으면, 이머징 교회는 몇몇 대형 교회의 실수를 답습하고 말 것이다.[13]

전통 교회의 반발

이머징 예배에 대한 반응은 어떤가? 늘 긍정적이지는 않다. 전통 교회에 속한 어떤 비판자는 2004년 이머전트 컨퍼런스야말로 이머징 교회가 과녁을 벗어났다는 증거라고 말한다. 이들 가운데 몇몇은 자신의 주장에 힘을 싣기 위해 〈크리스채너티 투데이〉에 실린 앤디 크라우치 Andy Crouch의 '이머징 교회의 비법The Emergent Mystique'을 언급했다. 최대한 냉정하게, 크라우치는 이머전트 컨퍼런스 예배를 이렇게 기술한다.

아주 실험적인 어느 예배 세션에서, 영국의 유명한 디스크자키가 이교도 도시 고린도에서라면 잘 어울렸을 법한 테크노 음악을(가사는 '오직 당신과 하나님뿐') 최대로 크게 틀었다. 맥클라렌이 바깥에 나와 있었다. 그는 이런 예배 음악이 유감스럽다는 투로, "저는 싫네요"라고 했다. 또 다른 이머징 교회 지도자가 세미나 담당자에게 "전체 세션이 이머징 교회가 표방하는 내용과는 완전히 다르군요!"라고 했다.[14]

크라우치는 이렇게 결론지었다. "이 컨퍼런스는 이머징 교회가 표방하는 바를 제대로 제시하지 못했다." 크라우치는 더 나아가 "초대된 손님조차도 당혹스러워하는 듯이 보였다"라고 말한다. 그는 유명한 초청 강사 로버트 웨버가 한 말을 인용한다. "저들은 복음주의의 지난 30년을 거부해야 한다고 주장합니다. 그런데 복음주의의 지난 30년을 되풀이하고 있습니다." 베스트셀러 여류 작가 로렌 위너Lauren Winner는 자신이 발표하는 동안 스크린에 영상이 계속 뜨는 데 당황해 씁쓸한 표정으로 말했다. "저희 세대와는 전혀 맞지 않네요."[15]

전통 교회는 이와 같은 말을 집중적으로 인용한다. 전통 교회에 속한 비판자는, 대부분 스스로 인정하듯이, 이머징 교회에 가본 적이 없다. 그런데도 이들은 크라우치의 말을 인용해, 이머징 예배는 체험적이고 오락적인 예배의 또 다른 형태일 뿐이라는 자신의 주장을 뒷받침한다. 사실 론 글리슨Ron Gleason은 역설적이게도 맥클라렌과 웨버를(이들은 자신들의 운동에 비판적이었다) 탓해야 한다고 주장한다. 왜냐하면

"이들은 판도라의 상자를 여는 데 일조했기 때문이다. 그러니 사람들이 이들의 가르침을 취해 논리적 결론을 도출한다고 해서, 이들이 슬퍼하거나 놀랄 이유가 있겠는가?"[16]

론 글리슨이 한 말로는, 이머징 교회는 기본적으로 권위를 반대하고 전통을 반대하며 개인주의를 반대한다. 이머징 교회는 성경에 기반을 둔 예배보다 필요와 자신에게 맞는 것에, 또 체험에 더 많은 관심을 둔다. 글리슨은 이런 의미에서, 이머징 교회는 자신들이 그렇게도 강하게 비판하는 현대 베이비붐 세대의 대형 교회 운동과 다르지 않다고 주장한다. 이머징 교회는 상황화한 교회일 뿐이다. 대형 교회가 다음 세대를 잃고 있듯이, 이머징 교회도 즐겁게 하고 게임에서 한발 앞서 나갈 새로운 방식을 끊임없이 모색해야 하리라. 글리슨은 이어서 이머징 교회가 사람들을 즐겁게 하는 새로운 방식을 계속해서 찾아내지 못할 경우, 사람들은 가장 새롭고 매력적인 교회로 옮겨갈 거라고 말한다. 그는 소비자의 비위를 맞추다가는 끝내 뒤통수를 맞는다고 말한다. 사람들은 일단 지루해지면 다른 데로 옮겨간다. 이머징 예배를 가장 호되게 비판하는 말은 이머징 교회 예배가 그들이 피하는 대형 교회 예배와 전혀 다르지 않다는 것이다. 글리슨은 양쪽 다 자기중심적이라고 말한다. 즉 양쪽 다 나에 관한 것이며, 내가 느끼는 필요에 관한 것이다.[17]

전통적 비판자들은 이머징 교회와 대형 교회 모두 주변의 소비문화에서 벗어날 방법이 없다고 비판한다. 댄 킴벌을 비롯한 이머징 교회 내부자들은 소비문화에서 벗어나려고 열심히 노력하지만, 지금껏 성공하지 못했다. 사실, 론 글리슨은 이머징 교회를 혼합주의라고 비판한다. 이머징 교회는 문화에 다가가려고 전통 교회보다 상황화에 집중하느라, 주변 문화처럼 되었고, 음악과 미술과 기술과 세계관에서 주변 문화를 닮는다는 것이다.[18] 비판자들은 이머징 교회가 아이러니하게도 주변 세상과 다르게 살지 못하고, 오히려 주변 세상과는 무관한 자신만의 형식에 이르고 말았다고 말한다.

아킬레스건

론 글리슨을 비롯한 전통적인 비판자들이 옳은가? 이머징 예배는 단지 체험을 강조할 뿐인가? 오락적일 뿐인가? 이머징 예배는 대형 교회 예배와 실제로 다를 게 전혀 없으며, 가장 새로운 세대에게 맞게 더 상황화했을 뿐인가?[19] 이머징 예배는 교회의 오랜 전통을 사용하는데, 일시적인 유행 좇기에 지나지 않는가? 전통을 하나라도 제대로 알리는 시도가 아니라 모든 전통의 겉만 핥을 뿐인가? 이머징 교회는 유행을 좇는 데 시간을 쏟느라 정작 말씀을 밀어내고 말았는가?

생각건대, 교회의 오랜 의식과 훈련에 충실한 빈티지 페이스 교회는 현대적이든 전통적이든, 대부분의 저교회 복음주의를 넘어서는 큰 진전을 이루었다. 전통 교회는 대부분 16-17세기 저교회 운동, 비국교도들이 고대 교회의 전통에 반발해 일으켰던 운동의 후예이다. 이들의 후예가 전통주의자라 불린다니 아이러니이다. 비국교도 운동independent movement은 그들의 예배에 붙은 이런 이름을 절대로 원하지 않았을 것이다. 성경적이었는가? 그렇다. 상황적이었는가? 그랬을 것이다. 전통적이었는가? 아니다. '신조가 아니라 그리스도no creed but Christ'가 이들의 외침이었다. 지금 저교회 예배는 그들만의 전통이 있다. 구도자 예배도 마찬가지다. 현대적인 교회들은 그들만의 전례나 예배 순서가 있는데, 별반 차이가 없다. 이들은 더는 자발적이지 않다.

그래서 댄 목사와 빈티지 페이스 교회는 복음주의를 파고든 이러한 반反 전통주의를 뛰어넘길 바란다. 좋은 바람이다. 그러나 이들이 성공할 수 있을까? 이들은 저교회 예배를 넘어섰는가, 아니면 복음주의 개혁에 필요한 강력한 약품을 공급하지 못하는 또 하나의 현대 예배 형식을 만들어낼(과거의 부분을 사용함으로써) 뿐인가? 이들은 16세기 프로테스탄트와 오늘날 복음주의자가 '성경에 없다'고 여기는 전통을 기꺼이 받아들이는가?

댄 목사와 대화했으나, 그가 고대 전통을 완전히 받아들일 수 있는지 확실히는 모르겠다. 고대 전통에는 그가 반기는 부분이 많다. 그러나 그를 당혹스럽게 하는 부분도 있다. 그는 성경 말고 다른 무엇에 사로잡힐까 두려워한다. 그의 두려움을 이해한다. 그러나 이머징 교회와 전통 교회 모두 동일한 저교회 예배에 전념한다니, 아이러니이다. 양쪽이 핵심 부분에서 어떻게 다른지 궁금하다.

달리 말하면, 나는 댄 목사에게 이머징 교회와 전통 교회 모두 똑같은 아킬레스건이 있다고 했다. 전통을 보는 잘못된 시각이다. 양쪽 모두 저교회의 시각으로 교회 전통을 보는 데 집중한다. 그 때문에 계몽주의의 영향을 심하게 받은 낡은 예배 형식에 매여 있다. 양쪽 모두 종교개혁 시대를 상황화하고 포스트모던 시대 사람들과는 관련이 없는 예배 형식에 매여 있다. 목표는 단지 예배를 상황화하거나 주변 문화를 더 닮는 게 아니라 혼합주의에 물들지 않게 하면서 문화와 연결하는 데 필요한 자원을 제공할 교회 전통을 채택하는 것이다.

이머징 교회의 시각을 취하면, 고대 몇몇 의식을 받아들일 수 있기는 하다. 그러나 이것을 수용하면 이머징 교회는 자신을 낳아준 위대한 전통에서 잘려나가고 만다. 마치 이머징 교회는 열매는 원하나 그 열매를 맺게 하는 뿌리는 원하지 않는 것 같다. 그래서 이머징 교회는 문화에 접근할 때(이머징 교회는 이것을 아주 잘한다), 주변 문화에 흡수되지 않을 만큼 전통이 강해야 하는데 실제는 그렇지 못한 게 아닌가 싶다. 이머징 교회가 수용한 관습과 훈련과 의식의 깊이가 부족한 듯하다.

이머징 예배와 전통 예배를 넘어서

전진할 길이 있는가? 깊이 있는 교회는 이머징 예배와 전통 예배를 뛰어넘는가? 이 물음을 생각할 때, 이머징 예배든 전통 예배든, 자유교회(영국의 국교 성공회에 속하지 않은 비국교파 교회-옮긴이)의 복음주의 예배와 관련해 내게 가장 큰 도움을 준 책은 D. H. 윌리엄스Williams의 《전통 회복과 복음주의 갱신: 의심하는 프로테스탄트를 위한 첫걸음Retrieving the Tradition and Renewing Evangelicalism: A Primer for Suspicious Protestants》이었다. 침례교 목사인 윌리엄스는 복음주의자들이 기독교 전통을 의심하도록 배우며 살았다는 것을 깨닫는다. 나도 이렇게 자랐다.

윌리엄스는 성경이 신앙의 유일한 안내자이며 신뢰할 만한 기독교 전통이란 없다는 전통(자신들은 전통이라고 인정하지 않지만)에 속하는 신자는 초대교회 전통을 자신의 전통으로 채택하기 전에 자신들이 어떻게 이런 시각에 이르게 되었는지 따져보아야 한다고 말한다. 윌리엄스는 복음주의자가 자신들의 시각을 더 잘 알도록 도우려고 노력한다. 그 과정으로 복음주의 '전통'이 16-17세기에 로마 가톨릭교회가 성경과 전통을 보는 시각에 반발했던 독립교회 운동과 얼마나 밀접한 관련이 있는지 보여준다. 그는 복음주의자에게 전통으로 돌아가라고 말한다. 그러나 그의 말은 성경의 의미를 해치는 전통으로 돌아가라는 뜻이 아니다. 이것이 핵심이다. 윌리엄스는 이렇게 말한다. "그 전통은 초대교회의 핵심적인 가르침과 설교가 우리에게 유산으로 내려왔다고 말하는데, 그 유산의 핵심은 그리스도인으로서 생각하고 믿는 것이다. 기독교 신앙의 전통이란 모든 신자가 자신이 속한 전통(개신교, 로마 가톨릭, 정교회)을 초월해 고백하는 기독교의 근본 정체성이다."[20]

윌리엄스가 '전통'이라 부르는 것을 C. S. 루이스는 '순전한 기독교'라 부른다. 리디머 장로교회에서, 우리는 이러한 기초가 없으면, 혼합주의를 피하고 주변 문화와 연결되는 예배를 유지하지 못한다는 사실을 발견했다. 4-5세기 살아 있는 전통, 수 대를 거쳐 전해진 전통, 오덴이 고전적 정통classical orthodoxy이라 부르는 전통만이 예배에서 복음을 상황화하되 시간이 지나도 혼합주의에 빠지거나 경직되지 않도록 도울 수 있다.

인정하건대, 이머징 교회는 자신에게 이런 전통이 있다고 말할 것이다.[21] 그러나 문제는 이머징 교회가 위대한 전통을 일관되게 설명하고 사용하지 못할 때가 많다는 것이다. 예를 들면, 댄 킴벌은 전통의 '샘플링'을 말하지만, 전통을 성경처럼 교회의 기초로 받아들이는 것은 말하지 않는다.

깊이 있는 교회는 일시적 유행을 좇지 않고자 전통에 뿌리를 내리려고 계속 노력했다. 우리는 윌리엄스가 저교회 전통에서 기술한 상황을 피하고 싶다. "그들의 모든 소유는 이제 모래 알갱이가 되었다. 다시 말해, 과거 실험에 대한 지식은 그 실험이 의미 있었던 정황과 분리되었고, 일부 이론은 같은 이론의 나머지 부분과 연결되지 않으며, 몇몇 도구는 아무도 사용법을 모르며, 책 장章의 반은 한 페이지 전체를 기사에서 떼다 붙인 식이다."[22] 윌리엄스는 고대 의식과 전통을 이런 식으로 채집하고 선택하는 것은 새로운 유행 좇기에 지나지 않는다고 말한다. 뿌리 없는 열매는 살찌지도 못하고 유지되지도 못한다는 것이다.

그러나 이머징 교회의 많은 사람이 자신도 같은 것을 원한다고 말할 것이다. 그렇다면, 내 제안이 뭐가 새로운가? 차이는 커 보이지 않을지 모르나 그럼에도 깊다. 《대안 예배Alternative worship》에서, 존 베이커John Baker는 이머징 교회가 전통을 보는 시각이 어떠하며, 그 시각이 내게 익숙한 시각과 어떻게 다른지 잘 파악한다. 고대 전례로 가득한 보물 상자의 발견에 대한 그의 반응은 이렇다. "포스트모더니즘의 문화 이해는, 고교회의 규정을 따르지 않는 복음주의의 한 흐름과 결합해, 대안 예배자들이 이 보물 상자를 일종의 옷상자로 취급하게 했다."[23]

그는 이어서 이렇게 말한다.

전통에 대한 관심은 '포스트모던'이란 꼬리표가 붙은 대안 예배 요소 가운데 하나였다. 대안 예배에 이런 꼬리표가 붙은 이유는 대안 예배가 발달된 혼합 매체 기술의 활용과 교회 예배 전통의 다각적인 활용을 결합하는 방식 때문이다. 음악 기술에서 빌린 '샘플링' 은유의 의미를 생각하는 게 이것을 이해하는 한 방법이다.[24]

베이커의 말로는, 샘플링에서는 음악 한 곡이 '원 정황에서 추출되어 새로운 음악 정황에 삽입되어' 전혀 새로운 음악을 형성한다. 이렇게 이머징 교회는 다양한 옛 전통에서 샘플을 추출해 새로운 의미를 형성한다. "포스트모더니즘은 의미를 구성하는 지속적이며 변화하는 과정을 강조하는데, 이러한 샘플링 방식이 반영된 결과이다. … 당신이 자신의 의미를 만들어내야 한다."[25]

나로서는 바로 이렇게 의미를 구성하는 과정이 걱정스럽다. 이것은 단지 과거를 갱신하여 현재에 맞게 적용하는 것과는 다르다. 이런 의미에서라면, 고대 의식에는 여전히 의미가 있다. 단지 그 의식이 지금은 다르게 제시될 뿐이다. 베이커는 새로운 의미를 요구하는 것 같다. 그러나 우리가 새로운 의미를 형성하려고 전통을 여기저기서 조금씩 취할 뿐이라면, 우리는 모더니즘에 매인 사람만큼이나 현대적일 뿐이다. 우리는 여전히 자신을 위해 의미를 만들어낸다. 결국, 기독교 정체성을 잃지 않으면서 기독교 메시지를 주변 문화에 어느 정도나 맞춰야 하느냐는 문제를 피하지 못한다.[26]

우리 리디머 장로교회는 결정했다. 깊이 있는 교회가 되려면, 전통을 우리 마음대로 취하거나 버릴 수 없다. 우리가 위대한 전통을 진심으로 회복하길 원한다면, 자신의 체험을 넘어 신앙 형성 시대(사도 시대와 교부 시대)를 살펴야 하며, 이것은 단지 의식에만 그쳐서는 안 된다.

윌리엄스의 말대로 이런 신앙 형성 시대는 '책임 있는 성경 해석과 신학적 상상력과 영적 성장을' 그리고 내가 덧붙인다면 '예배를 연결하는 고리'이다.

연결과 단절

그러나 몇몇 반대하는 목소리가 들린다. 이것은 우리가 교회 전통 전체를 받아들여야 한다는 뜻인가? 나쁜 부분까지도 받아들여야 한다는 뜻인가? 교회 전통은 모두 연결되어 있고 단절된 부분은 없는가? 고대 교회는 우리가 되돌아가야 하는 황금시대인가? 아니다. 콘스탄틴 이전 시대든 에큐메니컬 공회와 신앙고백 시대든지, 우리가 돌아가야 하는 황금시대란 없다. 황금시대가 있다고 생각한다면, 계몽주의의 실수를 되풀이하는 것이다. 현재에도 모두 적용되는 보편적 원리란 없다.

로버트 웨버는 고대 교회로 돌아가는 운동을 장려해왔는데도, 복음주의자에게 '원시주의'(primitivism, 우리가 교회의 황금시대로 돌아갈 수 있다는 믿음)의 위험을 경고한다. 원시 교회로 회기하는 일은 없으며, 진정한 역사 형식이란 없다. 절대 존재하지 않는다. 이는 로마 가톨릭이나 동방 정교회로 개종한다는 뜻이 아니다. 초대교회 교부와 전통은 전체 교회에 속한다. 토머스 오덴이 말하듯, 모든 선동은

> 기독교 해석의 초기 역사에 호소할 동등한 권리가 있다.… 개신교인은 교부

에 대한 권한을 갖는다. 아타나시우스는 콥트교도(이집트의 전통 기독교-옮긴이)의 전유물이 아니며, 아우구스티누스는 북아프리카인의 전유물이 아니다. 이러한 지성은 전체 교회의 공동 소유이다. 바실 또한 정교회의 전유물이 아니며, 그레고리 대제 또한 로마 가톨릭의 전유물이 아니다. 모든 곳에 있는 그리스도는 이러한 유산에 대한 동등한 권리가 있으며, 이러한 유산을 찾아내며, 그리스도의 몸 안에서 자신들이 하나라는 사실을 희미하게 감지한다.[27]

우리는 과거 교훈을 어떻게 적용해야 하는가? 위대한 전통이 어떻게 도움이 되는가? 크리스 암스트롱이 핵심을 잘 지적한다. "반정초주의에서 교훈을 얻었다. 따라서 '황금시대'가 있다는 식의 접근을 넘어 역사적 근원으로 돌아갈 때 비판과 더불어 인정과 존중도 해야 한다. 더 나아가, 역사에서 해답을 구할 때 역사의 각 부분에 담긴 장점과 한계를 배우려면 큰 지혜가 필요하다." 우리는 과거를 고스란히 받아들여서는 안 된다. (이머징 교회도 동의할 것이다.) 이것은 전통을 오해하는 것이다. 전통이 우리의 현재에 녹아들고 있을 때라도, 우리는 지속적으로 전통에 도전해야 한다. 암스트롱은 과녁을 정확히 조준했다.

리디머 장로교회의 깊은 예배

깊이 있는 교회의 예배는 어떤 모습인가? 우리는 예배를 계획할 때 어떤 지침을 따르는가? 모든 것이 어떻게 틀을 짜는가에서 시작한다.

리디머 장로교회는 성경과 전통과 문화 상황이 예배의 모든 부분에서 균형을 이루게 하려고 노력한다.[28] 성경은 우리에게 예배를 구성할 충분한 정보를 주지 않기 때문에, 우리가 빈 공간을 채워야 한다. 성경은 노래(찬송)하라고 하지만, 멜로디를 제시하지는 않는다. 다시 말해, 그 노래에 어떤 곡조를 붙여야 하며, 어느 정도나 감정을 넣어 노래해야 하는지 말하지 않는다. 성경은 기도하라고 명하지만, 써서 기도해야 하는지 아니면 즉석에서 즉흥적으로 기도해야 하는지는 말하지 않는다.

신실하려면 성경뿐 아니라 전통도 의지해야 한다. 그러나 외부인이 우리 예배에 다가오기 쉽도록, 문화적 감수성과 '열방 앞에서 예배하려는' 갈망도 의지한다. 성경과 전통과 문화, 세 가지를 모두 마음에 품을 때, 우리는 문화에 다가가면서도 혼합주의에 빠지지 않는 예배를 드릴 수 있다. 셋 가운데 하나라도 빠지면, 주변 문화와 동떨어지거나 혼합주의에 빠지는 극단 가운데 하나로 치닫기 쉽다. 셋이 균형을 이룰 때 우리는 문화를 거스르면서도 문화와 연결되는 힘 있는 예배를 유지할 수 있다. 팀 켈러가 이를 아주 잘 표현했다. "'예배 전쟁'의 해결책은 역사적 전통을 거부하는 것도 아니고 떠받드는 것도 아니다. 우리 역사와 현실을 모두 성경 신학 틀 안에서 진지하게 받아들이는 연합 예배의 새로운 형식을 만들어내는 것이다."[29]

다음 몇 가지 핵심은 리디머 장로교회가 깊은 예배를 드리기 위해 어떤 노력을 했는지 보여준다.

1. 고전적이면서 새로운 예배   깊은 예배는 2천 년을 이어온 교회 예배

의 역사에 뿌리를 둔다. 예배 순서나 전례는 예스럽고도 새로워야 한다. 목적은 가장 좋은 전통을 취해 21세기에 맞게 새 생명을 불어넣는 것이다. 어떤 찬송과 찬양은 예스럽고, 어떤 것은 최근에 나왔다. 심오한 깊이가 있으나 오래되어 더는 불리지 않는 찬송은 편곡하여 되살릴 수 있다.[30] 깊은 예배는 교회 역사가 남긴 기도와 새롭고 즉흥적인 기도 둘 다 사용한다.[31] 요컨대, 깊이 있는 교회는 자유교회의 가장 좋은 부분(감동적인 즉흥 기도, 긴 설교, 성령을 위한 자리)과 기도문과 성찬식 전례를 만든 고대 교회의 헌신을 결합한다. 고대와 현대를 결합함으로써, 깊은 예배는 오랜 뿌리와 공통된 역사를 갈망하는 포스트모던 시대 사람들에게 깊은 호소력을 갖는다.

2. 성경 드라마가 있는 예배   우리 교회의 어느 찬양 팀원이 이렇게 말했다. "우리는 개혁주의 전통에 속해서 그런지 구원의 드라마를 많이 말합니다. 우리는 구원에 대해서는 아는 게 많아요. 문제는 구원의 드라마는 전혀 모른다는 거지요. 드라마가 없어요." 그가 자신의 요점을 분명히 하려고 살짝 과장하기는 했으나 많이 과장하지는 않았다. 목적은 내용과 깊이를 갖춘 풍성한 전례와 음악으로 드라마가 살아나게 하는 것이다. 예배는 5막으로 나눌 수 있다. 부르심, 씻음, 규범(constitution, 교회 비전 낭독, 성경 봉독, 설교, 기도 등이 포함된다-옮긴이), 성찬식, 파송이다.[32] 하나님은 우리를 불러 예배하게 하신다. 우리는 씻음을 받아야 한다는 사실을 인식하며, 하나님이 말씀과 성찬으로 말씀하시는 것을 들으며, 하나님을 사랑하고 이웃을 섬기도록 파송된다. 막 하나하나는 힘찬 찬양과 깊은 기도로 드라마가 된다. 각각의 막은 할리우드 최고의 이야기에 필적하는 드라마여야 한다.

3. 기쁨과 엄숙함이 균형을 이루는 예배 매주 우리 교회는 엄숙함과 기쁨이 균형을 이루는 예배가 되도록 기도한다. 교회는 어느 한쪽으로 기우는 경향이 있다. 응원 대회 분위기이거나 장례식 분위기이다. 그러나 우리는 기뻐하는 동시에 엄숙해야 한다. 지극히 거룩하신 하나님 앞에 나아갈 때 엄숙해야 한다. 조금도 경솔하거나 천박해서는 안 된다. 음악은 때로 엄숙하고 장엄하며, 경외심을 자아내야 한다. 그러나 하나님은 또한 기쁨과 웃음과 행복의 근원이시다. 그분은 부활과 새 생명의 하나님이시다. 우리가 어찌 기쁨이 넘쳐 그분을 찬양하지 않을 수 있겠는가? 그러려면 활력이 넘치는 찬양과 기도가 필요하다. 우리는 엄숙함과 기쁨이 균형을 이루는 음악에 담긴 깊은 신학적 내용을 받아들인다. 모든 예배는 매주 구원 드라마에 참여하기에 적합한 모든 감정으로 회중을 사로잡아야 한다.

4. 모든 신자가 제사장인 예배 깊은 예배는 상호적이다. 하나님이 예배 인도자만이 아니라 모든 이에게 예배에 참여하라고 요구하시기 때문이다. 예배는 강의나 콘서트가 아니다. 제사장으로서, 우리 모두 예배에 참여해야 한다. 구경꾼은 없다. 따라서 예배 순서는 최대한 상호적이어야 한다. 예배는 사람들과 하나님 사이에 오가는 대화이다. 하나님은 말씀으로 우리에게 말씀하시고, 우리는 반응한다. 예배 시간에 하나님은 예배로 부르심에서, 여러 곳을 읽는 성경 봉독에서, 설교와 축언에서 우리에게 말씀하신다. 그때마다 우리는 기도와 찬양과 행동(예를 들면, 성찬식이나 봉헌)으로 반응한다. 예배는 역동적이고 행동을 포함하며 흥미진진하다.

5. 심오하지만 이해하기 쉬운 설교 리디머 장로교회 목사들은 성경에

뿌리를 둔 설교를 한다. 구약과 신약에 나오는 구원의 드라마뿐 아니라 기독교의 놀라운 교리도 설교한다. 설교 본문이 어느 성경에 있든지, 설교의 목적은 오래된 신자에게 교훈을 주고 새로 온 사람이나 불신자가 이해하기 쉬운 방식으로 그리스도를 전하는 것이다. 리디머 장로교회의 티머시 켈러Timothy Keller 목사는 이런 설교를 잘하기로 유명하다. 불신자와 성숙한 신자가 함께 매주 교회를 채운다.[33]

6. 매주 성찬식을 행하는 예배 깊은 예배는 매주 성찬식(주의 만찬)을 행한다.[34] 예배 2막에서 우리 죄를 고백했기에, 이제 성찬식은 침울한 시간이 아니라 축하하는 시간이다. 성찬식에서 하나님의 은혜를 생생하고 강하게 체험한다. 예배 전반부가 하나님의 거룩함으로 넘쳤다면, 이제 놀랍고 부드러운 하나님의 은혜가 임한다. 하나님은 주권적이시나 우리와 함께 고난도 당하신다.

이것은 포스트모던 시대 사람들에게 호소력이 있다. 이들은 초월과 체험을 동시에 갈망하기 때문이다. 사람들은 경외감과 경이를 원하며, 그 이상을 원한다. 예배드릴 때 풍부한 감성을 느끼길 갈망하지만, 너무나 많은 교회가 보여주는 감성적 위선을 원하지는 않는다. 또 초월하기를 원하지만, 하나님의 기쁨을 예배에서 빼버리는 그런 초월을 원하지는 않는다. 성찬의 떡은 그리스도의 몸이며, 하늘 양식이며, 우리의 가장 깊은 희망이다. 성찬의 잔은 우리의 깊은 영적 갈증을 해소하는 구원의 잔이다. 사람들이 개인으로 앞에 나오지만, 성찬식은 하나의 공동체가 행하는 의식이다(언약 가족의 식사이다). 성찬식의 이미지는 깊은 의미를 내포한다. 성찬식은 연합에 관한 것이다. 또한 개개인이 그리스도와 연합한다고 말한다. 우리는 성찬에 함께 참여함으로, 함께 그리스도 안에서 연합했다고 고백한다.

7. 손님에게 친절한 예배: 영화로운 전도   예배는 주로 신자를 위한 것이다. 그러나 우리는 열방에서 예배한다(시 47:1; 105:1; 사 2:1-4; 56:6-8). 우리는 이것을 영화로운 전도라 부른다. 우리는 불신자들이 이해할 수 있는 예배를 드려야 한다(행 2:11; 고전 14:23-24). 그래서 불신자들이 참석했다고 가정하고 예배를 인도한다. 예배드리면서 많은 사람이 그리스도께 나오는 모습을 보았다. 우리는 예배드릴 때 몇 차례나 손님과 불신자에게 말한다. 예배 전 환영 시간에, 광고 시간에, 성찬식을 할 때, 그리스도를 믿도록 그들을 초대할 때, 복음의 메시지를 이들의 두려움과 관심과 소망과 연결해 전할 때 이렇게 한다. 믿지 않는 게 무슨 뜻인지 상기하게 하려고 한다. 목적은 이해하기 쉽게 설명하여 이들을 존중하고 언제나 따뜻하게 반기기 위해서이다. 우리는 이들을 샘이신 그리스도께 인도하길 원한다.

그렇다면, 우리 교회가 지금까지 말한 일곱 가지 제안을 모두 달성했는가? 우리는 완벽한 예배를 드리는 교회인가? 절대 아니다. 우리는 아직 미완성이다. 많은 부분에서, 이러한 제안은 현실보다 이상을 반영한다. 그러나 이러한 제안은 매주 깊은 예배를 현실로 만들도록 우리를 인도하고 박차를 가한다.

* * *

멋진 12월 그날, 산타크루스에서 차를 몰고 공항으로 가는 길에, 여러 해 전 열렸던 X세대 2.0 컨퍼런스 이후 지금껏 예배에 대해 얼마나 많이 배웠는지 돌아보았다. 이머징 교회에서(댄 킴벌 같은 사람들에게서) 배우고, 내가 자라난 전통 교회에서도 많이 배웠다. 지금도 배우고 있다. 예배 배우기는 성화와 같다. 시간이 많이 걸리는 느리고 번잡한 여정이다. 그러나 나는 바울이 에베소서 2장 10절에서 한 말에서 위로를 얻는다. "우리는 그가 만드신 바라. 그리스도 예수 안에서 선한 일을 위하여 지으심을 받은 자니 이 일은 하나님이 전에 예비하사 우리로 그 가운데서 행하게 하려 하심이니라." 하나님이 우리에게 예배를 가르치고 우리의 예배를 그분이 받기에 합당하게 빚고 계신다.

08 DEEP CHURCH

DEEP PREACHING

깊은 설교

착하게 살고 거룩해야 한다고 설교하느라
힘을 소모하고 싶지 않다.
변화를 일으키는 십자가와 부활의 능력을 선포하고 싶다.

효과적인 설교는 내게 중요하다. 설교와 가르침은 교회를 섬기는 나의 소명에서 아주 중요한 부분이다. 나는 매주 하나님 말씀을 전할 때, 강력하고 삶을 바꾸며, 성경적이고 효과적인 방식으로 전하려고 노력한다. 나의 설교에는 정보가 담긴다. 그러나 설교할 때마다 단순한 정보 전달이 아니라 개인과 공동체의 변화에 주안점을 둔다. 지난 다년간, 설교의 신학과 방법에 관한 책을 수십 권 읽고, 설교 수천 편을 듣고 관찰했다.

교회에서 자라날 때, 정확히 이유는 모르지만, 내가 듣는 설교에 만족하지 못했다. 내가 들은 설교는 대부분 견실했으나 관심을 사로잡거나 감동하게 하지는 못했다. 지금은 나의 필요가 가장 중요한 게 아니라는 점을 인정한다. 설교는 단순한 오락이 아니다. 그렇다고 설교가 흥미진진해서는 안 된다는 뜻이 아니다. 하나님 말씀과 구원 드라마는 그 무엇보다 귀하다. 나는 여흥이나 단순한 격려나 나의 상처나 좌절보다 큰 무엇을 구하고 있었던 게 아니다. 성경에 기반을 두면서도 내 삶과 연결되는 설교를 꿈꾸었다. 삶을 바꾸는 드라마로 나를 끌어들이는 설교를 원했다. "성공하지 못하면 떠나라"는 마케팅 슬로건이다. 이것이 내가 듣고 싶은 말이었다.

같은 교회인데도 매주 듣는 설교는 꽤 공통점이 많았다. 누군가 말했듯, 시 한 편에 세 가지 뜻을 담은 듯했다. 늘 서로 다른 설교 세 편을 합쳐놓은 듯했고, 나는 이것이 싫었다. 각 뜻마다 흐름이 있었으나 뜻과 뜻 사이에는 없었다. 목사님이 열띤 목소리로 첫 번째를 끝낼 무렵, 이제 끝났다고 느낀다. 그런데 목사님은 그다음으로 넘어가고, 설교를 또 한 편 듣는 느낌이 든다. 세 번째가 끝날 무렵, 그야말로 녹초가 되었다. 설교는 통일성과 극적인 흐름이 없었다. 내가 느끼기에 맹송맹송했다.

그러나 단지 극적인 흐름이 없는 것만이 아니었다. 문제는 이보다 더 깊었다. 우리는 예수님을 더 사랑하고, 더 신실하게 살며, 세상을 피하고, 교회에서 순종하며 섬기라는 설교를 들었다. 이런 설교는 도덕주의적이고 율법주의적인 경향이 있다. 우리는 무엇을 해야 하는지를 배웠으나 그것을 할 능력이 어디서 나오는지는 배우지 못했다. 순종하라는 요구는 긍정형도 있고 부정형도 있었다. 세상을 피하고(부정형), 하나님을 섬기라(긍정형). 누군가 이런 유의 설교를 "애송이, 더 열심히 해야지!"라는 말로 요약했다. 나는 자라면서 더 열심히 해봤다. 그러나 제대로 해낸 적이 한 번도 없었다. 더 열심히 노력할수록 더 실패했다. 목사님 말씀처럼, 예수님을 사랑하고 섬기고 싶었으나 계속 실패했다. 처음에는 예수님께 '불타던' 마음이 나중에는 완전히 사그라졌다. 매년 겨울 교회 스키 캠프 때마다, 예수님께 나 자신을 다시 헌신했으나 산을 내려온 다음 날이면 이러한 헌신은 물거품이 되었다. 죄책감에 가슴이 찢어졌다. 나는 엉망진창이었고, 이 사실을 알았다. 그러나 무엇을 해야 할지 몰랐다. 교회에 계속 다니기는 했으나 더 열심히 하라는 말뿐이었다.

제대로 되는 게 아무것도 없어 보였다. 내 친구들도 마찬가지였다. 내가 기독교 대학에 들어간 지 몇 년 후, 나와 함께 이런 도덕주의적인 설교를 들으며 자랐던 많은 친구가 신앙에서 등을 돌렸다. 이들은 설교가 제시하는 이상에 도달하는 삶을 살 수 없었다. 성경 지식을 아무리 축적하더라도, 도움이 되지 않았다. 이들은 결국 좌절하고 포기했다.

나는 친구들을 비난하지 않는다.

알고 보니, 이런 유형의 설교가 두 종류의 사람을 낳는다. 하나는 바리새인이다. 이들은 그리스도인의 삶을 살아낸다며 자랑한다. 다른 하나는 의기소침한 낙오자이다. 이들은 자신이 높은 기대에 맞춰 살지 못한다는 이유 때문에 포기한다. 그러나 자신이 원하는 방식으로 살면서도 교회에 계속 출석하는 사람이 많았다. 그래야 그날 하루만이라도 마음이 편하기 때문이다. 하지만 설교는 진정한 변화를 일으키지 못했다. 나는 미국 교회의 설교를 깊이 걱정했다. 그래서 여행을 떠났다. 강력하고 삶을 바꾸는 성경적 설교를 찾아 떠나는 여행이었다. 삶이 실제로 변화되는 모습을 너무나 보고 싶었다. 지금도 이 탐험은 끝나지 않았다. 아직도 갈 길이 멀다.

전통적 설교에 대한 이머징 교회의 항의

먼저 인정하고 넘어가야겠다. 나는 설교에 대한 이머징 교회의 비판에 공감한다. 이들이 느끼는 좌절을 나도 많이 느꼈다. 이들도 율법주의적이고 도덕주의적이며 합리주의적인 전통 설교에 환멸을 느낀다. 이들은 특히 오만하고 판단하는 듯한 설교에 강하게 반발한다.[1]

이머징 교회 시각에서 설교를 다룬 글이 있기는 하다. 그러나 내가 알기로 처음부터 끝까지 이 문제를 다룬 책은 더그 패짓의 《다시 그리는 설교: 설교가 믿음의 공동체에서 하는 역할 Preaching Re-Imagined: The Role of the Sermon in Communities of Faith》뿐이다. 더그 패짓은 이머전트 빌리지의 일원이며, 이머징 교회 운동에서 수정주의 진영에 가장 가깝지 않을까 싶다. 벧엘 신학교를 졸업하고, 어느 복음주의 대형 교회를 오랫동안 섬겼으며, 그 후에 미니애폴리스에서 솔로몬 행각 Solomon's Porch라는 이머징 교회를 시작했다.[2] 이 교회는 이머징 교회 내에서 많은 교회 개척자에게 본이 되었다. 더그 패짓의 책을 읽고서, 그의 교회를 찾아가 설교를 직접 들어보기로 했다. 그런데 내 친구이자 작가인 존 암스트롱이 이미 더그 패짓뿐 아니라 이머전트 빌리지의 운영진이자 솔로몬 행각의 교인이기도 한 토니 존스와 만날 약속을 해두었다는 이야기가 들리는 게 아닌가! 나는 존에게 합석해도 되겠느냐고 물었다.

그렇게 해서 2007년 10월에, 미니애폴리스로 날아가 시내 호텔에 방을 잡아 놓고, 택시를 타고 시내 거주 지역에 있는 솔로몬 행각 교회로 갔다. 솔로몬 행각은 어느 전통 교회의 건물을 빌려 사용하는데, 긴 의자를 놓는다면 300명 정도 앉을 정도이다. 그러나 솔로몬 행각은 긴 의자를 모두 치우고, 그 자리에 소파와 편안한 1인용 의자를 원 모양으로 배치하고 가운데 교사용 의자 몇 개를 두었다. 황금색 벽은 조형물로 장식돼 있다. 조형물은 영적이지만, 지나치게 종교적이지는 않았다.

예배가 시작되자, 형식을 갖춘 예배보다는 청년 모임에 가깝다는 생각이 들었다. 환영 시간이 있고, 밴드가 곡을 연주했다. 자신의 노랫소리가 들리지 않을 정도로 음악 소리가 큰 전형적인 록 밴드는 아니었다. 그보다는 통기타가 이끄는 인디 밴드에 가까웠다. 음악은 쉬웠으나 따라 부르는 사람들이 별로 보이지 않았다. 대부분 그저 듣기만 했다. 몇몇은 발끝을 살짝 굴리며 장단을 맞췄다. 몇몇은 빙빙 돌았다. 마치 사람들이 집에 친구들과 둘러앉아 멋진 음악을 들으며, 그저 함께 있어 행복해하는 모습 같았다. 이들은 한 가족으로서 함께 보내는 시간을 즐기는 것 같았다. 조금도 바빠 보이지 않았다.

음악이 30분쯤 계속되었다. 이어서 특별한 선교를 다녀온 사람이 나와서 간증했다. 그러고 나자 가르침의 시간이 시작되었다. 더그가 회중 가운데 한 사람과 함께 중앙에 앉았다. 두 사람이 2인 1조 팀처럼 주거니 받거니 하며 가르쳤다. 두 사람이 주거니 받거니 가르치는 외에, 여느 전통 교회의 설교 형식과 다른 점이 별로 없어 보였다. 가르침의 시간이 끝나자, 질문과 논평이 이어졌다. 몇몇이 질문하거나 논평했다.

그날 밤 그곳을 떠날 때, 존 암스트롱은 그날 모임이 전혀 급진적으로 보이지 않았다고 했다. 더그는 비판적이지 않았다. 더 파격적인 모습을 예상했는데, 예상이 빗나가 놀랐을 뿐이었다. 그렇다면 그 모든 호들갑은 다 어찌 된 건가? 왜 전통 교회가 그렇게 반발하는가?

"뭘 예상하셨는데요?" 내가 물었다.

"확실하지는 않지만, 정말로 다른 그 무엇을 예상했지요." 그가 말했다. "이머징 교회다운 뭔가를 예상했었다니까요. 그런데 오늘 와서 직접 보니, 1960년대 예수 사람들Jesus-people 모임이나 형제단Brethren 전통에서 본 모습이 떠오르네요. 그렇게 충격적이지도, 그렇게 다르지도 않네요." 나도 동의했다.

이튿날 아침, 나는 존과 함께 더그와 토니를 어느 유명한 팬케이크 레스토랑에서 만났다. 나는 그들에게 일곱 가지 주제를 중심으로 이머징 교회와의 대화를 시도하는 책을 쓰고 있는데 설교도 그중 하나라고 설명했다. 더그가 쓴 책도 읽었으며, 점진적인 대화에도 관심이 있다는 말도 했다. 내가 대학원에 다닐 때, 정치철학을 가르치던 교수 가운데 제임스 샬James Schall 신부가 소크라테스 교수법을 사용했다는 이야기도 했다. 나는 목회 초기에 추정된 소크라테스 교수법을 사용했었다.

그러나 바로 그때, 더그가 내 말을 가로막으며 말했다. "제가 쓴 책은 기술에 관한 게 아닙니다. 또 단지 점진적 설교를 강단을 다시 살리려고 또 하나의 방법으로 채택하는 것에 관한 책이 아닙니다. 소크라테스 교수법은 교사가 결과를 알며, 단지 학생을 그 방향으로 몰고 갈 뿐이라는 데 문제가 있습니다." 더그는 자신들은 새로운 방법이 아니라 기존과는 다른 해석학을 이야기한다고 했다.

"좋습니다. 더 설명해주실 수 있겠습니까?" 내가 물었다.

그때 토니가 가세했다. 그는 미국 복음주의에는 설교를 보는 세 가지 지배적인 시각이 있다고 했다. 경계 집합형 시각과 중심 집합형 시각, 관계 해석학적 시각이 있다(4장을 보라). 솔로몬 행각 교회는 관계 해석학적 시각으로 설교를 보는 쪽에 속한다. 더그가 말하듯이, 이것은 이들에게 공동체의 해석이 있으며, 여기서는 진리를 발견하고 살아내는 일에서 아무것도, 심지어 성경마저도, 공동체보다 위에 있어서는 안 된다. 성경은 대화 동역자 가운데 하나일 뿐이다. 공동체의 해석에서 점진적 대화가 나온다. 그는, 우리가 이러한 핵심을 이해하지 못하면 설교를 '다시 그린다'는 게 무슨 뜻인지 이해하지 못할 거라고 했다.

나는 그들에게 이머징 교회 지도자들 가운데 다수가 중심 집합형인지 관계 집합형인지 물었다. 그들은 주저 없이 중심 집합형이라고 대답했다. 그러나 토니는 한 가지 문제를 지적했다. 만약 중심 집합형 사람을 성경 무오와 같은 문제에서 구석으로 몰면, 그들은 경계 집합형 근본주의자처럼 싸운다고 한다. 즉, 중심 집합형 사람의 거죽을 벗기면, 속에는 전통 교회 정초주의로 곧바로 돌아가는 경계 집합형 사람이 있다. 그러므로 토니와 더그가 볼 때, 어떤 의미에서 두 집단(경계 집합형과 관계 집합형)밖에 없다.

공항으로 돌아오는 길에, 존과 나는 들은 내용을 되짚어보았다. 그들이 스스로 채택한 시각, 즉 관계적 해석학 때문에 전통 교회(경계 집합형)뿐 아니라 주로 중심 집합형 해석학을 견지하는 다수의 이머징 교회와도 사이가 안 좋아졌다는 데 대해서는 우리도 그들과 생각이 같았다.[3] 존과 나는 그들이 위대한 전통의 고전적 정통에 대한 일체의 의존을 거부하는 것 같다고 결론지었다. 진리를 추구할 때, 아무것도 공동체 위에 있을 수 없다. 4-5세기 신학도 그럴 수 없는 게 분명하다.

나는 존에게 물었다. "우리가 그들을 정확히 이해한 거라면, 그들을 비판하는 아주 많은 사람이 말하듯, 이러한 시각 때문에 그들이 복음주의 진영에서 밀려난 건가요? 그렇다면, 더그의 점진적 설교법은 교회를 위한 제3의 길로 적합하지 않은 건가요?" 우리는 출발이 지연된 비행기를 기다리면서 몇 시간 동안 이런 의문을 두고 대화를 나누었다. 의심할 여지없이, 더그와 토니는 우리로 이 주제를 깊이 생각해보게 했다. 그들은 우리의 친구가 되었다.

단 한 차례 아침 식사 대화 덕분에 설교에 관한 더그의 시각을 무시하고 싶지는 않았다. 그래서 집에 돌아와 그가 새로운 설교 형식을 여는 열쇠라 했던 관계 집합형 해석학을 염두에 두고 그의 책을 세 번째로 읽었다. 이 해석학이 그의 저작에 얼마나 녹아들었는지 알고 싶었다. 새로운 눈으로 그의 책을 읽으니, 이 해석학이 거의 시각 전체에 영향을 미쳤음을 알 수 있었다.

'스피칭'을 넘어서 더그가 무엇을 거부하는지 먼저 알지 않으면 그의 해석학을 이해하지 못한다. 《다시 그리는 설교》에서 그는 전통적 설교를 '스피칭speaching'이라 부르는데, 이것은 그가 직접 만든 단어이다. 그가 전통적 설교를 스피칭이라 부르는 이유는, 전통적 설교가 일방 통행식 독백이기 때문이다. 이것은 계몽주의의 산물이며, 정초주의를 토대로 한다. 다시 말해, 관점과 상황을 초월하는 보편적 진리를 아는 우리 능력을 과신하는 데서 나왔다. 그의 책 많은 장에서, 스피칭은 오만한 경향이 있고, 감정을 조종하고 신앙의 결과를 통제한다고 한다. 또한 사람들을 인간답지 못하게 하고 수동적이게 하며, 건강한 공동체의 발전을 해치며, 목사가 회중을 염두에 두지 않고 자신을 유일한 전문가처럼 여기게 한다고 주장한다.⁴ 이는 전면적 고발이다.

그렇다면 스피칭의 대안은 무엇이며, 그 대안이 어떻게 관계 집합형 해석학에 달려 있는가? 더그가 말하듯, 스피칭의 대안은 점진적 대화이다. 이것은 "다양한 관점이 의도적으로 상호작용을 하여 예상하지 못한 개념에 이르는 것을 포함한다. 메시지는 누가 참석하고 누가 무엇을 말하느냐에 따라 달라진다. 이런 유의 설교는 참석자에 따라 결과가 즉석에서 결정된다는 점에서 역동적이다."⁵ 표면적으로, 이것은 단지 목사가 전하려는 진리를 설명하는 방식에서 설교가 달라 보인다는 뜻일 수 있다. 즉, 사람들이 설교와 교감하면서 예화와 적용이 달라지기도 하지만, 결국에는 목사가 확인하기 때문에 상층부의 내용이 분명하게 드러난다.

더그와 토니와 함께 아침을 먹기 전에는, 내가 어쩌면 더그의 책을 이런 방식으로 읽었을 것이다. 그러나 이제는 이것이 더그가 말하는 내용이 아니라는 것을 안다. 진리의 결과가 통제된다면, 그것은 점진적인 대화가 아니라 멋진 교감의 방법을 활용하는 경계 집합형 설교의 또 다른 형태에 지나지 않는다. 더그는 전통적 설교에 활력을 불어넣는 새로운 기술을 요구하는 게 아니다. 그는 관계 집합형 해석학과 긴밀하게 연관된 새로운 방법을 요구한다. 둘은 분리될 수 없다. 그는 단순히 근본주의적 설교에 반발하는 게 아니라(나는 부분적으로 반발한다) 새로운 해석학을 주장하는데, 나로서는 그의 해석학이 걱정스럽다. 그의 책을 읽으면서, 계몽주의에 대한 비판과 근본주의적 설교가 겸손하지 않다는 비판에는 아멘을 외쳤다. 그러나 거의 곧바로 이런 생각을 했다. 잠깐! 반대쪽으로 너무 많이 나가고 있잖아! 나는 그의 책을 읽는 내내 이 말을 되풀이했다.

진리 찾기 왜 내가 걱정했는가? 한마디로, 진리와 실재를 어떻게 아느냐는 문제 때문이었다. 더그에게, 관계 집합형 해석학에 의존하는 점진적 설교는 진리를 찾아내는 부분에서 공동체에 특권을 부여한다. 설교자나 주 교사는 공동체의 수많은 목소리 가운데 하나에 지나지 않는다. 그는 이렇게 말한다. "중요한 믿음의 문제에서 목사의 목소리는 사람들이 듣는 유일한 소리가 아니다."[6] 그는 모든 구성원이 '만인 제사장'이 되어 교회에서 자신의 은사를 온전히 사용해야 한다고 말한다.[7] 그리고 "하나님의 백성은 성경 및 성령과 나누는 교제로 진리를 알게 된다"라고 주장한다.[8] 요약하면, 하나님의 백성과 성경과 성령의 인도가 상호작용을 하여 진리를 결정한다는 것이다.

나는 만인 제사장에, 모두 그리스도의 몸에서 각자의 은사를 사용해야 한다는 데, 각 구성원이 심오한 공동체를 만들기 위해 서로 영향을 미칠 수 있다는 데 전적으로 동의한다. 그러나 나를 괴롭히는 문제가 하나 있다. 공동체에 궁극적인 권위가 있고 성경은 공동체의 일원에 지나지 않는다면, 무엇이 공동체가 이단에 빠지지 않도록 막는가? 더 나아가, 점진적 설교는 모든 예배를 난투극으로 만들지 않는가? 더그는 자신의 책에서 이런 염려를 언급한다. 그는 어느 비판자의 말을 인용한다. "나는 우리 교회 사람들에게 허용되는 이상으로 할 말이 많다는 데 동의합니다. 그러나 당신이 이런 말을 할 때, 나로서는 좋지 않은 형태의 어느 형제단 모임밖에 상상할 수 없군요."⁹ 더그는 어떻게 대답하는가? 그는 점진적 가르침을 제대로 이해하지 못하면 이렇게 되기도 한다고 말한다.

더그는 교회에 도전하는 개개인의 권리를 지키고 싶어 한다. 교회의 정직성을 지키기 위해서이다. 과거에 함몰되지 않도록 교회를 새롭게 하기 위해서이다. 그의 핵심이 무엇인지 안다. 그러나 이것은 그가 하나님의 백성이 오랫동안 공유해온 것을 거부한다는 뜻인가? 그는 아니라고 말한다. "교회가 교회 역사 내내 붙잡은 전부를 붙잡아야 한다는 게 내 생각이다."¹⁰

그가 교회 역사에 대해 말한 것을 들으니 관심이 고조된다. 이것은 그가 위대한 전통과 공동체를 이단으로부터 보호하는 기준으로 받아들인다는 뜻인가? 그는 '신앙의 규범'이나 '고전적 정통'을 만들어낸 교부들을 신학 분야와 교리적 충실성이라는 부분에서 나름줄로 인성하는가? 사도신경과 니케아 신조가 순전한 그리스도인의 의미를 가늠하는 경계나 상층부를 표시하는가? 나는 그렇게 생각하지 않는다. 이 부분에서 공통된 기반을 바라는 나의 희망은 곧 무너졌다.

나는 《다시 그리는 설교》를 읽으면서 더그의 에세이 '이머징 교회와 구현된 신학Emerging Church and Embodied Theology'도 읽었다. 이 글에서, 더그는 위대한 전통에 관한 유익한 말을 한다. 그는 신조와 신앙고백이 지나치게 정황에 제한된다고 주장한다. 신조와 신앙고백은 그 정황에서 교회에 유익했다. 우리는 다른 물음을 던지는 다른 환경에서 산다. 이러한 한계 때문에 "우리는 과거 사상을 되풀이하는 '공인된 재진술자'가 아니라 신학적 상상력의 도가니 역할을 하는 공동체가 되어야 한다."[11] 또 과거를 빌리지 말고 우리 자신의 신학을 불러내야 한다. 이런 이유 때문에, 서로 귀를 기울이는 게 아주 중요하다. 전통이나 성경이 아니라 "공동체가 하나님이 거하시는 곳이다. … 이런 방식으로, 기독교 공동체는 복음의 해석자 역할을 한다."[12]

나는 책 여백이 이렇게 썼다.

공동체(하나님의 백성과 성경) + 성령 = 신학(설교)

더그는 요약해서 이렇게 말한다. "그리스도인은 단지 어느 한 책의 백성이어야 했던 적이 없으며, 늘 계시는 하나님, 우리 삶과 공동체와 세계에서 활동하시는 하나님의 인도를 받는 백성이어야 했다."[13] 우리는 "하나님이 우리에게 하시는 말씀에 들어가 살고자 그 말씀을 더욱 상황에 따라 이해할 필요가 있다."[14] 그리고 우리는 이러한 상황에 따른 이해를 성령의 인도로 공동체에서, 점진적 대화에서 발견한다. 이러한 이해는 외부에서 오지 않는다. 진리는 각 공동체 안에 있으며, 거기서 찾아내야 한다.

나는 더그의 글을 주의 깊게 다시 읽고서, 그의 메시지가 우리가 아침을 함께 먹으면서 했던 말과 일치한다고 결론지었다. 그는 새로운 기술이 아니라 새로운 해석학을, 진리를 가르치고 찾아내는 새로운 방법에 눈 뜨게 하는 해석학을 요구한다. 존 암스트롱과 나는 더그와 토니와 함께 아침을 먹을 때 이들을 정확히 이해했던 것이다. 이런 결론에 이르고 나자, 이제 전통 교회가 점진적 설교를 무엇이라고 말하는지 궁금해졌다.

전통 교회의 반발

《왜 우리는 이머징 교회를 반대하는가 Why We're Not Emergent: By Two Guys Who Should Be》(부흥과개혁사 역간)에서, 케빈 드영Kevin DeYoung과 테드 클럭Ted Kluck은 지금으로서는 이머징 신학을 가장 깊이 분석한다.[15] 드영은 미시간에서 목회를 하는 목사이다. 클럭은 스포츠 기자이자 작가이며, 드영이 담임하는 교회의 교인이다. 이들은 이머징과 이머전트라는 용어를 특별히 구분하지 않고 사용한다. 그러나 이들이 드는 예 가운데 절대 다수는 이머징 교회 운동의 이머전트 진영에서 나온다. 따라서 이들이 더그 패짓의 설교관과 관계 집합형 해석학을 좋아하지 않는 것은 놀랄 일이 아니다.

울타리가 필요하다 더그의 설교를 논하는 단락에서, 드영은 성경이 우리가 하나님을 배우고 그분을 위해 살도록 돕는 믿음의 공동체 내에 존재하는 많은 권위 가운데 하나일 뿐이라는 시각을 거부한다. 성경이 이런 식으로 격하되면, 시간이 흐를수록 성경의 권위와 특별함이 침식된다. "사람들이 이야기의 아름다움을 멋들어지게 포장하고 성경이 우리를 어떻게 읽는지를 유창하게 표현할 수는 있겠지만, 성경이 권위 있고 참되며 영감으로 기록된 하나님의 말씀이라고 확신하지 못한다면, 시간이 지날수록 성경을 덜 읽고, 성경을 제대로 알지 못하며, 성경을 덜 신뢰하게 될 것이다."[16]

이머전트들에게는 성경의 권위가 아니라 하나님이 공동체에 어떻게 말씀하시느냐가 가장 중요하다(때로는 성경을 통할 수도 있고 통하지 않을 수도 있다). 성경은 공동체 내에 존재하는 많은 목소리 가운데 하나일 뿐이다. 성경은 특권이 없다. 성경은 공동체보다 위에 있지 않다. 드영은 이런 시각을 분명하게 거부한다. "결국 성경은 말씀하신 하나님에 기초하는 본질적 권위가 아니라 공동체에 의존하는 기능적 권위를 갖게 될 뿐이다."[17] 이것은 우리가 하나님에 대해 무엇을 생각하고 어떻게 행동하느냐는 부분에서 공동체가 최종 권위를 갖는다는 뜻이다. 이머전트들은 하나님 말씀에 대한 확신을 잃었다. 드영이 볼 때, 우리의 기초는 공동체가 아니라 성경이어야 한다.

드영은, 그리스도인에게는 공동체에 휘둘리지 않는 울타리가 필요하다고 말한다. 기독교는 울타리 없이 존재하지 못한다. "성경에서 말하는 그리스도인이려면, 많은 것에 '예'라고 말해야 할 뿐 아니라 몇몇 신앙과 행동에 단호히 '아니오'라고 말할 수 있어야 한다." 그는 이어서 "이머징 교회는 자신의 잘못을 바로잡고, 대화 상대의 거대한 신학적 오류에 도전할 능력이 있는가?"라고 묻는다.[18]

훨씬 더 중요하게도, 드영은 이어서 이렇게 묻는다. 이머징 교회에 '신학적 오류라는 범주'가 있기는 한가? "누군가를 울타리 밖에 두는 교리적 믿음(신앙고백을 믿는 것 외에)이나 윤리적 행위(막연한 매정함 외에)란 애당초 없는가? … 모르몬교는 어떤가? 아리우스주의자는 어떤가? 강경 펠라기우스주의자는 어떤가? 부활을 믿지 않는 자들은 어떤가? 예수님을 사랑하는 동시에 크리슈나, 시바, 비슈누 같은 힌두교 신을 믿는 사람들은 어떤가?"[19] 중대한 문제는 유일한 기준이 "예수님이 본을 보이신 정의를 살아내며 공동체에서 예수님이 가르치신 대로 사랑하려 노력하는 거라면 … 그 이상 표방하길 거부한다면, 이머징 교회는 복음주의와의 유사성을, 역사적 정통과의 모든 유사성을 곧 잃으며, 결국 분명한 기독교적 의미를 모두 잃게 된다."[20] 이것은 진지한 비판이다. 이머전트들, 수정주의자는 정통 밖에 있는가? 이들이 정통 밖에 있다면, 이것은 더그의 점진적 설교가 유익한 본이 아니라는 뜻인가? 드영은 단정적으로 대답할 것이다.

그는, 이머징 교회 운동의 상당 부분은 설교를 싫어하는데, 그 중심에는 실제로 '권위와 통제에 대한 거북함'이 있다고 주장한다. 또한 이러한 거북함은 실제로 하나님 말씀에 대한 권위를 상실했다는 뜻이며, 말씀의 권위에 복종하지 않겠다는 뜻이라고 결론짓는다.[21] 이처럼 권위에 저항하는 가운데, 드영은 이머전트를 '새로운 모던'이라 부른다.[22] 이들이 포스트모던을 말할 때마나, 실제로 '철저히 모던'하다. 그는 이머전트들을 강하게 비판하면서 이렇게 결론 내린다. "이머징 교회의 대표적인 저서 가운데 다수가 사회 복음적 자유주의, 신정통주의 성경

관, 지옥과 하나님의 진노와 명제적 계시와 유화propitiation와 막연히 도덕주의적이고 온정적이며 탈교리적 기독교, 그 이상의 모든 것에 대한 후기계몽주의의 경멸 간의 익숙한 결합을 드러낸다."²³

더그 패짓을 어떻게 오해했는가? 의심할 나위 없이, 드영은 강하게 반발한다. 상층부 신앙을, 위대한 전통에 새겨진 신앙을 거부하는 사람은 순전한 기독교 밖에 있는 것인가? 이머징 교회를 비판하는 사람들은 정확히 겨냥했는가? 전통주의자는 분명히 그렇다고 생각한다. 그러나 이들이 옳은가? 더그의 시각에 문제를 제기하는 사람들이 이들뿐인가?

어느 오후, 두 아들의 태권도 수업을 지켜보는데 이런 물음이 떠올랐다. 그래서 두 아들을 지켜보아야 하는 시간에 《이머징 교회는 무엇을 믿는가Listening to the Beliefs of Emerging Churches》를 펼쳐 몇 단락을 다시 읽었다. 더그의 글에 대한 나머지 네 사람, 댄 킴벌, 마크 드리스콜, 존 버크John Burke, 카렌 워드Karen Ward의 반응이 특히 흥미로웠다. 네 사람 모두 어떻게든 이머징 교회와 관련이 있다. 그렇더라도 댄, 마크, 존이 패짓의 해석학에, 그 해석학이 교회의 가르치는 사역을 형성하는 방식에 분명히 비판적이다. 나는 이 사실에 놀랐다. 셋 모두 패짓은 물론 이머징 교회 운동과도 거리를 두길 원하는 게 분명했다. 더 큰 이머징 진영 내에 다양성이 존재한다는 사실을 새삼 확인했다.

댄 킴벌이 가장 흥미로운 반응을 보였다. 킴벌과 더그는 오랜 친구 사이다. 킴벌은 먼저 신학은 춤과 같다는 더그의 비유에 깊이 공감하며, 우리가 새 파트너와 새 노래에 맞춰 춤춰야 할 때가 있다고 말한다. 킴벌은 또한 새로운 '춤'을 추길 좋아한다. 그러나 킴벌이 말하듯이, 문제는 더그가 춤을 출 바닥을 분명하게 말하지 않으며, 이것이 없어 문제에 빠졌다는 것이다. 우리는 춤을 출 바닥이, 견고한 기초가 필요하다. 킴벌은 이렇게 말한다. "그러나 나는 바닥으로 계속 되돌아오는데, 그 바닥이란 니케아 신조 같은 역사적인 정통 기독교의 핵심 교리이다. 춤을 추려면 흔들리지 않는 바닥이 있어야 하지 않겠는가? 그게 없다면, 춤을 추는 게 아니라 넘어지기만 할 것이다."[24]

이즈음에 생각해보니, 킴벌이 이전에 이 부분을 분명하게 말하는 것을 읽거나 들은 적이 전혀 없었다. 내게는 일종의 충격이었다.[25] 생각해보니, 더그도 놀랐을 것 같다. 왜냐하면 그는 킴벌에게 답하면서 '바닥'이 필요하다는 그의 지적에 깨달음을 얻었다고 했기 때문이다. 다시말해, 이것은 이들의 차이를 말해준다.

더그는 "킴벌은 권위를 성경에 두는데, 나는 성령에 두는 게 낫다고 믿는다"라고 말한다.[26] 그는 이어서 이렇게 말한다. "나는 성경이 우리의 믿음과 행위에서 중요하지 않다고 말하려는 게 아니다. 그러나 킴벌은 성경에 거의 전적인 권위를 두는 전통 출신이다. 그러기에 킴벌에게는 자신의 권위 체계에 신앙고백을 포함하게 하는 것이 운동과 변화의 진정한 표시이다."[27] 이 문장은 흥미를 자아냈다. 킴벌이 생각을 바꾸었거나 최소한 이전에 분명하게 말하지 않았던 부분을 분명하게 말하고 있는 것 같았다.

킴벌과 더그의 논쟁으로 판단하건대, 드영을 비롯해 전통주의 진영에 속하는 사람들이 정확히 겨냥한 게 분명해 보인다. 이들의 주장은 과장이 아니다. 더그의 관계 집합형 해석학에서 오류를 찾아낸 것은 이들만이 아니다. 이머징 교회 진영(중심 집합형)의 많은 사람도 비판에 가세한다. 더그는 해석의 열쇠로 공동체를(성령의 인도를 받는) 성경 위에 두고, 니케아 기독교의 위대한 전통을 거부하며, 그 대신 성령의 인도를 받는 신자들의 공동체가 각자의 상층부 신앙을 찾아내야 한다고 주장하는데, 이들은 실제로 이 부분을 걱정한다.

전통, 설교의 다림줄 킴벌이 니케아 전통에 초점을 맞춘 것은 옳았다고 생각한다. 나는 지금껏 이 책에서 신학과 교회론이 흔들리지 않도록 막는 방어물로 위대한 전통을 회복해야 한다고 했는데, 니케아 전통은 이러한 나의 주장을 뒷받침해준다. 지금껏, 나는 성경을 충실하게 해석하도록 돕는 전통이 필요하다고 역설했다. 위대한 전통은 교회가 믿음을 이해하고, 그 믿음을 충실하게 살아내며, 다음 세대에 물려주고자 2천 년간 사용해온 다림줄, 곧 '신앙 규범'이다. 이 다림줄이 없으면, 우리에게는 일관되게 성경에 충실하도록 돕는 신학적 도구가 없는 것과 같다.[28]

왜 니케아 기독교의 회복이 이머징 교회의 설교관에 그렇게 중요한가? 충실한 설교에서는 청중이 본문을 현실적이라고 느낀다. 그러려면 청중이 자기 문화에서 본문을 들을 수 있게 상황화해야 한다. 그러나 설교자가 대대로 내려오는 지혜 없이 성경을 문화에 맞춰 상황화하면, 문화가 신학을 결정해버릴 위험이 아주 크다. 느리지만 확실하게, 우리의 메시지는 주변 문화를 더 닮아간다. 세상이 우리를 빚고 있는데도 (롬 12:2), 우리는 까맣게 모른다. 외적 표지가 되는 전통이 없으면, 우리가 성경에 얼마나 소홀한지 알 길이 없다.[29]

중심 집합형 설교

내가 더그의 점진적 설교를 받아들이지 못하는 까닭은 그의 해석학 때문이다. 그렇다면 나에게는 어떤 선택이 남는가? 내가 자라면서 들은 설교(시 한 편에 세 가지 뜻)의 대안은 없는가? 성격적이면서도 문화와 연결되고 위대한 전통에도 맞는 설교법은 없는가? 경계 집합형 설교나 관계 집합형 설교의 단점을 극복하면서 청중을 사로잡고, 청중을 제자훈련이라는 공동 사역에 참여하게 하며, 그들을 변하게 할 설교법이나 교수법은 없는가? 나는 있다고 믿는다. 중심 집합형 설교centered-set preaching가 그것이다.

조지타운에서 첫해를 보낼 때 중심 집합형 설교를 처음으로 깊이 이해했다. 그 무렵, 나는 만리타향 낯선 도시에서 낙담에 빠져 허우적거렸다. 그때 런던 웨스트민스터 채플의 유명한 설교자 마틴 로이드 존스 목사님의 《영적 침체와 치유Spiritual Depression》(기독교문서선교회 역간)를 읽었다. '진정한 기초The True Foundation'라는 설교에서, 로이드 존스는 그리스도인의 삶에서 수많은 차이는(몇몇 형태의 침체를 포함해) 칭의와 성화를 혼동한 데서 비롯한다고 했다. 우리는 일단 그리스도인이 되면(은혜와 믿음과 그리스도의 공로 덕분에 구원받았다) 칭의를 무시하고 순종과 성화에 집중한다. 더는 자신에게 복음을 전하지 않고, 그리스도인의 삶을 살려고 애쓴다. 그러나 이상적인 기준대로 살지 못해 낙담하고 침체하기까지 한다. 니도 분명히 그랬다.

이 문제를 해결하려면, 매일 칭의를 성화 앞에 두어야 한다. 자신에게 복음(칭의, 자녀 됨, 그리스도와의 연합, 하나님나라에 참여함)을 전해야 순종할 동기와 힘을 얻는다. 구원받으려면 은혜가 필요하다. 순종도 은혜가 필요하다. 이 책은 내 삶에 혁명을 일으켰다. 나는 헌신, 실패, 침체, 재헌신, 실패, 침체를 반복하는 롤러코스터 같은 그리스도인의 삶을 해결할 방법을 발견했다. 안전과 기쁨과 평안과 불변에 이르는 길을 발견했다. '나의 첫사랑'을 회복하겠다는 생각은 버려라. 나는 애당초 첫사랑을 절대로 잃지 않는 법을 발견했다. 나처럼 하나님을 가까이 느끼려고 씨름하는 친구들에게 전화했다. 우리는 실패할 때마다 믿음이 식는다. 나의 발견은 모든 것을 바꿔놓았다. 그것이 설교와 가르침에도 영향을 미치리라는 것을 알았다.

곧 알았지만, 칭의와 성화를 보는 이러한 시각을 가리켜 직설법과 명령법이라 불렀다.[30] 직설법은 구원하는 그리스도의 은혜로 우리가 그분 안에서 누구인지 보여준다. 복음의 명령법은 우리에게 새 생명을 감사해 하나님 명령에 순종하도록 촉구하거나 순종할 힘을 준다. 나는 성경이 이러한 가르침과 설교 형태로 가득하다는 사실을 깨달았다. 즉 새 생명을 말하는 직설법이 나오고 뒤이어 하나님나라에서 섬기는 삶을 말하는 명령법이 나온다.

그러므로 형제들아 내가 하나님의 모든 자비하심으로 너희를 권하노니 너희 몸을 하나님이 기뻐하시는 거룩한 산 제물로 드리라 이는 너희가 드릴 영적 예배니라. 너희는 이 세대를 본받지 말고 오직 마음을 새롭게 함으로 변화를 받아 하나님의 선하시고 기뻐하시고 온전하신 뜻이 무엇인지 분별하도록 하라(롬 12:1-2).

바울은 로마서 1-11장에서 하나님의 자비인 칭의, 자녀 됨, 견인, 그리스도와의 연합을 설명한다. 이러한 자비 덕분에, 우리는 순종하여 삶을 그분께 드려야 마땅하다. 명령법, 즉 율법과 명령과 교훈은 변화된 삶에서 나온다.

나는 자라면서 성경에 기반을 둔 균형을 잡지 못했다. 이 균형이 없으면 그리스도인의 삶은 의義의 행위로 전락하고, 앞서 말한 두 유형의 사람을 낳는다. 자기 힘으로 해내고 있다고 생각하는 사람을 낳고, 높은 이상에 이르지 못해 절망하는 사람을 낳는다. 나는 이러한 깨달음에 힘입어 교회에서 가르치는 사역에 뛰어들었다. 나처럼 무거운 짐을 진 그리스도인과 이러한 깨달음을 나누고 싶어 참지 못할 지경이었다. 트웬티-섬씽 펠로십 초기에, 나는 이 메시지를 통해 삶이 바뀌는 모습을 보았다.

직설법과 명령법 외에, 나의 설교관을 바꾼 통찰이 또 하나 있다. 사역 초기에 유진 로우리Eugene Lowry의 《이야기식 설교 구성The Homiletical Plot》(한국장로교출판사 역간)을 우연히 읽었다.[31] 로우리가 한 말로는, 전통적 설교는 연역적 경향이 있다. 전통적 설교는 의미 셋을 제시하고, 논증과 예화와 적용을 활용해 그 뜻을 증명하려 한다. 그러나 이렇게 하면, 설교에서 드라마가 모두 사라진다. 이것은 영화를 보기도 전에 클라이맥스를 이야기하는 거나 다르지 않다. 일단 결말을 알아버리면, 모든 긴장과 무수한 비틀기와 놀라운 반전이 사라진다. 설교에서 드라마가 사라진다. 그뿐이다. 나는 수많은 설교를 들으면서 바로 이것을 느꼈다.

로우리는 극적인 이야기의 자연스런 흐름을 따르는 설교를 제안한다. 이는 문제에서 해결로 이어지는 흐름이다. 모든 성경에서, 저자는 죄든 우상숭배든 고난이든 하나님의 부재든, 한 가지 문제를 다룬다. 그러고 나서 용서든 그리스도와의 연합이든 하나님나라든 하늘에 계신 우리 아버지의 섭리적인 보살핌이든, 그 문제의 해결책을 제시한다. 좋은 이야기가 지닌 속성처럼, 성경은 문제를 극적으로 제시하고, 그 문제가 주요 등장인물을 무너뜨리는 힘을 천천히 보여준다. 그러고서 예상하지 못한 은혜를 보여주는 갑작스러운 반전으로 우리를 깜짝 놀라게 한다.

로우리는 이것을 설교의 '아하' 순간이라 부른다. 놀라운 하나님의 은혜로, 성경 인물과 더불어 우리 삶이 순식간에 극적으로 송두리째 바뀐다. 일단 하나님의 은혜로 변하면, 우리는 다르게 살아갈 자유와 힘을 얻는다. 직설법은 명령법으로 이어진다. 하이델베르크 요리문답은 이러한 변화를 '죄책, 은혜, 감사하는 생활'이라고 보았다. 이러한 단계는 좋은 이야기의 열쇠이고, 성경의 중심이며, 훌륭한 설교의 핵심이다. 그리고 좋은 설교란 상황에 적합하고, 마음을 사로잡으며, 복음이 중심이고, 감동을 주는 설교이다. 최고의 소설이나 영화가 그러하듯이, 이런 설교는 청중을 온전한 참여자로 끌어들인다.

지난 수년 동안, 이 방법이 중심 집합형 설교에 지극히 중요하다는 사실을 발견했다. 전통적 설교(연역적이고, 율법주의적이며, 명령법 중심의 설교)는 경계 집합형 복음주의에 호소한다. 점진적 설교는 관계 집합형 이머전트에게 호소하는 반면, 이야기식 설교 구성은 중심 집합형 깊이 있는 교회의 마음을 끈다.

몇 가지 면에서, 중심 집합형 설교는 전통적 설교와 이머징 설교의 장점을 결합한다. 관계 집합형 설교처럼, 중심 집합형 설교는 귀납적이다. 문제를 제기하고, 질문을 던지며, 상황을 분석하고 나서 함께 해결을 모색한다. 그러나 그러고 나서는 경계 집합형 설교와 비슷하게 그 해결책의 영향을 연역적으로 제시한다. 큰 차이라면, 경계 집합형 설교 및 관계 집합형 설교와는 달리, 중심 집합형 설교는 언제나 핵심을 포함한다. '아하' 순간을, 예수님을 통해 삶을 변하게 하는 하나님의 놀라운 은혜(하나님 나라, 그분의 복음과 구원, 그분이 주시는 새 생명)를 포함한다. 전통적 설교나 이머징 설교는 이것을 지속적으로 주지 못한다. 그래서 율법주의를 피하기 어렵다.

그리스도 중심의 이야기식 설교 구성은 중심 집합형 설교이다. 우리 목적은 그리스도인을 안전하게 지키거나 우리와 생각이 다른 사람들을 밖에 두려고 경계표를 세우는 게 아니다. 오히려 우리는 모든 성경말씀으로 그리스도를 전하고, 성경과 경험으로 인간의 상태를 제시하고 분석해야 한다. 상황에 맞춰 우리를 바꾸고 우리가 다르게 살 수 있게 힘을 주는 철저하고 충격적인 하나님의 은혜를 드러내야 한다. 따라서 우리는 세상과 맞서는 설교를 하느라 많은 시간을 쓰지 않는다. 사실 설교 재료가 될만한 세상적인 이야기는 아주 많다. 열심히 더 노력하고 착하게 살고 거룩해야 한다고 설교하느라 힘을 소모하고 싶지 않다. 변화를 일으키는 십자가와 부활의 능력을 선포하고 싶다. 이 말씀이 삶에 없으면 우리에게 일할 능력이 없다는 사실을 고백할 수밖에 없다. 무엇이든 여기에 미치지 못하는 것은 율법주의이다. 이것은 교민이나 절망으로 끝난다.

샘에 이끌리다

허쉬와 프로스트는 호주 오지에 깊은 샘이 필요하다고 했다. 기억하는가? "이런 경우, 농부는 관정을 박거나 샘을 파서 오지에 귀중한 물을 공급한다. 그러면 가축이 길을 잃더라도 죽지 않으려고 절대로 샘에서 멀리 떠나지 않는다. 이것이 중심 집합이다. 깨끗한 물이 공급되는 한, 가축은 샘 근처에 머문다."[32] 내가 볼 때, 그 샘은 복음이다. 말씀과 성례를 통한 지속적인 복음 전파, 예수님의 나라 선포, 은혜로 변화되어 세상에서 새 삶의 능력을 증언하는 공동체이다. 중심 집합형 설교는 이렇게 한다. 울타리가 아니라 복음을 강조한다. 사소한 것에 목매지 않는다. (사소한 교리적 핵심이 중요하기는 하지만, 매주 그 샘에 빠지는 것만큼 중요하지는 않다.)

중심 집합형 설교는 설교학에 새롭게 초점을 맞춘다. 그러나 해석학을 좌우하기도 한다. 우리의 설교(직설법-명령법 구성에 그리스도를 '아하' 순간으로 삼는 이야기식 설교)는 위대한 전통의 상층부 교리를 확신한다. 성경은 이 부분에서 아주 분명하다. 그래서 우리는 복음의 이 부분에 큰 확신을 품고 아주 담대하게 말한다. 댄 킴벌이 말하듯이 "우리는 본질적 핵심 교리를 담대하게 확신할 수 있다. 사실, 나는 이머징 세대가 믿을 만한 것을 찾고 있다고 믿는다. 그들이 '진리'를 찾고 있다. 그리고 우리가 참이라고 아는 것을 분명하고 담대하게 말해야 한다고 믿는다."[33]

이것은 깊은 샘이다. 우리는 생명을 주는 물로 계속 돌아온다. 그러나 댄 킴벌이 이어 말하듯, "나는 자신의 신학적 신념을 지나치게 확신한 나머지 '우리만 옳고 모두 틀렸다'는 식으로 역겹기 그지없는 태도를 취하는 사람이 있다고 들었다."[34] 이들은 겸손하지 않기에 교회가 몇몇 하층부 문제에 대해 예전부터 내내 한 목소리를 냈다는 사실을 인정하지 못한다. 우리는 자신이 견지하는 교리와 관련해 타인에게 겸손해야 한다. 이것은 하층부 교리를 연구하지 말고, 이것을 설교하거나 가르치지 말라는 뜻이 아니다. 하층부 교리에 따라 독려하지 말라는 뜻도 아니다. 이것은 우리가 다른 그리스도인에게서 나뉘려고 하층부 교리를 이용하지는 않는다는 뜻이다.

예를 들어보자. 리디머 장로교회 교인이 되려면, 반드시 니케아 신조를 믿어야 하고, '그리스도의 제자로 사는 데' 헌신해야 하며, 공동체에 기꺼이 복종해야 한다. 세례를 보는 시각은 어떠한가? 성찬식은? 정치는? 마지막 때는? 적그리스도는? 이것은 모두 중요하다. 이 문제에 대해 우리 교회가 견지하는 시각이 있다. 그러나 이 부분에서 관점이 다르다고 리디머 장로교회 샘에서 쫓겨나거나 우리 교회 구성원이 되지 못하는 것은 아니다.

우리 교회는 설교와 가르침에서 이러한 중심 집합형 해석학 본보기를 제시하려 한다. 나의 목적은 창세기부터 요한계시록까지 흐르는 구속 드라마를 통해 생명을 주는 생수의 능력을 회중에게 전달하는 것이다. 나는 이야기식 설교 구성을 활용해, 회중을 말씀 속으로 이끌려 한다. 불신앙, 낙담, 우상숭배, 유혹, 마음의 반란 그 어떤 문제든 그들이 살면서 만나는 모든 문제를 말씀으로 깊이 분석하고 싶다. 그래서 우상숭배를 드러내며, 그들이 그리스도께 마음을 드릴 수 있도록 인도하려 한다. 또 그분의 구속이 우리 모든 필요를 어떻게 채우는지에 귀 기울이게 하려 한다.

　내가 이렇게 할수록, 교인들은 성경에서 구속 드라마를 스스로 더 잘 발견한다. 그리고 성경의 모든 이야기에, 모든 장에, 모든 서신에 흐르는 창조와 타락과 구속과 하나님나라를 더 잘 인식한다. 이것은 만인 제사장설을 진지하게 받아들이고, 모든 신자가 통찰력 있는 설교자를 잘못 의지하지 않게 하면서, 설교하고 가르치는 강력한 방법이다. 교인들은 스스로 성경을 읽고 해석할 수 있다. 교인들이 말씀 안에 설 때, 서로 섬기고 목회자를 도울 수 있다.

　리디머 장로교회 교인들은 성경을 충실하게 해석하고, 이렇게 얻은 통찰을 삶에 적용할 줄 안다. 우리는 이것을 알고 또 신뢰하기에, 소그룹 모임인 '공동체 그룹'에서 설교를 놓고 대화도 토론도 한다. 우리는 이야기식 설교를 하여 성장하고 제자가 되는 도구를 제공한다. 매주, 공동체 그룹에 토론을 위한 질문을 제시하는데(스스로 질문을 만들고 제시해도 좋다), 질문의 핵심은 복음의 능력을 체험하고, 복음으로 공동체에서, 친구들 사이에서, 가정에서, 직장에서 살아내는 것이다. 정보 전달이나 영적 체험이 목적이 아니다. 우리의 목적은 변화이다. 우리가 담대함과 확신과 겸손함으로 복음을 살아낼 때, 변화는 중심 집합형 설교에서, 공동체 그룹에서, 개개인의 삶에서 일어난다.

DEEP CHURCH

09

DEEP ECCLESIOLOGY

깊은 교회론

제도와 유기체라는 교회의 두 가지 면을 제대로 보지 못하면,
교회론은 일그러지고
우리는 건강하지 못한 지경에 빠진다.

나는 교역자 17명이 교인 5천 명을 목양하는 대형 교회에서 목회자로서 첫발을 내디뎠다. 그 시절 어느 교역자 회의가 생각난다. 장년 주일학교 출석이 매주 천 명이 넘었다. 장년 사역을 담당하는 목사가 장년 주일학교 지도자들과 대화를 나누고서 우리에게 말했다. 교인들은 교역자들에게 목양받는다고 느끼지 못한다고 했다. 사실, 교인들은 교회의 모든 부분에서 목양이 아주 부족하다고 불평했다. 교역자들은 순식간에 안색이 변했다. 어느 목사는 그런 말을 들으니 힘이 쭉 빠진다고 했다. 어쨌든, 그는 이미 일주일에 60시간을 사역하고 있었다. 다른 교역자도 오랜 시간을 사역하기는 마찬가지였다. 우리 교회에 목양이 없다는 교인들의 말은 무슨 뜻이었을까? 어떻게 이런 말을 한단 말인가? 우리가 그들을 얼마나 열심히 '목양하는지' 모른단 말인가?

그러나 모든 교역자가 상한 감정을 회복하고, 상황 분석에 들어갔다. 알고 보니, 우리는 일주일 사역 시간 가운데 60퍼센트를 회의, 위원회, 서류 작성을 비롯한 제도적 잡무에 쓰고 있었다. 나머지 시간 가운데 상당 부분은 설교 준비나 행사 준비에 썼다. 결국, 교인과 얼굴을 맞대고 목양하거나 교인을 이끌고 선교(전도)를 나갈 시간이 많지 않았다. 그때 제도주의가 우리 교회를 죽이고 있다는 생각이 들었다.

그로부터 얼마 지나고, 유진 피터슨의 책을 읽었다. 유진 피터슨은 성경을 현대인의 삶에 맞게 번역한 《메시지*The Message*》(복있는사람 역간)를 비롯해 목회자에게 힘이 되는 책을 많이 썼다.[1] 그의 책에서 이런 이야기를 읽은 기억이 난다. 유진 피터슨이 젊은 장로교 목사였을 때, 관료제에 대한 귀중한 교훈을 얻었다. 그는 목회 초기에 매달 교단에 월간 보고서를 제출해야 했다. 그러나 교단 관계자들은 제출된 보고서를 제대로 읽지 않았다. 적어도, 처음부터 끝까지 다 읽지는 않았다. 대충 훑어보면서, 교인이 얼마나 늘었고, 제도와 조직이 얼마나 잘 갖추어졌는지 확인했다. 교인 수가 줄어들면, 전화가 왔다. 그러나 교단은 그가 영적으로 어떻게 하고 있고, 교회가 성경 지식과 제자훈련과 대외 활동(봉사, 전도 등)에서 얼마나 성장하고 있는가에는 전혀 관심이 없었다. 그래서 정말 그런지 시험해보려고, 유진 피터슨은 다소 충격적인 월간 보고서를 작성했다. 보고서에 신앙에 회의를 느끼고, 죄 문제와 싸우고 있으며, 과연 목사의 소명을 받은 게 맞는지 확신이 서지 않는다고 썼다. 몇 달 동안 계속 이런 식으로 보고서를 제출했다. 반응은? 전혀 없었다. 피터슨은 어이가 없고 슬펐다. 관료들은 보고서에서 숫자 외에 아무것도 읽지 않았다. 그는 제도(교단)는 생존에 가장 큰 관심을 두고, 사람들과 목회자의 영적 성장보다 더 관심을 둔다는 사실을 깨달았다.

몇 년 후, 나는 리디머 장로교회를 시작할 때 다르게 하고 싶었다. 덜 제도적이고, 더 유기적이며, 교회의 영적 필요에 더 관심을 쏟는 교회를 세우고 싶었다. 나는 교회 개척 첫해에 존 밀러John Miller의 《교회에 갇힌 교회Outgrowing the Ingrown Church》[2]를 읽다가 이를 더욱 확신하게 되었다. 밀러는 목사이자 필라델피아에 있는 웨스트민스터 신학교에서 오래 재직한 교수이다. 그는 팀 켈러를 비롯한 교회 개척자에게 큰 영향을 끼쳤다. 이 책에서, 밀러는 교회가 시간이 흐르면서 어떻게 내향적이 되고, 조직의 생존과 유지에 집중하는지 진단한다.

밀러는 교회가 서서히 '종교적 쿠션'이 되어가며, 사람들은 교회에 와서 메시지를 듣고는 자신의 교리가 옳고 다른 교회들은 틀렸음을 다시 확인한다고 한다. 교인들은 선교하는 기독교에, 세상으로 나가 소금과 빛으로 사는 데 더는 관심이 없다. 도전이 아니라 평탄을 원한다. 위험이 아니라 안전을 원한다. 밀러는 목회자였으나 정리하고자 잠시 목회를 내려놓았다. 그리고 자신을 깊이 탐구하고서 돌아왔다. 교회를 떠나 있는 동안, 교회에 대한 하나님의 비전이 내향적 종족주의ingrown tribalism가 아니라 가슴이 요동치는 선교라는 사실을 발견했다. 나도 그의 책을 읽으면서 이러한 '아하' 순간을 경험했다. 바로 이런 공동체를 시작하고 이끌고 싶었다. 그것은 용서의 복음에 깊이 뿌리내리고, 하나님의 자비에 붙들려 교회 밖 사람들을 불쌍히 여기는 백성으로 살아가는 공동체였다.

리디머 장로교회를 시작하고 몇 년 동안, 모든 게 잘 풀리는 듯했다. 교회가 작았기 때문에 틀을 최소한으로 유지할 수 있었다. 나는 우리 교회가 유기적이고, 팀이 이끌어가며, 영성 깊은 교회가 되길 원했다. 우리가 하는 일에 제도주의가 침투하지 않길 바랐다. 나의 첫 시리즈 설교 주제 가운데 하나는 부흥과 죽은 종교 탈피였다. 나는 내 과거 경험에 반발했다. 그렇지만 이러한 초기의 영적 활력을 잃고 죽은 제도주의에 굴복하고 싶지는 않았다. 리디머는 그야말로 신출내기 교회였기에, 온 교인이 은사를 발휘해 적극적으로 참여해야 했으며, 실제로 온 교인이 그렇게 했다.

교회가 성장하면서, 재미있는 일이 벌어졌다. 사람들은 우리 교회가 틀을 갖추지 못했다는 데 조금씩 실망했다. 교회는 유기적이었으나 너무 느슨하고 조금은 엉성하기까지 했다. 좋은 이유로 회의가 취소되었을 때, 우리 교회가 유동적이고 유연하다고 생각했다. 교회 예배가 세세한 부분까지 통제되지 않을 때, 우리 교회가 영적이며 하나님을 신뢰한다는 표시라고 생각했다. 그러나 어떤 사람들은 다르게 생각했다. 교회 조직이 갖추어지지 않아서, 새로 오는 사람들은 어떻게 참여할지 몰라 힘들어했다고 한다.

이러한 염려와 새로운 성장 때문에, 우리 교회는 틀을 더 갖추고자 노력했다. 조직도를 만들어 어떤 팀이 있고, 팀 지도자가 누구이며, 팀이 서로 어떻게 연결되는지 파악했다. 매달 회의를 열고, 계획을 수립하는 시간도 보냈다. 우리는 틀을 세우려는 새로운 바람을 '기능적 틀'이라 불렀다. 교회는 성장을 거듭했다. 새로운 지도자들이 운영 위원회에 속속 들어왔다. 성장하는 모든 공동체가 그렇듯이 우리 교회도 출석이 늘어나면서 힘을 받았다.

어떤 교인은 새로운 틀을 좋아했다. 그러나 어떤 사람은 싫어했다. 이들은 내가 교회의 비전과 방향에 대한 지배를 곤고히 하려고 새로운 틀을 짰다고 보았다. 내가 지도자를 세울수록 어떤 사람은 '예스맨'을 세우는 것으로 생각했다. 어떤 사람은 내가 그들이 진입하지 못하도록 틀을 세웠다고 생각했다. 어떻게 해야 좋을지 막막했다. 교회가 틀을 갖추는 바른 방법은 무엇인가? 교회는 유기적이어야 하는가, 아니면 제도적이어야 하는가? 둘 다여야 하는가? 틀과 권위는 어떤 역할을 하는가? 가장 성경에 기반을 둔 교회론은 무엇인가? 할 일이 많았으나 이것을 하나씩 알아보기로 했다. 내 습관이 그렇듯이, 어려움에 빠지거나 해결책이 필요할 때 책을 읽고 물음을 던진다.

유연한 교회

알고 보니, 이머징 교회도 몇몇 부분에서 나와 똑같은 질문을 던졌다. 이머징 교회에는 나처럼 제도주의에 실망하고 이 부분을 깊이 고민하는 사람이 많았다. 이들에게는 선교의 열정과 교회는 세상으로 파송되어야 한다는 확신이 있었다. 나에게도 마찬가지로 있었다. 이러한 열정과 확신이 이들의 고민에 기름을 끼얹었다. 그러나 교회는 계속 제도화(조직화)되었다. 그래서 교회가 원래 소명을 회복하고 선교하는 곳이 되려면, 교회론을 다시 생각해야 했다. 이머징 교회의 자료를 읽으면서, 저자들이 말하는 유기적 교회organic church에 깊은 흥미를 느꼈다.[3] 내가 보기에, 이들은 신선했다. 특히 선교의 열정이 그러했다.

피트 워드Pete Ward의 《유연한 교회Liquid Church》[4]를 우연히 읽었다. 풀러 신학교는 이 책을 강의 교재로 사용한다. 워드의 책이 이머징 교회 운동 전체의 교회론을 대변하지는 않는다. 이머징 교회의 교회론은 다양하다.[5] 몇몇 부분으로 미루어보건대, 워드의 시각은 이머징 교회 재건주의 진영의 시각과 가장 가깝다.[6] 그럼에도 나는 워드가 이머징 교회를 구성하는 다양한 진영의 생각을 파악하고 이들 간 대화를 지속적으로 촉진한다고 믿는다. 워드는 더욱 유기적인 교회론을 세움으로써 제도주의에 맞서라고 요구한다. 이러한 요구를 진지하게 받아들이려면, 그의 책을 차근히 살펴보아야 한다.

피트 워드는 런던 킹스 대학에서 가르치며, 성공회(영국 국교회) 신자이다. 서문에 "유연한 교회는 아직 존재하지 않는다"라고 말하며, 자신은 "성공적이고 번성하는 유연한 교회를 세우거나 운영하지도 않았다"

라고 말했다. 그의 책은 "교회가 되는 또 다른 방식을 기술하기보다 상상하려는 시도다." 유연한 교회란 무엇인가? 교회를 정한 시간, 정한 장소에서 모이는 회중으로 보는 데서 벗어나 '일련의 관계와 소통으로서 교회 개념'으로 옮겨가는 것이다.[7] 두세 사람이 커피숍에서 하나님을 이야기한다면, 이것도 교회이다. 교회는 사람들의 모임이기보다 하나의 네트워크이다. 워드는 이러한 네트워크를 '경직된' 교회, 틀과 제도와 모임이 특징인 교회와 대비한다. 교회란 우리가 출석하는 곳이 아니라 "연결하고 집단을 형성하며 관계를 낳는, 격식 없는 교제를 통한 그리스도의 의사소통이다." 유연한 교회는 우리가 늘 한 부분으로 존재하는 그 무엇이다.

우리 교회관을 바꿔야 하는 가장 큰 이유는 제도 교회institutional church가 더는 교회 밖 사람들에게 효율적으로 다가가지 못하기 때문이다. 따라서 변화의 동기는 선교이다.[8] 그는 이어 초대교회는 한곳에서 모이지 않고 도시 전역에 흩어진 채 가정 교회로 모였다는 점을 강조한다. 모두 한자리에 모이는 전체 모임은 이따금 있었을 뿐이다. 그렇기 때문에, 교회란 소통으로 계속 연결되는 소그룹 네트워크라고 보아도 좋다고 했다. 워드는 가정 교회와 소그룹을 지향하는 이러한 움직임을 또 하나의 생생한 개혁이라고 보았다.[9]

이러한 변화가 왜 필요한가? '경직된' 제도 교회가 실패했기 때문이다. 문화가 경직된 모더니즘에서 유연한 포스트모더니즘으로 옮겨가면서, 경직된 교회는 더는 사람들에게 효과적으로 나가가지 못한다. 워드는 교회가 모더니즘의 몇몇 핵심 가치를 내면화했다고 주장한다. "교회 예배 출석의 중요성, 더 많은 교회 개척 강조, 획일화된 예배, 클럽처럼 변한 교회 생활 등은 모두 교회가 경직된 모더니즘을 어느 정도나 내면 화했는지 암시한다."[10] 나와 같은 전통에 속하는 많은 사람이 동의할 것이다.

나는 '좋아, 그만하면 됐어!'라고 생각했다. 워드의 주장에는 충격적인 요소가 전혀 없다. 그렇더라도 교회가 앞으로 나아갈 길은 무엇인가? 교회는 어떻게 해야 경직된 교회의 죽은 제도주의를 극복하고 자신 있게 효과적으로 미래를 향해 나아갈 수 있는가? 워드는 교회가 유연해져야 한다고 했다.

워드는 유연한 교회에 대한 자신의 강의가 많은 비판을 받을 거라고 했다. 나는 그 이유를 안다. 제도주의를 비판하는 것과 제도 자체를 버리는 것은 전혀 다르다. 그의 제안은 적어도 제도 자체를 버리라는 말처럼 들린다. 워드를 비판하는 사람들은 유연한 교회에 대한 그의 시각이 기독교의 연합을 해친다고 본다. 이들은 워드의 교회관이 더 심각한 개인주의를 낳을 거라고 주장한다. 그러나 워드는 이러한 비판을 반박하면서, 자신은 공동체로서 교회를 포기하고 단편화된 개인주의를 선택하지는 않는다고 말한다. 오히려 그리스도의 연합된 몸이 다양한 문화에서 다양하게 표현된다는 사실을 사람들이 알길 원한다고 말한다. 다시 말해, 성경은 우리에게 엄청난 자유를 허락한다는 것이다.

유연한 교회는 어떤 모습인가? 워드가 한 말로는, 유연한 교회는 정기 모임이 없고, 지속적으로 소통하며, 정형화된 틀이 없거나 제한적이며, 안수직이 없는 게 특징이다. 워드는 유연한 교회가 관계 중심이며, 수많은 집단과 활동으로 서로 연결된다고 강조한다. 목적은 매일 함께 사는 것이다. 모임은 다양하며, 예배와 기도와 연구와 활동도 다양하다. 그룹이 모일 때, 안수를 받은 목사는 없다. 누구나 참여할 기회가 있다. 모임에 틀이 없고 리더도 없다는 뜻인가? 나는 그렇게 생각하지 않는다. 워드는 유기체의 씨앗에 물을 주는 작은 틀을 좋아하는 것 같다. 그는 가정 교회를 비롯한 관계 중심 모임에 열려 있다.

더 미션 가정 교회

친구에게서 캘리포니아 오렌지카운티의 어느 가정 교회 이야기를 들었다. 그 교회는 우리 집에서 불과 20분 거리에 있었다. 오렌지카운티 가정 교회 홈페이지(OCHouseChurch.com)를 살펴보았더니, 인구 300만 오렌지카운티 지역에 등록된 가정 교회는 3개에 불과했다. (분명히 더 있을 것이다.) 나는 친구에게 들은 가정 교회 지도자 키스 자일스Keith Giles에게 전화했다. 그리고 가까운 스타벅스에서 그를 만났다. 키스는 결혼해 두 아들을 두었고, 큰 기술 회사를 위해 글을 쓴다. 남침례교 목사이며, 이 일을 하기 전에 오렌지카운티에 있는 여러 교회에서 목회를 했다.

"전통 교회에서 목회하던 시절이 그립지 않으세요?" 내가 물었다.

"아뇨." 그가 대답했다. "전혀 그립지 않아요. 현재 제 직업에서 가장 마음에 드는 부분은 매일 불신자와 접촉한다는 거예요. 선교(전도)할 기회가 생기거든요."

3년 전, 자일스 부부는 더 미션The Mission이라는 가정 교회를 열기로 결정했다. 이들의 웹 사이트에는 이렇게 돼 있다.

- 우리의 비전: 우리는 세상에 예수님의 사랑과 삶을 실천하는 공동체를 세울 꿈을 꾼다.
- 우리의 사명: 우리는 예수님과 사랑에 빠진 공동체이다. 우리는 예수님의 교회다. 우리에게는 친구에게, 이웃에게, 세상에 예수님이 되어야 할 사명이 있다.
- 우리는 누구인가?: 우리는 이웃을 사랑하고 제자 삼아 예수님처럼 살게 하려고 안으로 헌신된 동시에 밖으로 초점을 맞춘 기독교 공동체이다.[11]

누가 이의를 제기하겠는가?

나는 키스에게 프랭크 비올라가 쓴 《다시 그려보는 교회 Reimagining Church》나 비올라와 바나가 함께 쓴 《이교도 기독교?Pagan Christianity?》를 읽어보았느냐고 물었다. 두 권 모두 가정 교회 진영에서는 인기 있는 책이다. 키스는 읽어보았다고 했다.

"핵심 주제에 동의하시나요?"

"네, 대체로 동의합니다." 키스가 말했다. "하지만 순전히 반발에 그칠 위험도 있습니다. 제 말은 '이교도 기독교?'라는 제목이 그렇다는 겁니다. 왠지 판단 당하는 느낌의 제목이거든요."

키스는 이 제목을 좋아하지 않았으나 많은 부분에서 이들과 똑같은 결론에 이르렀다. 바로 이런 이유 때문에, 키스는 제도 교회를 떠나 가정 교회를 시작했다. 그는 전통 교회가 정도를 벗어났다고 생각한다.

"무슨 뜻인가요?" 내가 물었다.

"성경을 보세요. 하나님이 더는 성전에 거하시지 않아요. 우리가 바로 하나님의 성전이에요. 우리가 모두 제사장 역할을 해야 한다는 뜻이에요. 만인이 제사장이란 말도 이런 뜻이고요."

"더는 안수직을 찬성하지 않는다는 뜻인가요?" 그가 안수를 받은 목사라는 사실을 알기에 이렇게 물었다.

"네, 맞아요. 저는 모든 사람이 각자의 은사를 활용해 서로 사역하는 모습을 보고 싶습니다. 저는 직임이나 직임자를 좋아하지 않아요. 이들 때문에, 사람들이 사역하는 길이 막히기 때문입니다. 누군가 목사 역할을 하도록 안수를 받고 급여를 받는다고 생각해보세요. 사람들이 이런 생각을 한다면, 발 벗고 나서서 섬길 이유가 있습니까? 섬기려 하지 않을 거예요. 그래서 저는 되도록이면 길을 막지 않으려고 노력해요. 그래야 다른 사람들이 나서서 각자의 은사를 활용할 테니까요. 때로는 제가 없을 때 가정 교회 모임이 가장 잘 이루어지거든요. 그럴 때는 사람들이 저를 자신들의 지도자로 보지 않으니까요. 제게 목양을 지나치게 의존하지 않거든요." 그가 결론 내렸다.

그날 밤, 나는 키스의 집에서 열린 더 미션 가정 교회 모임에 참석했다. 내가 도착했을 때, 어른 열 명과 어린이 여섯 명이 중국 음식을 사와서 먹고 있었다. 마치 대가족 모임 같았다. 키스가 나를 모든 이에게 소개했다. 사람들은 매우 친절하고, 내가 견학 왔다는 것을 알았다. 마치 내 집 같은 분위기였다. 저녁 식사가 끝나고 나서 거실에 모여 모임을 시작했다. 키스가 기타를 들고 바닥에 앉았다. 그가 찬양을 시작하자 아이들을 비롯해 모두 함께 불렀다. 모두 다 아는 찬양이 분명했다. 스크린도 없고, 키스 외에는 아무도 악보가 없었다. 다행스럽게도, 나는 새로운 찬양을 제법 아는 편이었다. 하지만 손님이나 불신자라면 어떻겠는가? 나는 혼자 생각했다. 아마도 이질감을 느끼지 않을까 싶었다. 키스는 더 미션 가정 교회의 대상이 주로 그리스도인이라고 앞서 말했다. 유기적 교회의 어떤 사람들과는 달리, 이들은 모임 중에 전도하려 하지 않았다. 아이들이 조율되지 않은 작은북 두 개를 두드리며 자기 역할을 했다. 아이들은 북을 치며 신이 났고, 내가 보기에도 산만하지 않았다. 아이들이 어른과 함께 예배에 참여하는 것이 이들에게는 중요해 보였다. 나의 네 아이가 예배드리는 법을 배우는 모습을 상상하며 미소를 지었다.

찬양이 끝나자, 키스는 주스가 떨어져 성찬식을 못한다고 했다. 이들은 모일 때마다 성찬식을 한다. 일반적으로, 찬양이 끝나고 곧바로 성찬식을 하는데, 설교 끝나고서 성찬식을 하는 역사적 전통과는 다르다. 주스가 떨어져, 성찬식 대신 곧바로 나눔 시간에 들어갔다. 키스는 앞서, 자신들에게는 정형화된 설교 시간이 없다고 했다. 주일 아침 모임뿐 아니라 목요일 밤 모임 때도, 그가 특별히 설교를 하거나 가르치는 일이 없다. 그 대신, 누구든지 성경을 읽고 그 구절이 자신에게 왜 중요한지 이야기할 수 있다.

키스의 아들이 첫 테이프를 끊었다. 그는 모두 다니엘서 3장을 펴라고 했다. 풀무불 이야기였다. 다 읽고서, 어떤 희생이 따르든지 하나님을 경외하고 그분에게 순종하는 삶이 아주 중요하다고 했다. 다른 사람들도 각자의 생각을 말했다. 어느 자매는 이렇게 말했다. "저도 이렇게 될까요? 솔직히 말해, 자신이 없어요." 여자아이가 다른 구절을 나누고 싶어 했다. 그 아이가 간단히 말하고 나자, 어른들이 살을 붙였다. 방법은 이러했다. 아이들이 자발적으로 한 구절을 말하면, 어른들이 그 구절에 설명을 덧붙인다. 성경구절을 나누고 그 구절에 대한 자기 생각을 말하는 아이들의 모습이 아주 진지하고 인상적이었다. 아이들은 이 시간을 정말 좋아했다. 어느 어머니는 아들과 딸이 그날 밤 모임을 얼마나 기다리는지 모른다고 했다. 아이들은 자신만의 성경구절을 나누면서 신이 났다. 어른들이 아이들의 참여와 의견을 아주 진지하게 받아들이는 모습도 참 인상적이었다. 어른들이 아이들을 귀하게 여기고, 아이들 말에 귀를 기울이며, 아이들을 인정했다.

마지막으로, 어른들의 풍부한 성경 지식과 성경구절에 대한 생각도 아주 인상적이었다. 교회에 오래 다녔고 견고한 복음주의 설교를 많이 들어본 사람들이 분명했다. 나눔 시간은 한 시간가량 계속되었고, 그 후에 10분 정도 서로 위하며 기도하는 시간을 보냈다. 어린 소년은 이미 아빠 품에서 잠이 들었다. 돌아가야 할 시간이었다. 인사를 하고 문을 나섰다. 이들이 모은 헌금을 가난한 사람들을 먹이는 데 쓴다는 이야기를 듣고 깊은 감명을 받았다. 이들은 매달 적지 않은 시간을 들여 지역 빈민가를 찾아 그곳 사람들을 만나고 그곳 아이들과 어울린다. 이들은 자신의 이름과 비전 선언문을 중요하게 여긴다. 더 많은 교회가 이렇게 헌신되었으면 하는 생각이 들었다.

전통 교회의 반발

나는 전도와 공동체에 대한 열정처럼, 유기적 기독교의 몇몇 부분에 한껏 들떴다. 그래도 전통 교회가 뭐라고 말하는지 알고 싶었다. 전통 교회는 유연한 교회와 유기적 기독교 개념에 열린 태도를 취하는가?

인터넷에서 남침례교 신학교 존 해미트John Hammett 교수가 쓴 '이머징 교회 운동에 대한 교회론적 평가'[12]라는 글을 발견했다. 완벽해! 내가 이렇게 생각한 이유는 특히 키스가 남침례교에서 안수를 받은 목사였기 때문이었다. 아이러니를 이해할 수 있었다.

전통 교회가 이머징 교회의 교회론을 의심스러워한다고 성급히 말할 수는 없었다. 한 문장이 눈에 들어왔다. "이머징 교회는 포스트모던 세대를 겨냥할수록 자신이 반대하는 교회가 될 위험이 높다. 다시 말해, 우리의 소비문화를 종교적으로 투영하는 교회가 될 위험이 높다." 해미트 교수는 "교회는 늘 쌍둥이 위험에 직면한다. 하나는 문화의 포로가 되는 것이고, 다른 하나는 문화와 괴리되는 것이다"라고 말했다.[13] 또는 내가 설교에서 매우 자주 말하듯이, 종족주의의 위험과 동화의 위험이다.[14]

해미트 교수는 이어서, 복음주의가 "모던 문화에 사로잡혀 포스트모던 문화와 괴리되었다"라는 이머징 교회의 비판은 정확하다고 말한다. 그러나 문제는 "이머징 교회 자체가 문화의 포로가 될 수도 있다는 것이다. 즉 포스트모던 문화만의 포로가 될 위험이 있다." 따라서 이머징 교회가 취한 순응이 필요한 게 아니라 교회는 '문화와 맞서는' 태도를 취해야 한다.[15]

해미트 교수는 이머징 교회가 교회론에서 혼합주의에 빠졌다고 말한다. 매우 강한 비판이다. 이머징 교회는 포스트모던 문화에 다가가겠다는 열망 때문에, 문화가 자신의 교회론을, 교회가 틀을 갖추고 조직을 구성하는 방식을 결정하도록 허용해버렸다. 문화와 괴리되지 않으려다가, 문화 조류가 투영된 형식과 틀(지도자 그룹, 직무 폐지, 성직자제

폐지, 유연한 틀, 제한적인 책임)을 받아들이고 말았다. 이것은 새로운 경영 모델의 흐름이며, 교회에는 좋은 징조가 아니다. 해미트 교수는 이 머징 교회가 교회 문을 스스로 열고, 그들이 그렇게도 전통 교회를 비판하는 부분인 소비자 모델에 굴복하고 말았다고 말한다.[16]

키스의 가정 교회는 목사도 없고, 직무도 없으며, 구조가 유연하다. 키스도 여기에 동의할 것이다. 그러나 그의 교회에 책임도 없다는 데는 동의하지 않을 것이다. 키스에게 교회 권징을 물었을 때, 그는 가정 교회 내부에서 형성된 관계에서 권징이 이루어진다고 했다. 구성원의 잘못된 선택을 몇 차례나 지적했었다고 했다.

"하지만 리더가 아주 젊고 신학적으로 훈련되지 않은 경우는 어떻게 하나요? 그럴 때도 똑같이 할 수 있을까요? 아니면 그냥 내버려두어야 하나요?" 내가 물었다.

"제가 그들을 사랑하는데도 그들이 제 말을 듣지 않는다면, 제 위에 있는 사람의 말이라고 들을까요?" 그가 말했다.

나는 동의해야 했다. 그럴 것이다. 사람들이 그렇게 하겠다고 입회 서약을 하지 않았고, 지도자가 자신의 영혼을 돌본다는 신학적 확신이 없다면 그럴 것이다(히 13:17).

그러나 전통 교회는 이머징 교회를 혼합주의라고 비판하는 데서 그치지 않는다. 읽을수록, 유기적 교회를 비판하는 논증이 많이 보였다. 어떤 비판자는 이머징 교회의 리더십 모델을 깊이 의심했다. 이들은 교회의 틀과 리더십이 오용될 여지가 있고, 실제로 오용되었으며, 리더가 사랑으로 권위를 쌓아야 한다는 점을 인정한다. 그러나 이들은 지도자가 따로 없고 권위를 공유하며 함께 결정을 내리는 조직에 깊이 빠진 새로운 경영 모델은 역효과를 내고 권력 남용에 이를 위험이 있다는 점을 재빨리 지적한다. 폭군을 닮은 지도자는 단단히 통제된 자치 조직에서만큼이나 혼돈 속에서도 활개를 친다. 훨씬 더 활개 칠지도 모른다.[17]

그러나 훨씬 더 위험한 사실은, 이머징 교회에 속하는 수백만 명이, 이처럼 제도 교회 외부에서 느슨한 연합 네트워크 속에서 자기 신앙을 추구해도 좋다는 말을 듣는다는 것이다. 전통 교회 진영의 비판자에게는 매우 우려스러운 일이다. 완전한 자유를 방해한다는 이유로 책임과 권징과 권위를 회피하는 과격한 개인주의 시대에, 이머징 교회는 그리스도인으로 성장하고 그리스도인의 삶을 유지하는 데 절대적으로 필요한 몇몇을 피하고 있다. 신앙이 자라고 문화에 완전히 함몰되지 않으려면 전통적 교회관이 필요하다.

대결 상태

그러므로 문제는 이것이다. 전통 교회는 피트 워드와 키스 자일스를 비롯한 사람들이 충분히 성경적이지 못하다고 생각한다. 세상 방식에 깊이 빠진 나머지 그들의 교회론 때문에 교회를 위험에 빠뜨리고 말았다고 생각한다. 그러나 워드와 자일스는 자신들이 성경에 기반을 둔 교회론을 수립했다고 말할 것이다. 사실, 이머징 교회는 오히려 전통 교회가 충분히 성경적이지 못하다고 반박한다. 전통 교회가 계몽주의 모더니즘에 깊이 물들었다는 것이다.

전통 교회와 이머징 교회 양쪽 다 자신의 교회론이 성경에 기반을 둔다고 주장한다. 그러나 양쪽은 서로 다른 결론에 이른다. 성경 본문은 같은데 결론은 다르다. 이머징 교회에게 더욱 성경에 기반을 둔 교회론이 필요하다고 말해봐야 소용없다. 이머징 교회는 자신의 시각이 성경에 잘 맞는다고 생각하기 때문이다. 세상에 효과적으로 다가가도록 교회의 틀을 갖추는 성경적 선교관이 전통 교회에 더욱 필요하다고 믿는다.[18]

그렇다면 누가 옳은가? 어떻게 해야 이러한 대결 상태가 끝나겠는가? 이 담론은 내가 교회 개척자로서 성경에 맞고, 건강하며, 밖에 초점을 맞춘 교회를 세우는 데 어떤 도움을 주는가?

논쟁의 틀을 짜는 새로운 방법

이러한 대결 상태를 숙고해보니, 유기적 교회가 제시하는 새로운 방식을 인정하게 되었다. 그러나 교회를 네트워크로 보는 이러한 시각의 위험을 말하는 전통 교회의 지적에도 동의한다. 유연한 교회는 선교의 열정을 주고, 전통 교회는 제도 교회를 온전히 건강한 상태로 회복하라고 요구한다. 나는 양쪽의 주장, 곧 혁명과 개혁을 모두 좋아하기는 하지만, 양쪽의 대화에 뭔가 빠졌다고도 느꼈다.

마음속으로 양 진영을 중재해보았으나 위대한 전통이 빠지면 뭔가 안 맞는다는 생각을 피할 수 없었다. 그래서 많이 고민한 끝에, 이렇게 결론 내렸다. 교회의 틀과 체제의 고유한 형식을 가르치는 위대한 전통이 없으면, 우리는 계속 서로 엉뚱한 이야기만 할 것이다. 이런 대결 상태를 뛰어넘어 공공의 기반을 찾아낼 다른 길은 없다.

전통 교회는 이머징 교회가 혼합주의에 빠지고 세속에 넘어갔다고 공격한다. 이머징 교회는 전통 교회가 세상과 괴리되고, 종족주의에 빠졌으며, 주변 사람을 돌아보지 않는다고 공격한다. 양 진영은 자신이 성경에 맞다고 주장한다. 이런 식이다. 미로슬라브 볼프는 우리가 무엇이 교회의 본성이며, 어떻게 구원과 성장이 교회를 통해 이루어지는지, 교회에서 직임자의 위치는 어딘지 깊이 생각하지 않을 위험에 처했다고 주장한다. 나는 그의 주장을 외면할 수 없었다. 또 남침례교의 해미트와 자일스에게서 충격을 받았다. 두 사람 모두 자신의 생각이 철저히 성경에 들어맞는다고 주장하지만, 서로 전혀 다른 교회론을 펴기 때문이다. 이것은 양쪽 다 위대한 전통의 자원이 없기 때문인가?

볼프가 말하듯, 양쪽 다 자신이 원하는 바를 성경에서 취해 자기 견해를 뒷받침한다. 이 때문에, 어느 쪽도 교회 역사와 씨름하지 않으며, 과거 2천 년이 교회의 본성에 관해 무엇을 가르쳐줄 수 있는지 알려고 하지 않는다. 볼프의 지적이 정확하다고 생각한다. 그래서 나는 이러한 가설과 교회의 연합을 바라는 간절한 열망을 품고, 제3의 길을, 내가 깊이 있는 교회를 세우도록 도울 비전을 개척했다. 그리고 이런 공식을 얻어냈다.

성경 + 전통 + 선교 = 깊은 교회론

나는 성경과 선교만을 교회론의 기초로 보거나(유연한 유기적 모델) 성경과 하층부 전통만을 교회론의 기초로 보는(전통 교회 모델) 대신, 중요한 셋째 요소인 위대한 전통을 추가했다. 이러한 관점으로 보면, 깊이 있는 교회는 유기적 교회와 전통 교회의 장점을 많이 받아들일 수 있을 뿐더러 양쪽을 넘어서게 된다.

우리는 교회론에서 성경과 선교뿐 아니라 교회가 '물려받은 형식'도 중요하게 여긴다. 왜 그런가? 전통이 없으면, 성경이 말하는 교회와 그 교회의 조직 방법을 정확히 해석할 만한 개별적이고 전체적인 지혜가 없기 때문이다. 우리는 매일 삶에서 겪는 시련에서, 전통과 가까운 과거가 교회론을 지배하도록 두거나 주변 문화가 교회관을 형성하도록 두면서도 자신의 교회론이 성경에 맞는다고 생각할 위험이 아주 크다.

전통 교회는(특히 자유교회 배경인 사람은) 성경만큼이나 지난 150년 간 계속된 모더니티의 기업 모델에서 큰 영향을 받았다. 전통주의자는 이 모델이 성경에 맞는다고 생각할 것이다. 그러나 역사와 전통을 보는 긴 안목이 빠진다면, 그렇다고 말하기 어렵다. 반대로, 이머징 교회는 문화가 교회 직무와 권징에 대한 성경의 가르침을 수정하도록 허용해 버렸다. 결국, 위대한 전통에서 지혜를 구하지 않았기에 어느 진영도 문화의 지배에 저항할 자원이 없다.

나는 어렵게 결론에 이르렀다. 전통과 역사는 성경과 세상을 보는 시각을 점검해준다. 나는 이것을 확신한다. 교회의 산 역사와 그 속에서 일하시는 하나님의 성실하심을 소홀히 여기면, 과거의 실수를 되풀이하게 된다. 그렇게 되지 않으려면, 실수에서 배우고, 과거의 지혜로 자신을 점검하며, 이 시대에 교회로 존재한다는 말이 무슨 뜻인지 성경과 선교와 전통에 비추어 밝혀내야 한다.[19] 이것이 지금까지 리디머 장로교회가 추구한 목표이다.

깊은 교회론

리디머 장로교회는 성경과 전통과 선교 이 세 화음을 어떻게 표현했는가? 시험적으로, 겸손하게, 그러나 확신하며 표현한다. 다음은 이것이 깊이 있는 교회에서 표현되는 다섯 가지 실제적인 방식이다.

1. 균형   첫째, 우리는 전통이(그리고 물려받은 가장 좋은 교회 형태가) 그리스도의 몸은 제도이자 유기체여야 한다고 가르친다는 결론을 내렸다. 전통은 우리가 그리스도를 통해 하나님의 구원 사역으로 믿음에 이르렀으므로 공동체에 자리를 잡아야 한다고 말한다.

지난 주일에, 우리는 여섯 살배기 안니카 반센이 온 교인 앞에서 신앙을 고백하는 가슴 뭉클한 광경을 보았다. 이러한 신앙고백으로(안니카는 이전에 유아세례를 받고 하나님 언약 가족의 일원이 되었다) 안니카는 성만찬에 참여할 자격을 얻었다. 아이가 신앙을 고백하고 회중과 지도자에게 서약하는 모습은 그야말로 아름다웠다.

깊이 있는 교회에서는 구성원이 나이를 불문하고 중요하다. 우리는 멤버십 서약을 진지하게 여긴다. 리디머 장로교회의 구성원이라는 말은 다른 사람들을 사랑하기 때문에 특정한 법과 틀과 리더에게 복종한다는 뜻을 내포한다. 모든 건강한 공동체는, 가정이라도 법과 틀과 리더가 있다. 우리는 교회를 하나의 제도로 받아들이길 두려워하지 않는다. 함께 살려면 사랑이 필요하다. 그리고 사랑은 공식적이든 비공식적이든, 공동체에 덕이 되는 법을 요구한다. 이러한 법은 대부분 우리 구원에 필수적이지는 않더라도 공동체의 사랑과 연합을 유지하는 데 꼭 필요하다. 따라서 모든 구성원이 공동체의 유익을 위해 법을 자발적으로 받아들인다. 우리 교회의 네 가지 핵심 강령과 정치와 그 밖의 비공식적인 행동 규범은 우리가 사랑의 대의를 섬기는 데 도움이 된다. 교인들에게 이것을 말하길 부끄러워하지 않는다. 이것이 공동체의 건강에 필수라는 사실을 알기 때문이다.

그러나 교회는 하나의 유기체이기도 하다. 우리가 전에는 긍휼을 입지 못했으나 이제는 긍휼을 입은 백성이다(벧전 2:10). 하나님은 긍휼하시며, 백성들에게 그분의 선한 창조 세계를 새롭게 하도록 도우라고 요구하신다. 이러한 하나님의 긍휼과 요구는 우리가 세상을 취하는 외적 자세로 이어진다. 우리는 제도로 부름을 받았을 뿐만 아니라 세상을 새롭게 하는 사명을 띠고 파송받으려고 부름을 받았다. 교회 역사는 우리에게 이 중요한 균형을 회복하라고 요구한다. 제도와 유기체라는 교회의 두 가지 면을 제대로 보지 못하면, 교회론은 일그러지고 우리는 건강하지 못한 지경에 빠진다.

간단히 말해, 리디머 장로교회는 문제가 무엇인지 안다. 교회는 분명히 하나의 제도이며, 이것은 피할 수 없는 사실이다. 그러므로 문제는 교회가 하나의 제도이냐가 아니라 그 제도가 어떤 모습이며 그 목적이 무엇이냐는 것이다.

2. 하나님은 리더를 부르신다 깊이 있는 교회론은 위대한 전통에서 직임자(장로와 집사)가 처음부터 교회의 필수 요소였다는 사실을 배운다(행 14:23).[20] 지도자 없는 모임과 가정 교회 개념이 아주 매력적이기는 하다. 그러나 공식적인 장로와 집사에 대한 성경의 가르침은 피하기 어렵다. 그렇다. 우리는 유기적이길 바라고 선교를 하길 원하며, 만인제사장설을 실제로 적용하길 원한다. 그러나 그와 동시에, 어느 지역

교회도 분명하게 인정된 리더가 없이는, 즉 직임이 없이는 오래도록 남아 자기 소명을 다하지 못한다는 것을 안다. 교회의 긴 역사가 이것을 증명한다.[21]

최근에 우리 교회는 예배를 드리면서 장로 임직식을 했다. 나는 회중에게 장로의 직무를 설명했다. 나는 위대한 전통이(그리고 우리의 구체적인 전통이) 임직과 하나님이 주신 직임의 권위가 갖는 중요성을 보여주는 놀라운 자료를 제공한다는 사실에 감사한다. 나는 장로는 주로 네 가지 일을 하도록 부르심을 받았다고 설명했다. 장로는 첫째 말씀과 성례의 순수함을 수호하고, 여기에 담긴 복음 메시지를 수호해야 하며, 둘째 하나님이 지역 교회에 주신 특별한 비전을 수호해야 하며, 셋째 사람들을 공동 사역자로 훈련해야 하며, 넷째 필요할 때는 경건한 권징을 시행해야 한다.

임직자는 회중에게 "(장로의) 모든 의무를 성실하게 수행하고, 하나님의 은혜로 나의 삶에서 복음에 대한 고백을 지키며, 하나님이 나로 직무를 맡겨 섬기게 하신 교회 앞에 값진 본을 보이겠노라"고 서약하고 무릎을 꿇었다. 모든 장로가 임직자에게 안수했다. 나는 하나님이 그의 삶과 사역을 통해 교회에 힘을 더하고 교회를 보호하시며, 우리를 세상을 위한 선교의 길로 인도해달라고 기도했다. 또한 하나님께 임직자가 놀라운 지도자가 되게 도와달라고 기도했다. 그가 다른 사람을 지도자와 섬기는 자로 양육하도록 도와달라고 기도했다. 나는 모든 사람을 은사가 있는 사역자로 보는 시각과 어떤 사람은 말씀을 가르치고 성례를 행함으로써 교회를 이끌도록 부름을 받았다고 보는 시각의 긴장을 이해하도록 훌륭한 자료를 제공하는 전통에 깊이 감사했다.[22] 이것이 실

제적인 선교 리더십이다.[23]

위대한 전통은 장로나 목사에게 경건한 권징의 의무도 있다고 가르친다. 하이델베르크 요리문답에 이런 내용이 나온다. '거룩한 복음 전파와 기독교의 권징'으로 천국이 열리고 닫힌다(§83). 우리가 알기로, 요즘은 권징이 널리 시행되지 않고 자주 오용되기까지 한다. 그러나 권징이 없으면, 교회는 오랫동안 건강하고 선교하는 교회로 남지 못한다. 내가 키스 자일스의 교회와 같은 가정 교회를 가장 걱정하는 점은 권징을 행할 공식적 기구가 없다는 것이다. 나는 키스에게 다른 구성원이나 리더와 키스에게 분쟁이 일어나면, 특히 다른 사람이 정도를 벗어났을 때, 누가 중재하느냐고 물었다. 그는 실제로 누가 중재할지 몰랐다. 그저 자신이 그 사람과의 관계를 토대로 설득해볼 거라고 했다. 그러나 이것으로 충분하지 않은 경우를 직접 보았다. 때로는 장로회나 교단 같은 상위 법정이 필요하다.

깊이 있는 교회에서 권징의 절대 다수는 제자훈련 과정(예를 들면, 세밀한 성경 교육, 소그룹 구성원들의 책임감, 비공식적 권면)에서 이루어진다. 그러나 공식적인 권징이 필요하다. 장로들에게 알리거나 수찬을 정지하게 하거나 직무를 정지하거나 심지어 출교까지 필요할 때가 있다.

나는 권징이 교회 건강에 얼마나 중요한지를 깊이 생각하면서, 유연한 교회가 그렇게도 인기 높은 이유는 부분적으로 지도자들이 자신이 보살피는 사람들의 잘못을 지적하기 싫어하기 때문이 아닌가라는 의문이 들었다.[24] 나는 목사이기에 다인의 습관적 죄를 지적하기가 얼마나 어려운지 안다. 그러나 그 일을, 눈물을 흘리며 하도록 부르심을 받았다. 요즘 사람들은 책임지길 싫어한다. 그래서 잘못을 하더라도, 징계

(권징)받길 싫어한다. 그러나 그들의 영혼과 공동체를 위해서는 경건한 권징이라는 도전을 해야 한다. 공식적 권징과 비공식적 권징을 받아들여야 한다. 우리가 물려받은 과거의 틀은 이것을 가르쳐준다.

3. 은혜의 수단인 예배　　전통은 교회의 직무를 가르쳐줄 뿐 아니라 교회가 단지 자발적 조직이 아니라 실제적인 은혜의 수단이라는 사실도 보여준다. 고대 교회는 비록 예배를 일주일 내내 드리더라도 주일 예배는 뭔가 특별하다고 말한다. 무엇이 특별한가? 그리스도인으로서 성장하게 해주는 은혜이다. 말씀을 공식적으로 읽고 선포하는 시간은 교인을 먹이고 바로잡고, 교인에게 힘과 감동을 주는 특별한 역할을 수행한다. 성례는 공동체 전체를 위한 의식으로 그리스도의 진정한 임재를 전하고, 연합을 강조한다. 성찬식은 말씀의 가시적 표현으로, 영적 연료처럼 긴 여정을 앞둔 우리를 먹이고 우리에게 힘을 준다.

우리는 예배를 아주 중요하게 여긴다. 그래서 교인들에게 주말에 업무나 휴가로 다른 곳에 갈 때는 다른 신자들의 공동체를 방문해 함께 예배를 드리라고 권한다. 사실, 우리 교회 교인 가운데는 방문한 교회의 주보를 가져오거나 그 교회의 인사를 전하는 것을 큰 자랑으로 여기는 사람들이 있다.

4. 전통을 세워나가라　　더욱이, 위대한 전통은 성경에 맞으며 선교하는 공동체가 최고의 전통을 어떻게 물려주는지 생각하도록 우리를 돕는다(고전 11:2). 이것을 나의 네 자녀와 연결해서 생각할 때가 많다. 나는 아이들에게 가장 좋은 전통을 물려주고 싶다. 그것에 새 생명을 불어넣어 그 전통이 아이들에게 뿌리내리고, 자양분을 공급하며, 감동을 주게 하고 싶다. 아이들은 자신이 처한 환경에서 자란다. 아이들이 최

고의 역사적 전통을 배우고 체득하면 좋겠다. 말씀과 성례, 찬송과 찬양, 공동체, 경건한 목자들, 강력한 공동체의 증언과 자비로운 행위, 소금과 빛으로 살라는 하나님의 부르심, 이것이 모두 교회 제도와 틀과 직무로 이루어진다. 좋은 전통은 우리의 영혼이 살찌게 한다. 좋은 전통은 우리에게 몇 가지를 상기하게 한다. 기독교는 개인보다 크며, 우리 구원은 치료에 불과하지 않다. 교회는 칼뱅이 말했듯이 말 그대로 '구원의 어머니'이다. 그리스도인의 삶은 깊은 전통이 절실히 필요하며, 따라서 전통을 지키고 물려주는 제도가 없다면 빈약해진다. D. G. 하트의 말처럼 "복음주의자들이 믿듯이 개인적인 성경 읽기와 기도로 하나님과 나누는 교제가 기독교의 가장 중요한 부분이라면, 가시적인 교회 사역이 누구에게 가장 필요하겠는가?"[25] 깊이 있는 교회는 가시적인 교회를 품는다.

5. 전통은 현실에 아주 적절하다 마지막으로, 우리는 전통에서 예스러움이 현실에 아주 적절하다는 것을 배운다. 고대 교회에는 매우 현대적인 깊이가 있다. 우리가 전통(우상숭배를 지적하는 부분을 포함해 위대한 전통 전체)에 깊이 뿌리내릴수록 오늘의 삶을 위한 우리의 자원은 풍부해진다. 내 친구이며 교부 시리즈(Ancient Christian Commentary on Scripture, 분도출판사에서 출간하고 있다-옮긴이)의 편집자 토머스 오덴이 생각난다. 그는 수년째 유행에 민감하고, 영적 흐름의 첨단을 좇음으로 주변 문화에 다가가려고 노력했다. 그러나 그는 전통에 깊이 뿌리를 내릴 때에야 비로소 시대를 공감하고 시대의 가장 깊은 갈망에 진정으로 다가갈 수 있었다.[26] 토머스 오덴과 수년째 알고 지내는 어떤 친구는 그를 현대의 성자라 부른다. 나는 오덴의 이런 깊이와 진정성이 전

통의 샘물을 마신 데서 온다고 믿는다. 깊이 있는 교회가 이러한 적합성이 있으려면, 사람들과 문화에 진정으로 강한 영향을 미치는 적합성이 있으려면, 교회론을 정립할 위대한 전통의 자원을 재발견해야 한다. 깊이 있는 교회는 성경적이고 선교하며 최고의 전통을 받아들인다.

* * *

앞서 말했듯이, 리디머 장로교회는 주일 아침 예배 인원과 공동체 그룹이 늘어나면서 틀을 더 갖춰야 했다. 틀이 우리 선교를 뒷받침했다. 그러나 교인이 늘어나고 더 많은 리더가 당회에 들어오면서, 1세대 교인들 내부에 긴장이 고조되었다. 초기 리더들이 전에 없이 나를 압박했다. 교회의 원래 비전에 대한 저항이 순식간에 커졌다. 몇몇 사람이 교회 방향과 사역 철학과 외부로 향하는 교회의 발길과 더 큰 교회 내에서 연합을 이루려는 갈망을 비판하기 시작했다. 내가 생각하기에, 이것은 장로교인에게 적합한 행동 방식이 아니었다.[27] 독립교회에서 이런 일이 있었다면, 대부분 교회 분열로 이어질 게 분명했다.

나는 화도 나고 무섭기도 했다. 우리는 힘들게 노력해서 이 특별한 교회를 세웠다. 그런데 이제 그 노력이 물거품으로 돌아갈 위기에 처했다. 교회 개척 전문가가 이러한 유형의 힘겨루기는 신생 교회가 3년차에 접어들 때 흔히 일어난다고 했다. 그러나 이 말이 내게는 그다지 위로가 되지 않았다. 이들이 많은 신생 교회가 이런 힘겨루기를 버텨내지 못한다고 했을 때, 정말이지 앞이 캄캄했다.

긴장이 고조되면서, 교인 다섯 명이 비공식 면담을 요청했다. 내가 약속 장소에 도착했을 때, 그들은 아홉 페이지짜리 청원서를 내밀었다. 충격이었다. 겨우 첫 페이지를 다 읽었을 때, 요구대로 했다가는 교회가 무너지리라는 생각이 들었다. 우리 교회의 치부가 노회에 알려지는 게 당혹스러웠다. 그렇더라도, 마음 깊은 곳에서는 노회야말로 이 문제를 다루기에 적합하다는 생각이 들었다. 어쨌든, 우리 교회는 아직 장로회(당회)가 없었고, 이들은 상소할 법정이 필요했다. 내가 옳다고 느꼈다. 내가 무고를 당했기에, 노회의 도움이 필요했다.

그때, 나의 리더십과 성실성이 의심을 받는 게 아주 고통스러웠다. 그렇지만, 내가 장로교인인 게 기뻤다. 교단이 있어서 감사하다. 이런 분쟁을 해결하게 돕는 교회 질서에 관한 책이 있어 얼마나 감사한지 모른다. 권징이라는 성경 유산이 있어 감사한다. 그리고 교회를 분열하게 할지 모르는 이러한 위기를 지혜롭게 해결하는 경건하고 안수 받은 지도자들이 있어 행복하다. 우리 교회가 독립교회가 아니라서 크게 안심이 됐다. 독립교회였다면, 결과는 아주 비극적이었을 것 같다.

무슨 일이 있었는가? 노회는 고소를 살피고 들으며, 필요하면 권징을 시행하려고 위원회를 조직했다. 위원들은 4개월에 걸친 화해 과정을 시작했다. 그러나 장로들로 구성된 위원회가 청원자의 완고함을 지적하자, 청원자는 교회를 떠났다. 위원회는 이들에게 더는 교회의 평화를 어지럽히지 말라고 경고했다. 그러나 이들은 위원회의 경건한 권징에 복종하지 않고, 그들의 가족을 포함해 몇몇 교인을 데리고 교회를 나가버렸다. 나는 아주 마음이 아팠다. 그러나 다행스럽게도, 이들은 교회를 가르지 못했다. 우리는 실패했는가? 어떤 사람은 그렇다고 말한다. 연합(하나 됨)을 지키지 못했다면, 어떤 면에서 보면 실패한 게 분명하다. 그러나 또 다른 면에서 보면, 우리는 성공했다. 교회의 건강을 지키기 위해 권징을 시행해야 할 때가 있다. 나는 우리가 물려받은 형태의 교회가 교회를 보호하고, 강하게 하며, 세우기 위해 안수직을 지지한다는 사실에 감사한다.

마지막으로, 이 시기는 나의 오랜 목회 생활에서 가장 고통스러운 순간이었다. 나와 가족은 큰 상처를 입었다. 교회도 아픔을 겪기는 마찬가지였다. 그러나 되돌아보면, 그 일은 아버지 하나님이 내리시는 징계(권징)의 한 부분이었다. 내 리더십의 약점이 무엇이며, 얼마나 회개해야 하며, 상처에서 어떻게 벗어나야 하며, 교회의 유기적 본성과 성경적 틀을 어떻게 조화시켜야 하는지 많이 배웠다. 전통과 경건한 장로들과 공유하는 아름다운 권위와 회중이나 나의 우선순위가 잘못되었을 때 회중을 내게서 보호하고 나를 회중에게서 보호할 수 있는 교단의 지혜로운 감독에 깊이 감사한다.

이 장에서는 교회의 제도적인 면을 집중적으로 살펴보았다. 그러나 유기체로서 교회를 이해하기 전에는 교회론을 완성할 수 없다. 그래서 다음 장에서는 이머징 교회의 마지막 항의를 살펴보려 한다.

10

DEEP CULTURE

깊은 문화

그리스도인은 성읍 전체를 위해
문화를 창조하는 사람으로 인식되어야 한다.
우리는 주변 문화와 뚜렷이 구분되는 동시에 주변 문화에 참여한다.

나는 2001년에 교회를 개척하고 미국 장로교회[PCA]에 가입했다. 그해는 웨스트민스터 신앙고백에 서명하는 문제로 아주 시끄러웠는데, 우리 교단의 모든 교회와 목사는 반드시 서명해야 했다. 이 신앙고백 덕분에 우리는 고백 교회가 되었다. 논쟁의 중심은 사역자가 이 신앙고백을 어느 정도까지 못 믿더라도 안수를 받을 수 있느냐는 문제였다. 한편으로, 엄격한 서명주의자는 웨스트민스터 신앙고백의 모든 부분에 반드시 동의해야 한다고 믿는다. 반면, 시스템 서명주의자는 모든 조항을 고수하기보다 신앙고백의 시스템에 충실한 것이 더 중요하다고 믿는다. 웨스트민스터 신앙고백에 대한 서명 문제를 두고 벌어진 싸움 때문에, 미국 장로교회의 연합은 깨지고 교회가 분열되었다. 엄격한 서명주의자는 모두 다 서명하기 전에는 충성스러운 신자일 수 없고, 건강한 교회를 세우지 못하며, 하나님을 영화롭게 하지 못한다고 믿었다. 시스템 옹호자는 이러한 전술은 더 큰 논쟁과 분열, 더 많은 교회 개척에 투입할 힘의 낭비를 초래할 뿐이라고 믿었다.[1]

논쟁이 최고조에 이르렀을 때, 우리 교단에서 교회 개척에 가장 성공한 축에 속하는 팀 켈러가 교단 연례 총회에서 연설을 했다. 켈러는 교착 상태를 풀고 싶었다. 그리고 문제는 신앙고백과 성경을 보는 차이를 넘어선다고 했다. 문제는 문화, 세상을 보는 방식, 복음을 우리 문화에 맞게 상황화하는 일과 더 깊은 관련이 있었다. 그는 시스템 서명주의자는(그도 여기에 속한다) 이제 엄격한 서명이 옳다면서 당장에라도 신앙고백서에 서명할 수도 있으나 그런다고 논쟁이 종결되지는 않을 거라고 했다. 이렇게 하면 양쪽이 잠시 하나가 되기는 하겠지만, 내일이면 다시 서로 으르렁거릴 게 자명하기 때문이다. 왜 그런가? 이 논쟁은 단순히 교리와 서명 문제가 아니기 때문이다. 다시 말해, 이 문제는 세상을 보는 방식과 더 깊은 연관이 있다. 양 진영은 문화에 대해, 교회가 문화에 어떻게 접근해야 하는지에 대해, 철저히 대립된 시각을 고수한다.

간단히 말해, 켈러의 말처럼, 미국 장로교회 내부의 근본적 차이는 신학이나 신앙고백서가 아니라 문화와 관련이 있다. 양 진영은 세상을 서로 다르게 본다. 따라서 양 진영이 신앙고백서 문제에서 일치점에 이르더라도 둘 사이 틈은 메워지지 않는다. 신앙고백서는 문화 문제를 다루지 않기 때문이다. 이것은 1640년대 영국에서는 다루지 않은 문제다. 당시 영국은 기독교 문화를 당연하게 여겼기 때문이다. 그러나 우리가 사는 시대와 사회에서는 그리스도인과 기독교 문화가 더는 주류가 아니다.

나는 켈러의 말이 큰 돌파구라고 느끼며 총회장을 나와 점심을 먹으러 갔다. 미국 장로교회에서 양 진영이 서로 많은 부분에서 일치하는데도 이렇게 팽팽한 긴장 관계에 빠진 이유를 달리 어떻게 설명하겠는가? 다른 목사들에게 이것을 이야기해주고 싶어 좀이 쑤시던 차에 최근에 만난 캘리포니아 출신 젊은 목사들과 함께 앉아 점심을 먹게 되었다. 그들에게 켈러의 발언을 꺼냈으나 반응은 충격적이었다. 그들은 켈러가 크게 잘못했다고 했다. 미국 장로교회의 모든 문제를 엄격한 서명으로 해결할 수 있다고 했다.

"그분이 하는 이야기를 듣기는 한 건가요?" 내가 물었다.

"예, 들었지요. 하지만 그분은 핵심을 완전히 놓친 것 같아요. 이것은 서명 문제에요. 문화와는 아무 상관도 없어요."

팽팽한 긴장을 눈치챘는지, 한 사람이 이렇게 말했다. "목사님이 저희 틈에 앉긴 하셨는데, 한 가지를 모르시는 것 같네요. 저희 모두 TR이에요." 모두 웃고, 나도 웃었다. 'TR'은 진정한 개혁주의Truly Reformed의 약자이며, 자신이 개혁주의 진영에서 다른 사람들보다 더 한결같이 개혁적이라고 믿는 사람을 가리키는 말이다.

한 방 맞은 느낌이었다. 그러나 미소를 띠며 말했다. "근본주의자라는 뜻이군요!" 이번에는 그들이 웃었다. 그러나 그 순간 우리는 화제를 바꾸었다.

미국 장로교회에 엄격한 서명주의자와 시스템 서명주의자 사이에 이렇게 골이 깊다면, 복음주의에는 얼마나 깊은 골이 있을까? 사실, 이것이 이머징 교회와 전통 교회가 합의점에 이르지 못하는 가장 큰 원인일 것이다. 어느 이머징 교회 저자는 이렇게 말한다.

> 복음과 문화는 이머징 교회의 핵심이다. 나는 이머징 교회나 대안 예배 형태를 말할 때면 거의 어김없이 어느 시점에선가 복음에 물을 타고 있지 않느냐는 질문을 받는다. 이 질문은 교회가 문화와 접촉하면 문화에 먹힐 거라는 우려에서 나온다. 이 질문은 우리에게 복음과 문화 가운데 선택하라고 요구한다.[2]

불신을 잘 파악한 말이다. 기독교 공동체는 문화 문제로 나뉜다. 나는 T. M. 무어의 말을 좋아한다. "현대 문화 상황에 실행 가능한 기독교적 대안을 갖고 대처하는 연합 전선은 현재 존재하지 않는다."[3] 나라면 주변 세상에 연합 증언도 존재하지 않는다고 덧붙이겠다.

양 진영 다 이러한 연합의 부재에 책임이 있다. 선이 그어졌다. 새로운 이머징 목소리는, 자신들이 문화적으로 편협한 근본주의 환경에서 자란 사실에 자주 반발하면서, 전통 교회가 분파적이고, 포스트모던 문화 사람들에게 다가가려는 열망이 없으며, 예술 분야에서 창의적이라는 성경의 요구에 무관심하고, 기독교 세계(교회와 국가의 정치적 결합)에 팔렸다고 비판한다. 이머징 저자들은 기독교 세계의 중심에 자리 잡은 권력욕이 특히 정치 분야에서 남용되었다고 말한다.[4] 교회는 국가와 손을 잡았기 때문에, 사회에서 혹평을 받는다. 사회는 교회가 판단하길 좋아하고, 위선적이고, 권력에 굶주리며, 가난한 자들에게 무관심하다고 여긴다. 간단히 말해, 전통 교회는 세상에서 그리스도 운동을 펼치기에 적합하지 않게 되었다.

전통 교회는 이머징 교회가 가장 나쁜 형태의 혼합주의에 굴복했으며, 그들이 다가가길 원하는 포스트모던 세계와 구분할 수 없게 되었다며 맞받아친다. 전통 교회는 이머징 교회가 세상과 동화되고 세속화되었으며 소금의 능력을 잃었다고 말한다. 세상이 이머징 교회를 주물러 자기 입맛에 맞게 해버렸다.

이머징 교회와 전통 교회의 주장과 반격은 계속된다. 이러한 대결 구도 때문에 불신의 골이 갈수록 깊어진다. 바깥세상에 내놓을 공동 전선이 없고 연합도 없으며, 이 때문에 우리의 증언뿐 아니라 효율성도 힘을 잃는다. 우리는 공통 기반을 찾아야 한다. 우리 사이에는 공통점이 우리가 인정하는 것보다 훨씬 많다.

우리는 제3의 길이 필요하다. 문화에 관한 새로운 합의점이 필요하다. 나는 이것이 가능하다고 믿는다. 나는 양 진영이 모든 방법이나 전락에서 합의에 이를 것이라고 생각할 정도로 순진하지 않다. 그러나 희망을 품어도 좋다. 무어가 주장하듯이 "모든 종파의 상당히 많은 사람이 모든 형태의 문화를 창조하고 활용하는 부분에서 같은 목소리를 내고 같은 자세를 취하도록, 한계를 분명히 하고 다양한 토론의 장을 마련하는 게 가능하다."[5] 내 목적은 대결 구도를 종결하고 문화에 대한 진정한 합의점에 이르는 제3의 길을 제시하는 것이다. 이제 이머징 교회가 제기하는 일곱 번째이자 마지막 항의를 깊이 살펴보겠다.

문화에 대한 이머징 교회의 항의

이머징 교회는 포스트모더니즘과 하나님나라 복음이 어떻게 상호작용을 해야 하고, 그리스도인이 어떻게 문화를 창조하고 변혁할 수 있는지를 깊이 생각한다. 나는 이들이 하는 일을 인정한다. 내가 보기에, 이들의 몇몇 생각은 아주 고무적이다.

스티브 테일러Steve Taylor의 《교회의 경계를 넘어 다시 교회로The Out of Bounds Church?》(예영커뮤니케이션 역간)는 문화를 다룬 가장 흥미로운 책이다. 제목에서 보듯이, 전통 교회는 울타리가 지나치게 높고, 안전한 담 뒤에 갇혀 있다. 따라서 포스트모던 문화에서 공동체를 세우기에 효과적이지 못하다는 게 문제다.

테일러는 지역 라디오 진행자와의 인터뷰를 언급하는데, 이 인터뷰는 그가 어떤 방향으로 책을 썼는지 잘 보여준다. 테일러는 매우 세속적이라고 정평이 난 음악가 모비Moby의 영성을 반영하는 교회 예배를

시작할 계획이었고, 라디오 진행자는 이 예배에 흥미를 느꼈다. 테일러
가 말하듯, "그 진행자는 우리를 무시하려고 애썼지만 그러지 못했다.
그는 우리가 모든 그리스도인은 대중음악을 상대조차 하지 않으려는
편협한 고립주의자라는 자신의 편견에 딱 맞을 것이라고 생각했다."[6]
물론, 테일러의 교회는 이러한 고정관념과 틀(틀릴 때보다 맞을 때가 많
다)을 깨려고 노력하고 있었다.

테일러는 이머징 교회가 거룩한 영역(교회)과 세속적 영역(세상과 문
화)을 나누는 이원론을 무너뜨리려고 노력한다고 주장했다. 이것은 좋
은 목표이다. 그가 거룩함과 세속의 이원론을 거부하는 것은 옳다. 이
원론은 세상(악한 것)을 교회(영적인 것)로부터 차단하기 때문이다. 이
원론 때문에, 교회는 고립주의자가 되고 포스트모던 시대 구도자를 살
갑지 않게 대하며, 오만하고 비판적이 되었다. 사실, 교회가 포스트모
던 문화와 괴리되었다.

테일러의 주장이 틀렸는가? 많은 비판자가 그렇다고 생각한다. 그러
나 바나 그룹의 게이브 라이언Gabe Lyons과 데이비드 키네먼David Kinnaman
은 함께 쓴 《나쁜 그리스도인unChristian》(살림출판사 역간)이라는 책에
서 테일러의 평가를 지지한다.[7] 키네먼은 폭넓은 조사에서 발견한 사실
이 있다. 18-40세 버스터 세대와 밀레니엄 세대(대략 80-90년대 출생자
로 일명 Y세대라고도 한다-옮긴이)는, 기독교를 위선적이고 폐쇄적이며
지나치게 정치적이고, 남을 판단하려 든다고 본다는 것이다. 이들은 주
로 교회에서 이런 인상을 받았다. 교회가 잘못된 방식으로 주변 문화를
대하기 때문이다. 테일러도 동의할 거라고 생각한다. 그러나 방식 외
에, 테일러는 창조 세계와 문화에 대한 잘못된 신학도 덧붙이고 싶어

한다. 그는 복음 근본주의의 여러 형태에 잠재한 이원론은 명백히 성경과 맞지 않다고 주장한다.

사실, 테일러는 전통 교회가 하나님의 창조와 세상을 보는 시각 때문에 세상과 세속을 혼동했다고 주장한다. 성경은 세속을 거부하지만, 세상을 정죄하지는 않는다. 그리고 세상은 당연히 하나님의 창조 세계이기도 하다.[8]

시인이자 로큰롤 전기 작가인 내 친구 스티브 터너Steve Turner가 말하듯이, "이 두 용례를 혼동하면 심각한 결과를 초래하기 쉽다. 전통 교회의 몇몇 엄격한 근본주의자는 창조 세계와 문화를 경멸하지만, 그 과정에서 아주 교만하고 오만하며 차가워진다." 터너는 이어서 말하기를, 역설적이게도 이들은 "세상이 정죄하는 바로 그 방식으로 세상과 같이 되지만, 성경이 명령하는 부분에서는 충분히 세상과 같이 되지 않는다. 우리는 세상 속에 있되 세상에 속해서는 안 된다. 이런 사람들은 세상에 속하지만 세상 속에 있지 않을 때가 많다."[9] 매우 좋은 지적이라고 생각한다.

해결책은 무엇인가? 성경에 기반을 둔 창조 세계를 보는 시각을 회복해야 한다. 테일러는 교회에 세상을 보는 하나님의 관점을 회복하라고 외친다. 또 우리 문화에서 선교하는 삶을 살고, 예수님 말씀처럼 '소금과 빛'으로 살라는 하나님의 부르심이 존중받을 수 있게 하라고 주장한다. 올바른 외침이다. 창조 세계는 비록 인간의 타락으로 훼손되었으나 여전히 좋으며 구속받기에 합당하다. 하나님이 그분의 좋은 창조 세계를 포기하지 않으셨으므로 우리도 포기하지 말아야 한다.

테일러는 '하나님의 창조성을 내려받아라!Creativity Downloaded'라는 제목의 아주 감동적인 장에서, 성경이 하나님을 음악가, 작곡가, 디자이너, 설계사, 건축가, 기술자, 장인으로 묘사하는 점을 살펴본다. 하나님은 이 모든 것이 되시기에, 그리스도인도 문화의 창조자로 부름을 받았다. "이머징 교회의 선교는 … 하나님과 협력하는 데서 시작한다.… 선교는 우리가 살고 있는 문화에 다가가는 방식으로 창조적 이마고 데이(imago Dei, 하나님의 형상)를 삶으로 실천하려는 의지를 요구한다."[10] 그는 이어서 우리가 이것을 할 수 있다고 말한다. 왜냐하면 "기독교의 창조와 성육신 신학은 물질이 선하다고 단언한다. 따라서 암시적으로 인간의 창조성과 인간이 이러한 창조성을 인식한다는 점을 확인할 수 있다."[11]

놀랍게도, 테일러를 비롯한 이머징 교회 저자들은 창조 교리를 재발견하고, 이를 통해 창조 세계에 여전히 남아 있는 선을 포스트모던 문화에서까지 발견한다. 고무적이게도, 테일러는 교회에 믿음의 공동체를 변화하는 문화 가운데 세우라고 요구한다. 목적은 미술가와 주변 문화에 열려 있고 호의적인 신자의 공동체를, 예술가를 인격체로 환영할 뿐만 아니라 그들의 예술이 공동체에 놀랍게 이바지한다는 것을 인정하는 것이다. 그는 또한 그리스도인이 스스로 문화를 창조하길 원한다. 테일러가 목회하는 곳 같은 교회들은 예술가와 그들의 작품을 따뜻하고 호의적으로 대한다. 테일러는 예술과 문화는 하나님의 선한 창조 세계의 일부분이기 때문에 정기적으로 우리 삶과 예배의 일부여야 한다고 믿는다.

전통 교회의 반발

이머징 교회는 포스트모던 문화와 예술의 여러 면을 인정하라고 요구하지만, 전통 교회는 곧바로 반발했다. 전통 교회 목회자에 속하는 존 맥아더John MacArthur는 이렇게 말한다. "이머징 교회 운동으로 전례 없는 음란과 세속의 물결이 기독교 서점에 밀려들었다. 외설은 이머징 형식의 주요 특징이다." 맥아더는 자신의 주장을 뒷받침하기 위해 단 하나의 예를 제시하면서 이렇게 말한다. "이머징 교회 운동 저자들은 대부분 추잡한 언어와 성적 풍자를 과도하게 사용하고, 포스트모던 문화의 가장 저질스러운 요소를 비판 없이 언급한다. 세속 문화의 불경한 부분을 부적절하게 인정하는 경우가 빈번하다."[12]

문제는 전체 교회가 스스로 '그 문화'에 빠졌다는 것인데, 맥아더에게 '그 문화'란 '무엇이든지 세상이 그 순간에 사랑하는 것'을 의미한다. 맥아더는 그런 문화에 빠진 목사를 '포스트모던 세속 정신의 변덕을 붙잡는' 모든 세상 주제와 흐름과 유행에 발맞추는 '세상적 설교자'라 부른다.[13]

맥아더는 공세를 전혀 늦추지 않는다. 그는 이머징 교회가 '문화와 연결한다'는 미명으로 세상에 빠졌다고 공격한다. "그들은 세상에 팔렸다. 그들은 세상과 짝하길 원하며, 스스로 세상에 순응하는 듯이 보인다."[14] 그들은 영혼을 팔아 인기를 샀다. 그들의 가장 큰 문제는 세상 피하길 거부한다는 것이다. 그들은 세상을 그리스도께 인도하려면 세상에 잘 보여야 한다고 잘못 생각하고 행동한다. 교회는 "비그리스도인의 불신앙을 지적하기보다 사람들의 호감을 사기 위해, 세상과 다르기보다 세상과 친구가 되기 위해 메시지와 복음을 바깥에 있는 사람에게 위협적이지 않게 해야 한다"는 것이다.[15] 이것은 영적 간음이다. "성경을 따르는 그리스도인은 언제나 세상을 멀리해야 한다."[16] 세상과 친구가 되면, 하나님과 원수가 된다. 핵심은 많은 전통주의자가 보기에, 이 머징 교회는 세상을 수용하는 죄를 범하고 있다는 것이다. 그들이 보기에 이머징 교회는 혼합주의이다.

이러한 비판의 아이러니는 전통 교회의 많은 사람이 이머징 교회를 자신들이 비판받는 것과 똑같이 비판한다는 점이다. 즉 그 시대 문화를 경멸하는 사람들과 닮았다고 비판한다. 이머징 교회는 전통 교회가 18세기에 유행한 성聖과 속俗의 분리와 공과 사의 분리를 주장한다고 비판하는데, 이런 비판은 《나쁜 그리스도인》에 잘 나타난다.[17]

약점을 넘어서

스티브 테일러는 하나님의 창조 세계를 보는 긍정적이고 잘 다듬어진 시각을 아주 훌륭하게 제시했다. 그러나 몇 가지 불안한 점이 있다. 문화에 관한 이머징 교회의 많은 자료를 읽으면서 이들이 창조 세계를 보는 시각이 여전히 좁고, 대부분 음악과 미술과 영화를 다루는 사적인 영역에 집중한다는 느낌이 들었다. 바꾸어 말하면, 이머징 교회는 창조 세계를 충분히 회복하지 못했다. 이머싱 교회는 창조 세계를 보는 자신의 시각을 정치, 사회, 경제 영역에 적용하지 않는다.[18]

왜 그런지 깊이 생각해보았다. 그러다가 이머징 교회의 많은 사람이 지금도 복음주의 세계에서 건강한 역할을 하는 재세례파 전통의 영향을 받았다는 사실을 발견했다. 이머징 교회 지도자들이 역사적인 재세례주의만큼 문화를 전면적으로 부정하지는 않더라도, 문화를 부정적으로 보는 성향이 그들 생활 곳곳에 배어 있다.[19] 예를 들면, 내가 느끼기에 이들은 국가와 정치를 전반적으로 불신한다. 이들은 미술과 시와 음악에 공통점이 존재할 수 있다고 믿는다(그래서 이런 분야를 인정한다). 그러나 정치와 경제 분야에서는 이러한 가능성이 없다고 본다. 왜냐하면 정치와 경제는 인간의 타락과 정사와 권세의 영향을 훨씬 더 많이 받는다고 보기 때문이다. 따라서 교회는 직접 참여가 아니라 '나그네'로서 정치에 영향을 미친다.[20] 즉 교회는 세상에 더불어 사는 법을 보여 준다. 이 주장은 일리가 있다. 그러나 이것은 교회가 받은 소명의 한 부분일 뿐이다. 내가 보기에, 이런 시각은 이머징 교회의 발목을 잡고, 이머징 교회가 문화에서 발휘하는 영향력을 축소한다.

그러나 전통 교회도 단점이 있기는 마찬가지이다. 전통 교회는 대체로 문화를 정죄하고 창조 세계를 부정적으로 본다. 이 때문에 폐쇄적이고 방어적이다. 문화를 창조하거나 훌륭한 예술 작품을 인정하는 데 관심이 없다. 전통 교회는, 특히 자유교회 전통에 속하는 교회는 문화적으로 평화주의자인 경향이 있는데, 부분적으로 성경이 말하는 세상world이라는 단어를 잘못된 시각에서 보기 때문이다. 또 이들은 세상에 오염되기를 두려워하는데 이는 성경에 맞지 않다. 그러나 성경은 우리에게 세상 속에 있되 세상에 속하지 말라고 한다(요 17:6-19). 문화를 비판하는 자리가 있다. 그러나 우리는 문화를 창조하라는 소명도 받았다. 우리는 불신자들이 창조한 문화라도 좋은 문화라면 인정해야 한다. 전통 교회는 이 부분을 두고 씨름하며, 교회 밖 문화를 인정하려 하지 않는다. 문화를 보는 부정적 시각만 강조하여, 그리스도인에게 그들만의 자리로 점점 더 물러나라고 강요한다. 역설적이게도, 자신의 문화를 창조하길 단념할 때, 그리스도인은 주변 세상에서 좋은 것과 나쁜 것을 분별하는 능력을 잃을 것이다. 또 소비문화에 비판 없이 굴복할 것이다. 결국 이들의 모습은 세상과 전혀 달라 보이지 않는다.

그러므로 전통 교회는 이머징 교회가 세상과 너무 가까워졌다고 비판하면서 잘못된 메시지를 던지고 있다. 다시 말해, 뒤로 물러나 더 폐쇄적이고 더 분파적이 되라고 말한다. 그리스도인에게 광장에 전혀 발을 들여놓지 말라고 한다. 이것이야말로 세속주의자들이 원하는 상황이다. 그리스도인은 광장에 있어야 하지만, 올바른 방법으로 있어야 한다. 그러려면 제3의 길이 필요하다.

문화에서 기독교 일치를 위해

20년 전, 나는 워싱턴 D. C.에서 그리스도인 대학생을 위한 미국 연구 프로그램에 참여했다. 프로그램의 목적은 참가자에게 신앙을 정치 세계와 연결하는 법을 가르치는 것이었다. 우리는 세계관의 중요성을 많이 배웠다. 그리스도와 문화를 보는 다양한 시각도 배웠다. 세 가지 시각을 제시했다. 개혁주의, 재세례파, 기독교 우파 운동이 바로 그것이다. 교수들이 제시하는 모든 공공 정책 문제와 관련해, 우리는 세 전통이 각각 어떻게 생각할지 예측해내야 했다. 매우 건강한 훈련이었다.

이 시간에 나는 복음주의 세계에서 문화를 보는 다양한 시각을 배웠다. 내가 생각하기에, 프로그램의 또 다른 목적은 성경이 가르치는 하나님 나라에 대한 공감대를 형성하는 것이 아니었나 싶다. 프로그램은 아주 흥미진진했다. 우리는 하나님나라를 보는 시각을 국회의사당 실습에 열심히 적용하려 했다.

그러나 열심을 내기가 무섭게 이 열심은 억제되었다. 국회의사당에서 접촉할 수 있는 비그리스도인 직원 가운데 우리가 무슨 말을 하는지 이해하고 하나님나라에 관심을 보이는 사람이 거의 없었기 때문이다. 문제는 학생들과 불신자를 연결하는 공통 언어가 없다는 것이었다. 우리는 교수들과 대화하면서 이 문제를 인지했다. 하나님나라에 대한 시각을 국회의사당 직원이 이해할 만한 언어로 어떻게 옮겨야 할지 몰랐다. 그래서 우리는 자신의 신앙 전통이 무엇이든지 입을 다물고 광장에서 일어나는 공과 사의 분리를 지켜보기만 했다.

교수들은 학생들에게 공적 영역에서 성경 진리를 전달하는 문제와 관련해 일반 은총 시각을 제시하지 않았다. 하나님나라의 언어는 효과가 없다. 불신자는 이 언어를 이해하지 못하며, 이 언어의 근원인 성경의 권위를 받아들이지 않기 때문이다. 따라서 일반 은총의 언어가 필요하다. 그러나 우리가 '나그네'의 시각을 선택한다면, 공적 영역에서 공통된 언어가 필요 없다(그런 언어는 존재하지 않기 때문이다). 그러면 교회가 사용할 수 있는 언어는 성경의 신학적 언어뿐이다.

전통 교회와 이머징 교회는 도덕 문제에서 서로 일치하지 못해, 모두 난관에 부딪힌다. 한편으로, 이머징 교회는(브라이언 맥클라렌을 비롯한 몇몇은 예외이다) 이 때문에 정치와 국가와 얽히길 거부하고 교회와 문화의 사적인 부분에 집중한다. 다른 한편으로, 전통 교회는 일반 은총에서 이머징 교회와 일치하지 못하기 때문에 문화 영역을 무시한다. 요약하면, 전통 교회는 문화에서는 평화주의자이나 정치에서는 아니다. 반대로, 이머징 교회는 정치에서는 평화주의자이나 문화에서는 아니다. 양쪽 다 그리스도와 문화를 보는 포괄적인 시각이 없고 사적인 영역과 공적인 영역을 한결같이 다루는 시각이 없어 어려움을 겪는다.

포괄적인 기독교 세계관 회복을 위해

몇 년 전이었다. 리디머 장로교회에 거의 초창기부터 출석하던 메리 베스 몰나르 자매가 삶의 모든 부분에서 신앙을 실천하기로 마음먹었다. 첫째, 메리 베스와 그의 남편 팀은 오렌지카운티 지역의 음악과 문화를 후원하는 퍼시픽 심포니(오렌지카운티의 오케스트라)를 위한 모금 모임인 '심포니 100'에 가입했다. 이런 노력으로 이들의 확신은 커졌다. 메리 베스는 음악을 사랑하고 문화를 후원할 뿐 아니라 음악을 직접 만드는 모임에도 가입했다. 이들은 퍼시픽 심포니가 하나의 교향곡 전체를 오렌지카운티 예술 회관에서 연주하면 좋겠다는 생각을 했다. 목적은 아름다운 것을 창조하기 위해서다. 그래서 이들과 몇몇 기부자는 뛰어난 작곡가를 섭외하고 예술 회관을 빌렸다. 퍼시픽 심포니와 합창단은 욥의 이야기를 표현한 멋진 선율로 관객을 사로잡았다. 정밀이지 숨이 멎을 듯했다. '그리스도인은 문화를 창조할 수 있다고!' 그날 밤 나 혼자 감탄하며 외쳤다.

그러나 이 콘서트의 목적은 두 가지였다. 콘서트는 그리스도인이 기막힌 문화를 창조할 수 있음을 보여주었다. 그러나 이것만이 아니었다. 아름다움이 단지 부자만을 위한 게 아님을 증명하는 데도 목적이 있었다. 가난한 사람에게도 삶에 감동을 주고 복이 되는 아름다움이 필요하다. 그래서 이 '희망 콘서트'(우리는 이 콘서트를 이렇게 불렀다)는 오렌지 카운티 구제 선교회와 손을 잡고 아름다움을 가난한 사람에게 선사했다. 첫날 밤 공연 장소는 멋진 시거스트롬 홀이 아니었다. 완전히 빈털터리가 된 사람들이 모여 2년간 함께 살며 기적을 일구어가는 희망의 마을에 자리한 작은 예배실이었다. 주민들은 아름다운 콘서트에 깊이 감동했다. 이들은 교향악단과 합창단이 자신들의 '집'에서 공연한다는 사실을 영광으로 생각했다!

그러나 가난한 사람만 음악으로 복을 누린 게 아니었다. 희망 콘서트는 희망의 마을을 알리는 역할도 했다. 콘서트를 시작하기 전에 함께 저녁을 먹었다. 이 시간에 부유한 기부자 수백 명에게 노숙자 없는 오렌지카운티에 대한 비전을 심어주었다. 이것이 우리 세계관을 포괄적으로 살아낸다는 뜻이다. 그러나 이러한 삶의 지평을 더 넓히려면, 문화 영역에서 제3의 길을 닦아야 한다.

제도와 유기체

아브라함 카이퍼는 문화 영역에서 제3의 길을 내는 문제와 관련해 내게 최고의 통찰력을 선사한 사람 가운데 하나이다. 나는 그에게서,

교회란 하나의 제도이자 하나의 유기체라는 사실을 배웠다. 카이퍼는 제도를 갖춘 교회가 말씀을 선포하며, 성례와 권징을 시행하며, 구성원을 제자로 양육하며, 공동체를 세우며, 장로와 집사를 세우며, 노회와 대회를 조직하며, 자비로 세상에 다가가며, 그리스도를 찬양해야 한다고 말한다. 제도를 갖춘 교회는 하나님의 은혜로 철저히 변화한 사람만이 다르게 살 수 있음을 깨닫는다. 이런 의미에서, 교회는 세상에 철저한 대안 공동체를 제시한다. 우리는 세상과 달라야 하고 세상의 우상을 멀리해야 하는 동시에 나그네를 환대해야 한다. 교회는 이러한 은혜의 윤리로 산다. 제도 교회는 자신의 특별한 영역에 머물러야 하고, 직접 정치에 참여해서는 안 되며, 자신의 영적 목적에 충실해야 한다.[21]

이것은 상당히 기본적인 것으로 보인다. 그러나 제임스 볼트(James Bolt)의 말로는, 카이퍼는 "제도를 갖춘 교회를 뛰어넘어, 그리스도인 삶의 유기적 특성이 제도 교회 외에 다른 영역에서 조직화된 기독교 공동체 활동으로 표현되어야 한다고 주장한다."[22] 유기체 교회란 그리스도인이 뚜렷이 다른 자기 공동체의 담장 안에 숨지 말고 새로운 마음과 생각과 시각으로 주변 공동체 안으로 들어가 소금과 빛의 역할을 해야 한다는 뜻이다. 카이퍼가 주장하듯, 말씀과 성례를 중심으로 모인 믿음의 공동체는 '믿음의 빛줄기를 일반 은총의 영역에', 교육과 예술과 과학과 정치와 비즈니스와 경제와 시장 영역에 비춰야 한다. 그리스도의 제자로서 살아가는 이러한 삶은 교회로 말미암아 변화된 삶에서 나오는데, "한 나라 국민의 풍성하고 자발적인 연대 생활로 표현된다."[23]

이것은 그리스도인이 공교육 제도를 만들며, 사업체를 세우고, 지역 단체를 조직하며, 자선단체를 결성하고, 화가와 음악가와 작가가 되며,

정치 활동 모임을 시작해야 한다는 뜻이다. 우리는 문화를 만들어야 한다. 예레미야는 이제 막 포로로 끌려와 바벨론에 거주하는 유대인에게 이렇게 촉구했다.

> 너희는 집을 짓고 거기에 살며 텃밭을 만들고 그 열매를 먹으라. 아내를 맞이하여 자녀를 낳으며 너희 아들이 아내를 맞이하며 너희 딸이 남편을 맞아 그들로 자녀를 낳게 하여 너희가 거기에서 번성하고 줄어들지 아니하게 하라. 너희는 내가 사로잡혀 가게 한 그 성읍의 평안을 구하고 그를 위하여 여호와께 기도하라. 이는 그 성읍이 평안함으로 너희도 평안할 것임이라(렘 29:5-7).

사실 카이퍼에게, 이런 연대 생활은 유기적 연합체인 그리스도의 몸이 마땅히 행해야 하는 의무이다.

일반 은총의 언어   카이퍼는 제도 교회란 그 구성원을 '샬롬 메이커'로 교육하는 곳이라고 보았다. 그리스도인은 종으로서 세상을 섬기며 살도록 배운다. 그뿐 아니라 교회 밖 사람들과 의사소통하고 그들과 함께 일하면서 샬롬 도성을 세울 수 있게 해주는 언어를 말하는 법도 배운다.

카이퍼는 몇몇 용어를 사용해 이 언어를 기술하지만, 가장 빈번하게 사용되며 가장 유익한 용어는 일반 은총이다. 그는 일반 은총을 성령께서 신자와 불신자에게 차별 없이 부어주시는 자연적·도덕적·예술적 은사라고 정의한다. 공중의 양심과 개인의 양심, 측은지심, 어느 정도의 종교 지식, 보편적인 하나님의 의식이 일반 은총에 속한다.[24] 이러한 시각으로 보면, 모든 인간은 무엇이 정의롭고 도덕적인지 서로 공유하는 같은 생각이 있으며, 자기 언어의 감옥에 갇히지 않는다.[25]

이것이 카이퍼가 일반 은총의 지식을 보는 시각이다. 이 시각으로 보면, 인간에게는 정의와 샬롬을 위해 타인과 충분히 협력할 만큼 실재에 대한 통찰력이 있고, 양심이 있으며, 측은지심이 있다. 교회의 목적은 신자들에게 일반 은총의 언어를 훈련해, 삶의 모든 부분과 성읍의 샬롬을 위해 불신자와 협력할 수 있게 하는 것이다.

일반 은총의 언어가 불신자와의 소통을 가능하게 한다 나의 박사학위 논문에는 일반 은총에 관한 칼뱅의 시각을 다루는 부분도 있다. 내가 이 논문을 쓸 때 노스브리지에 있는 캘리포니아 주립대학에서 정치학 개론을 가르칠 기회가 있었다. 내 수업을 듣는 학생 가운데 그리스도인은 하나도 없었고, 대부분 나와는 정치적 시각이 달랐다. 나는 하나님 나라가 어떻게 정치에 방향을 제시하는지 가르칠 수 없었다. 내가 무엇을 할 수 있었겠는가? 특히, 내가 성과 속의 분리를 거부하는 그리스도인으로서 분명하게 가르치길 원했다면, 무엇을 할 수 있었겠는가? 나는 학생들이 다짜고짜 거부하지 않을 일반 은총의 언어를 찾아내야 했다. 그래서 공동체와 소속감에 대한 학생들의 바람에 호소하는 데서 시작했다. 우리는 좋은 공동체가 어떤 모습이며, 사람들이 사이좋게 지내지 못하게 방해하는 게 무엇인지 이야기를 나누었다. 그러고서 이런 공동체를 유지하고 번성하게 하려면 무엇이 필요한지 토론했다. 그리고 우리 정치 체계를 들여다보면서 이런 공동체를 실현할 자원을 찾아보았다.

마침내 학생들은 《연방주의자 논집*The Federalist Papers*》(미국 헌법을 지지하는 85개 논문으로 구성되었다-옮긴이)을 읽고, 좋은 공동체는 개인의 자유와 그룹에 대한 책임이 조화를 이루어야 한다는 결론을 내렸다. 학생들은 '정돈된 자유'가 강한 공동체와 활기찬 국가 유지에 중요하다는 점을 이해했다. 그러고서 나는 학생들에게 알렉시스 드 토크빌Alexis de Tocqueville의 《미국 민주주의Democracy in America》에서 발췌한 글을 주고 읽게 했다. 그랬더니 학생들은 과격한 개인주의와 상대주의가 미국이라는 공동체를 무너뜨리고 있다고 확신했다. 학생들은 자유가 질서를 추월하고 공동체를 무너뜨리고 있음을 깨달았다. 학생들이 정돈된 자유가 기준이라고 확신하게 되자, 우리는 정의를 보는 이들의 새로운 시각(굳게 믿건대, 건강한 공동체에 대한 성경의 시각과 일치하는 관점)에 비추어 모든 종류의 정강政綱을 평가할 수 있었다.

그러나 일반 은총 시각이 없으면, 소통이 거의 이루어지지 않는다. 다시 말해, 나의 수업을 들은 학생들은 타고난 양심과 측은지심과 상식과 바른 이성 같은 몇몇 부분을 이해했기에 《연방주의자 논집》과 《미국 민주주의》에서 '성경 진리'를 인식할 수 있었다. 만약 이들과 같은 이해가 없다면 소통은 거의 불가능하다. 일반 은총의 시각이 없다면, 우리는 언어의 감옥에 갇혔을 것이다.

캘리포니아 주립대학에서 가르쳤던 경험으로 알게 된 것이 있다. 제도와 유기체로서 교회를 포함하는 기독교 세계관이 교회가 공적 생활과 항상 교류하는 데 도움이 된다는 것이다. 기독교 세계관 덕분에, 우리는 세상과 다른 모습을 유지하면서도 공적 영역과 사회적 영역에서 일하면서 때로는 불신자들과 함께, 빈번하게는 혼자, 문화를 창조하게 하는 언어를 소유한다. 처음으로 나는 '나그네'가 무슨 뜻인지 이해했다. 끼리끼리만 어울리고 나머지 사람에게는 쌀쌀맞게 대한다는 뜻이 아니다. 세상에 공동체의 본보기를 보여주는 것도 중요하기는 하나, 단지 이런 뜻이기만 한 게 아니다. 제도 교회의 구성원으로서, 우리는 자신을 문화적 '외국인'으로 보며, 급진적이고 대안적인 생활방식의 본을 보인다. 그러나 유기적 교회의 한 부분으로, 우리는 세상에 살면서 이곳에 샬롬을 가져오기 위해 일반 은총을 통해 다른 사람들과 협력하고 문화를 창조하는 '체류자'이다. 균형을 유지할 때, 이러한 이중성은 교회와 문화에 강한 영향을 미친다.

깊이 있는 교회: 새로운 문화적 일치?

지금까지 문화 참여를 위한 제3의 길과 이길이 이머징 교회와 전통 교회의 몇몇 약점을 극복하는 데 어떻게 도움이 되는지 살펴보았다. 이제 이 방법이 실제로 어떻게 적용되는지 살펴볼 필요가 있다. 이것이 교회 생활에서 무엇을 의미하는가? 사회학자 크리스천 스미스[Christian Smith]가 한 말에 따르면, 복음주의는 더 넓은 사회와 뚜렷이 구분되는 동시에 참여할 때 가장 번성한다.[26] 이런 구분과 참여는 교회로서 생명력을 유지하는 가장 효과적인 방법이다. 교회란 제도이자 유기체라는 카이퍼의 말이 바로 이런 뜻이다.

이것이 리디머 장로교회의 목표이다. 우리는 특이한 반문화자가 돼야하며 대안 있는 방식으로 살아야 한다. 우리가 주변 문화에 비판적이어야 할 때도 있다. 그러나 이러한 반문화적 태도가 굳어져서는 절대로 안 된다. 부정적 태도를 취하면, 고립과 폐쇄를 자초할 위험이 있다. 세상의 틀이 밀려들지 않게 하려면 비판이 꼭 필요하다. 그래도 비판보다는 문화 창조자로서 자세가 우선이다.[27] 우리는 공동의 유익을 위해, 단지 동료 신자가 아니라 모든 사람을 위해 문화를 창조하는 사람들이다. 그리고 성읍 전체를 위해 삶을 더 낫게, 온전하게 하는 문화를 창조하는 사람으로 인식되어야 한다. 우리는 주변 문화와 뚜렷이 구분되는 동시에 주변 문화에 참여한다. 여기에 성읍 전체의 행복을 구하라는 명령을 덧붙이라. 그러면 문화 변혁을 위한 강력한 묘책을 얻는다.

제도로서의 교회 리디머 장로교회는 어떻게 세상 속에 있으면서 세상에 속하지 않는가? 우리는 교회의 두 측면, 제도와 유기체를 가장 먼저 생각한다. 교회 제도가 견고하지 않으면 문화에 영향을 미치지 못하리라는 것을 안다. 교회 제도가 견고하다는 말은, 성실하고 한결같이 말씀을 전하고 성례를 시행한다는 뜻이다. 제자훈련(달라스 윌라드가 중대한 불이행the great omission이라 말한 것)을 진지하게 여긴다는 뜻이다.[28] 우리는 정기적인 제자훈련 과정으로 믿음의 토대를 다진다. 매주 모여 설교를 논하고 서로 기도하고 짐을 지는 공동체 모임을 통해 공동체를 가르치고 권면하며 다진다. 또 다양한 통로로 지역사회에 자비를 베푸는 교회가 되려고 노력한다. 성숙하고 선교를 지향하는 장로회와 집사회가 이 모든 훌륭한 핵심 강령을 떠받친다. 이러한 제도적 우선순위는 주변 문화와 다르게 생각하고 다르게 행동하며 다르게 사는 동시에 우리 가운데 있는 낯선 사람을 깊이 환대하는, 뚜렷이 구분되는 백성을 낳는 데 크게 이바지한다.

유기체로서 교회: 비밀 요원 훈련하기 그러나 제도 교회는 이 모든 고

상한 부분 외에도 구성원이 문화 창조자와 변혁자가 되도록 훈련할 책임도 있다. 리디머 장로교회는 우리가 무엇이 되어야 하는지 상기하기 위해 이 핵심 강령을 '샬롬'이라 부른다. 우리는 주중에 '샬롬 메이커'로 살아야 한다.

레슬리 뉴비긴은 교회가 주일 아침에 정치나 경제를 말해서는 안 된다고 했다. 제도 교회는 당파가 되어서는 안 된다. 그의 말은 강단에서 절대로 공적 생활의 문제를 언급하지 말아야 한다는 뜻이 아니다. 뉴비긴은 강단이란 무엇보다도 복음을 전하고 은혜의 교리를 가르치는 곳이어야 한다고 주장했다.[29]

교회가 담장 밖 세상을 무시해야 한다는 뜻인가? 절대로 아니다. 그러나 우리가 주일에 예배당에서 이런 문제를 다루지 않는다면, 언제 어디서 이런 문제에 초점을 맞춰야 하는가? 뉴비긴은 '지하실'에서, 공공장소와 멀리 떨어진 곳에서 그렇게 하라고 한다. 그는 교회가 반문화적 '비밀 요원'을 훈련하고 이들에게 각자의 직업과 공적 생활과 경제와 연대 생활을 기독교적으로 생각하고 실천하는 법을 가르쳐야 한다고 했다. 우리는 불필요한 관심을 끌지 않으면서 자신의 일을 한다. 그러므로 주일 아침 예배당이 주로 제도로서 교회와 연결된다면, 주중 '지하실'은 유기체로서 교회와 연결된다. 다시 말해, 후자는 교회 구성원을 세상에서 활약하는 비밀 요원으로 훈련해, 하나님의 영광을 위해 문화를 창조하고 새롭게 한다.

리디머 장로교회는 이 명령을 중요하게 여긴다. 우리는 매년 한 학기짜리 세계관 과정을 개설해 문화를 창조하는 게 무슨 뜻인지 가르친다.[30] 우리 교회는 매년 사업가를 위한 만찬을 열어 그들에게 기독교 가치관에 따라 생각하도록 도전을 준다. 또한 오렌지카운티의 문화 지킴이들의 사고방식과 문화를 만드는 방식에 영향을 끼치려고 이들을 초청해 모임을 연다. 그뿐 아니라 교인을 교육하고 불신자의 관심을 높이기 위해 문화 관련 강연을 마련하고, 문화를 주제로 한 토론과 대화의 자리도 마련한다.

우리 교인들은 샬롬 메이커가 되라는 고귀한 소명에 감동해, 유기적 교회와 세상의 비밀 요원이 되어야 할 책임을 진지하게 받아들인다.

애너하임의 비밀 요원

애너하임의 커트 프링글 시장은 우리 교회 교인이다. 〈레드 카운티 Red County〉는 그를 오렌지카운티에서 가장 영향력 있는 공무원으로 선정했다.[31] 언젠가 그가 백악관에서 부시 대통령을 만나고 돌아온 직후에 그와 이야기를 나누었다. 그는 4개월 사이에 세 번이나 백악관에 다녀온 터였다. 나는 그에게 어떻게 백악관에 그렇게 자주 초대되느냐고 물었다. 그랬더니 자신이 부시 행정부가 최우선으로 접촉하는 시장 가운데 하나가 되었다고 했다. 그는 백악관이 지역 시장들에게 영향을 미칠 일에 대한 반응을 살필 때 자신을 부른다고 했다. 이것이 바로 영향력이다.

몇 년 전, 커트에게 왜 리디머 장로교회를 선택했느냐고 물었다. 그는 이렇게 말했다. "내가 이 교회에 왔던 첫 주일에, 목사님은 그리스도인이 세상에서 '소금과 빛'으로 살아야 한다는 설교를 하셨지요. 그리스도인은 당연히 정치에 참여해야 한다고 하셨어요. 정치가 악하다고 하지 않으셨어요. 그때 교회를 제대로 찾아왔다는 생각이 들었습니다. 다녀본 교회 가운데 '소금과 빛' 된 삶의 균형을 가르치는 곳은 없었어요. '세상 속에 있으나 세상에 속하지 않는' 삶의 적절한 균형을 가르치는 교회는 여기가 처음이에요. 그 후로 지금껏 이 교회에 다니고 있고요." 그 설교가 기억난다. 그때 나는 교인들에게 '소금과 빛'으로 살라고 권면하고, 하나님의 창조 세계를 경건한 문화로 채우라고 했다. 커트의 칭찬에 새삼 부끄러워졌다.

커트는 정치 분야에서 소금과 빛으로 살고 있다. 지금껏 그는 애너하임의 어느 시장보다 큰 발자취를 남겼다. 그는 자유 시장 원리를 토대로 시민을 설득해 엔젤 스타디움 주변 경공업 지대를 재개발해 아파트와 상점과 대로와 카페와 사무실이 밀집한 도심으로 바꾸었다. 애너하임은 60-70년대에 캘리포니아의 많은 교외 지역처럼 유서 깊은 도심 지역을 쓸어내고 그 자리에 상점과 식당이 일렬로 늘어선 번화가를 짓고 주차장을 만들었다. 도시와 지역사회는 그때부터 고통을 받았다. 예스러운 도시의 아름다움이 사라졌을 뿐 아니라 많은 주택과 활기찬 도심 공동체도 사라졌다. 많은 주민이 타의로 도심을 떠나야 했고, 도심으로 다시 출퇴근을 해야 했다. 커트는 이러한 흐름을 되돌리고 번성하는 도심을 되찾고 싶었다. 그러면 주민이 돌아오고 공동체 의식도 다시 강해질 것이다. 그는 도시의 '샬롬'을 촉진하고 있다. 캘리포니아 전체에서 도시의 삶에 이처럼 극적인 영향을 미친 시장은 거의 없었다. 이러한 극적인 변화를 이끌어냈기에, 커트는 지난 수년 동안 온갖 칭찬과 찬사를 받았다.

몇 년 전, 그가 여태껏 배운 것을 남캘리포니아 시장들과 주요 건축업자와 나누면 어떻겠느냐고 물었다. 그는 아주 좋은 생각이라고 했다. 2009년 3월, 이 꿈이 실현되었다. 우리는 '뉴 커뮤니티 컨퍼런스'를 열었다. 세미나에서 온종일 시장과 시공무원과 건축가와 건설업자가 각자의 도시를 아름답고 의미 깊은 진정한 공동체(지역사회)로 바꿀 꿈을 꾸도록 도왔다. 우리는 건강한 공동체를 위해 거룩한 곳을 두는 것이 얼마나 중요한지도 설명했다. 우리 목적은 도시의 '샬롬'과 영향력 있는 삶에 대한 성경 비전을 남캘리포니아에 적용하는 것이었다. 이를 위해, 불신자들이 이해할 수 있고 설득력 있는 일반 은총의 언어를 사용했다. 내 생각에 효과가 있었다.[32]

커트 프링글은 애너하임에서 문화를 창조하고 있다. 리디머 장로교회는 '비밀 요원'이며 유기체 교회를 잘 대변하는 그를 최선을 다해 지원한다. 이 비전이 실현되는 광경을 지켜보노라면 가슴이 뛴다. 나는 제도와 유기체로서의 교회를 세우고 싶다는 이 비전이 복음주의 교회를 연합하게 하리라 믿는다. 이머징 교회와 전통 교회를 성경에 바탕을 둔 문화관을 중심으로 하나로 묶을 수 있다고 굳게 믿는다.

결론

BECOMING THE DEEP CHURCH

깊이 있는 교회를 향하여

깊이 있는 교회는 실재이다.
깊이 있는 교회가 당신의 교회에서도 가능한가?
그렇다. 누구나 깊이 있는 교회를 시작할 수 있다.

추수감사절을 앞둔 주간, 어느 이른 아침이었다. 산타아나 사막에서 남캘리포니아로 불어내리는 바람에 대기 중 습기가 모두 날아갔다. 건조한 바람 탓에, 오렌지카운티 곳곳에서 들불이 일어났다. 가옥 수십 채가 불탔다. 사방이 연기로 자욱했다. 코코 레스토랑에 앉아 창 밖을 내다보는데, 코로나 델 마르 시내를 가로지르는 퍼시픽 코스트 하이웨이에 일터로 가는 호화로운 승용차와 레저용 자동차가 눈에 들어왔다. 삶이 계속된다. 나는 깊은 생각에 잠겼다. 깊이 있는 교회 때문에 저들의 무엇이 달라지겠는가? 수백만 달러짜리 저택에, 멋진 휴가에, 고액 연봉 직장까지 다 갖춘 사람들이 아쉬울 게 뭐가 있겠는가? 우리가 교회에서 하는 일이 중요하기나 할까? 이미 교회 안에 있는 사람들에게 제3의 길이 필요할까? 오렌지카운티를 둘러본다. 큰 교회가 아주 많다. 우리에게 뭔가 다른 게 필요한가? 이 책이 제 역할을 할까? 이런 생각이 내 머리를 스쳐가기가 무섭게 더그와 매티가 떠오른다.[1] 깊이 있는 교회가 이들의 삶을 구했다. 이들의 이야기를 해보겠다.

4년 전에는 더그와 매티는 편안한 삶을 살았다. 이들은 아름다운 집과 멋진 자동차가 있었고, 친구도 많았다. 더그는 〈포춘〉이 선정한 500대 기술 기업의 영업을 담당하는 부사장이었다. 이들은 요리와 여행을 아주 좋아했다. 삶에 어려움이 아주 없지는 않았지만, 인생이 잘 풀리고 있다고 말할 수 있었다. 더그는 이렇게 말했다. "저희는 매주 교회에 갔지만, 매주 '도장을 찍었습니다.' 우리 삶을 계속 영위하기 위해서였다고 말하는 편이 더 정확할 겁니다. 교회 출석은 사실 제게 그다지 영향을 주지 못했습니다."

그런데 2005년 1월 어느 날, 이 부부의 삶이 영원히 달라졌다. 외아들, 그것도 입양한 아들 나산이 체포되었다. 혐의가 무거웠다. 나산은 오랫동안 교도소 생활을 해야 할 것 같았다. 말로 표현 못 할 악몽이 시작되었다. 지역 언론 매체들이 이들의 문을 탕탕 치고, 창문으로 집안을 살폈다. 더그와 매티는 사생활 보호를 위해 종이로 창문을 가려야 했다. 이들은 망연자실했다. 큰 수치를 당했다. 어떻게 이런 일이 일어난단 말인가? 무엇이 잘못되었는가?

나산이 체포되고서 얼마 후, 우리 교회의 어느 부부가 이들에게 다가갔다. 그 부부는 더그와 매티를 만나 위로했다. 이들은 더그와 매티의 얼굴에서 충격과 아픔과 상실을 보았다. 매티는 눈물이 많았다. 지금도 그렇다. 이 부부는 곧 더그와 매티를 자신들의 공동체 모임에 초대했다. 모임은 두 사람을 따뜻하게 맞아주고 깊이 받아들였다. 지난주에 내가 더그와 매티 집으로 찾아갔을 때, 왜 그 모임에 끌렸느냐고 물었다. 왜 더그와 매티는 매주 그 모임에 나갔는가? 매티는 이렇게 말했다. 억장이 무너지는 상황임에도 "그분들은 저희를 즉시 받아들이고, 저희를 사랑하고 위로해주었어요. 저희 아픔을 함께 나누었어요. 저희와 함께 기도했고요. 정말이지 믿을 수가 없었어요. 그분들이 말 그대로 저희 삶을 구한 것이지요."

"아주 특별한 일이 있었어요." 매티가 말했다. "나산이 체포되고 나서 처음 몇 달 동안, 저희는 그 아이가 보고 싶으면 새벽 2시 30분에 교도소 앞에 줄을 서서 오전 7시에 접수 창구가 열릴 때까지 기다려야 했어요. 그러지 않으면, 빈 면회소가 없어 아들을 만날 수가 없었거든요." 진이 빠지고 녹초가 되는 힘든 과정이었다. 잔인하다고 해도 지나치지 않았다. 이렇게 몇 달이 흐르고 나서, 몸도 마음도 탈진했다. "그러던 어느 날 밤이었어요." 매티가 말했다. "공동체 모임에 있는 한 분이 자원해서 저희를 도와주었어요. 그분은 저희가 아침 7시에 도착할 때까지 밤새 로비에서 줄을 섰어요. 누가 이렇게 해주겠어요?" 매티가 물었다. "저희를 잘 알지도 못하고 나산은 전혀 모르는 분이 도대체 왜 이런 온정과 사랑의 손길을 내미는 걸까요?"

얼마 후, 더그와 매티는 우리 교회에서 주중에 실시하는 로마서 공부반에 초대받았다. 이들은 기꺼이 다음 걸음을 내디뎠다. 이들이 첫 주 수업에 참석했을 때, 강사는 로마서 3장을 훑어나가면서 하나님이 어떻게 죄인을 의롭다 하시고 그분의 가족으로 받아들이셨는지를 설명했다. 강사가 칭의와 성화를 설명할 때, 더그는 매티에게 속삭였다. "왜 전에는 이런 용어를 들어보지 못했을까? 바로 성경에 있는데."

"정말로 들어보지 못하셨나요?" 나는 그들의 거실에 앉은 채 물었다. "교회에 수년을 다녔는데도 칭의라는 말을 전혀 들어보지 못했고, 그게 무슨 뜻인지도 모르셨어요?"

"네, 정말이에요." 더그가 말했다. "저희는 이런 용어를 들어본 적도 없을뿐더러 복음의 깊이와 넓이도 알지 못했어요. 수년을 교회에 다녔지만, 어떻게 하면 더 착하게 살고, 더 나은 삶을 살고, 하나님을 더 잘 섬기는지만 많이 들었지 복음을 분명하고 일관성 있게 배운 적은 없었어요."

이들은 그때 죄인인 자신들이 그리스도로 말미암아 의롭게 되고, 용서받아 놀라운 하나님나라로 인도되어 들어왔다는 복된 소식을 난생처음 들었다. 아주 간단했지만, 충격적이었다. 몇 달 후, 이들은 마침내 우리 교회 예배에 참석하기 시작했다. 매주 구약성경과 신약성경에 나오는 복음을 들었다.² 더그는 고백한다. "삶의 모든 부분을 생각하는 방식이 달라졌어요. 복음이 저희 삶의 모든 부분에 미치는 것을 깨달았어요. 저희 삶이 새로운 의미로 다가왔어요. 사는 게 신이 나고, 지금도 그래요."

더그와 매티의 삶이 복음으로 바뀌었을 뿐 아니라 같은 시기에 나산도 비슷한 체험을 했다. 우리 교회 부목사 스티븐이 매주 교도소로 면회를 갔다. 그러면서 나산은 자신이 한 짓을 서서히 깨닫고 책임을 느꼈다. 그는 자신의 잘못을 인정했다. 더는 다른 사람들이나 제도나 약물을 탓하지 않았다. 매주 스티븐 목사는 나산을 성경으로 인도했다. 그의 영혼에 난 구멍이, 누군가에게 받아들여지고 싶은 깊은 갈망이 하늘에 계신 아버지와의 관계로만 채워질 수 있음을 보여주었다. 나산은 자신이 어떻게 여러 해 동안 이런 필요를 잡다한 우상으로 채우려 했는지, 어떻게 그 모든 우상이 자신을 공허하게 했는지 조금씩 깨달았다. 나산은 자신의 범죄 때문에 깨지고 망가졌었다. 이제 그 공허를 인정할 준비가 되었다. 그가 무엇을 할 수 있었겠는가?

스티븐 목사는 나산에게 깊은 갈망을 채울 수 있는 유일한 곳으로 가라고 했다. 복음이었다. 용서는 예수님이 주신다. 그분이 나산의 죗값을 치르셨기 때문이다. 나산은 예수님이 자신을 위해 하신 일을 받아들이고 놀라운 하나님나라에 들어가야 했다. 시간이 지나면서, 이 메시지가 스며들었다. 나산은 방황을 끝냈다. 마침내 집으로 돌아왔다. 하나님의 용서를 받았다. 그는 이제 자신이 사랑받으며 받아들여지는 존재라는 사실을 안다. 자신은 받아들여질 만한 인간이 아니라는 속이 뒤틀리는 느낌과 싸웠던 입양아가 이제는 하나님의 가족이라는 사실을 안다.³ 나산의 변화는 극적이었다. 나는 나산처럼 나쁜 환경에 처한 사람이 그렇게까지 만족하는 모습을 처음 보았다. 그는 교도소에 갇혀 있으나 자유를 얻었다.

나 같은 죄인 살리신
주 은혜 놀라와
잃었던 생명 찾았고
광명을 얻었네.⁴

깊이 있는 교회는 가능하다

더그와 매티와 나산의 이야기는 깊이 있는 교회를 분명하게 그린다. 전도가 공동체 안에서 자주 이루어진다는 사실도 보여준다. 더 나아가, 속하기가 믿기보다 먼저일 때 어떤 힘이 있는지 증명한다. 이처럼 속하기가 돕는 공동체에서 이루어질 때, 사람들은 샘이신 그분께 더 가까이 이끌린다. 복음이 이들을 이끌고, 이들의 우상을 지적하며, 이들에게 용서와 칭의를 제시하며, 이들을 하나님의 가족으로 입양하며, 이들로 하나님나라에서 새로운 삶을 살게 한다. 더그와 매티와 나산은 계속 샘이신 그분께 나아갔다. 그리고 마침내 모두 리디머 장로교회 교인이 되었다.

우리 교회 어느 새신자 주일이 지금도 생생히 기억난다. 그 주일에 나산이 우리 교회 교인이 되었다. 바로 교도소에서 말이다. 비록 나산은 참석하지 못했으나 우리는 오렌지색 점퍼를 입은 그의 사진을 스크린에 띄웠다. 사진에서 그는 환하게 웃고 있었다. 기쁨을 감출 수 없었다. 교인 서약은 우리 교회 모든 질문에 답한 나산의 대답을 녹음해서 틀었다. 그리고 나산도 부모와 마찬가지로 오른손을 들고 서약했다.

그날 이후, 더그는 교회 핵심 지도자가 되어, 파트타임 행정 담당으로 잠시 섬기고, 지금은 재정 담당으로 섬긴다. 매티는 자신의 슬픔을 섬김으로 바꾸었다. 비슷한 처지에 있는 부모들에게 다가갔으며, 성경 보급회를 조직해 오렌지카운티 교도소에 성경 만 오천 권을 기부했다. 또 우리 교인들에게 가족이 없거나 영적으로 열린 재소자들에게 편지와 카드를 쓰게 했다. 더그와 매티가 우리 교회에 인도되어 들어온 것은 순전히 보내지기 위해서였다. 이것이 선교하는 기독교이다. 나산은 기회가 있을 때마다 재소자들과 복음을 나눈다. 게다가 성경공부까지 인도한다. 나산의 인도로, 불교 신자였던 감방 동료가 그리스도께 돌아왔다. 나산은 매티와 함께 성경을 이미 세 번이나 완독했다. 더그와 매티와 나산은 은혜 안에서 성장하고 있다.

깊이 있는 교회는 실재이다. 깊이 있는 교회가 당신의 교회에서도 가능한가? 그렇다. 깊이 있는 교회를 시작하는 데 목사가 꼭 필요하지는 않다. 누구나 깊이 있는 교회를 시작할 수 있다. 팀과 매리 부부가 이것을 증명한다. 이들은 선교 소명을, 파송되기 위해 하나님나라로 온 사람으로서 살라는 소명을 들었다. 이들은 도움이 필요한 부부를 보자 그들에게 다가갔다. 그리고 더그와 매티 부부와 우애를 쌓았다. 그들이 어려움을 겪을 때 마음을 다해 도왔다. 이들이 더그와 매티를 자신들의 공동체 모임으로 초대해, 모임의 다른 사람들이 매주 경험하는 놀라운 믿음의 가족을 경험하게 한 것은 자연스러운 과정이었다. 더그와 매티는 공동체가 보여준 사랑에 깊은 감동을 받았다. 그래서 곧 주일마다 우리 교회 전체 예배에 참석하기 시작했다.

우리 모두 깊이 있는 교회가 될 수 있다. 하나님은 몰나르 부부와 이들의 공동체 모임을 사용해 깊은 상처를 받은 사람에게 그리스도의 사랑을 보여주셨다. 우리는 교회가 변할 때까지 기다리거나 목사가 깊이 있는 교회 철학을 수용할 때까지 기다리지 않아도 된다. 당신이 바로 지금 시작할 수 있다.

하나님나라를 위한 삶이 퍼져간다는 사실을 발견했다. 더 많은 사람이 이 비전을 붙잡을 때, 하나님나라는 커진다. 더그와 매티와 나산의 감동적인 간증으로 다른 공동체 모임이 생겼다. 우리 교회는 이제 여성 보호시설, 오렌지카운티 구제 선교회, 유학생과 재소자를 섬기는 모임이 있다. 그 외에도 많은 사람이 법률, 부동산, 교육, 의료, 경제, 정치를 비롯해 자신이 소명 받은 분야에서 하나님나라를 확장하고자 노력한다. 함께, 우리는 깊이 있는 교회가 돼가고 있다.

결론적으로, 깊이 있는 교회가 되려면 어떻게 해야 하는지 일곱 가지로 간략하게 요약하면 다음과 같다.

1. 공동체 모임을 시작하거나 기존 모임에 들어가라 그리스도인의 삶을 더 적극적으로 살고 심오한 공동체를 체험하기 원하는 그리스도인과 연합하라. 서로 위하며 기도하고, 삶의 짐과 기쁨을 나누며, 시간을 내어 그 주의 설교를 두고 토론하라(목사님이 하신 말씀을 비판하는 게 아니라 하나님 말씀을 자기 삶에 적용하려고 열심히 노력하는 데 목적을 두라).[5] 신 나고 따뜻하게 맞아주는 환경을 조성해라. 촛불을 켜고, 난로에 불

을 지피며, 음식을 대접하고, 특별한 일이 있을 때마다 함께 축하하라. 하나님이 행하실 놀라운 일을 기대하라. 하나님은 분명히 행하신다. 감동이 필요하다면, 디트리히 본회퍼Dietrich Bonhoeffer의 《신도의 공동생활 Life Together》(대한기독교서회 역간), 이디스 쉐퍼의 《이디스 쉐퍼의 라브리 이야기L'Abri》(홍성사 역간), 랜디 프래지Randy Frazee의 《21세기 교회 연구: 공동체The Connecting Church》(좋은씨앗 역간)를 읽으라.[6] 이 책들은 내게 깊은 영향을 미쳤으며, 당신에게도 그럴 것이다.

2. 용서의 복음과 하나님나라를 모임의 중심으로 삼으라 공동체가 용두사미로 끝날 때가 많다. 허니문은 멋지나 이혼은 끔찍하다. 무엇이 모임을 오래가게 하는가? 열정이 아니며, 사명도 아니며, 순전한 의지도 아니다. 모임을 유지하고 새롭고 활기차게 하는 것은 오직 복음의 능력이다. 제리 브리지스Jerry Bridges는 우리가 날마다 자신에게 복음을 전해야 한다고 했다. 우리는 생각했던 것 이상으로 죄악 되지만, 복음이 상상 이상으로 놀랍다는 점을 늘 상기해야 한다.[7] 진리는 우리를 믿음으로 인도할 뿐 아니라 믿음대로, 심지어 영웅처럼 살도록 우리를 지키고 강하게 하며 우리에게 동기를 부여한다.

이것이 개개인에게 적용된다면, 공동체에게는 말할 필요도 없다. 이기심과 교만과 상한 감정이야말로 공동체를 가장 빠르게 무너뜨린다. 오직 복음만이 장애물을 돌파하고, 공동체를 용서와 화해와 남을 먼저 생각하는 마음 위에 세우고 유지할 수 있다.[8] 내가 매티에게 왜 몰나르의 공동체 모임이 이기심을 극복하고 도움이 필요한 그녀의 가족에게 다가갈 수 있었느냐고 물었을 때, 매티는 이렇게 대답했다. "그분은 자신이 용서받았다는 것을 알기 때문이에요. 용서를 체험했거든요. 그래서 다른 사람들을 사랑할 수 있는 거고요." 매티의 말이 옳다. 복음의 영향을 받을수록 정서적, 영적 필요는 더 깊이 채워진다. 그러면 자신의 장애와 지난 상처를 붙잡고 괴로워하는 시간이 줄어들고 다른 사람들을 위해 더 많은 힘을 쏟게 된다. 정서 은행이 가득찼을 때, 줄 게 많아진다.

3. 선교하라 자비를 베풀며 다가가는 데서 시작하라. 서로 기뻐하며 돌보면서, 도움이 필요한 사람들에게 다가가라. 하나님이 사람들을 가족으로 부르신 목적은 그들을 파송하기 위해서라는 것을 이해하라. 하나님은 아브라함에게, 요셉에게, 요나에게, 다니엘에게, 예수님의 제자들에게 이렇게 하셨다. 감사하며 섬기는 법을 배우라. 복음에 잠겨 도움이 필요한 사람들을 돌아보라. 베드로 사도가 말했듯이.

그러나 너희는 택하신 족속이요 왕 같은 제사장들이요 거룩한 나라요 그의 소유가 된 백성이니 이는 너희를 어두운 데서 불러내어 그의 기이한 빛에 들어가게 하신 이의 아름다운 덕을 선포하게 하려 하심이라. 너희가 전에는 백성이 아니더니 이제는 하나님의 백성이요 전에는 긍휼을 얻지 못하였더니 이제는 긍휼을 얻은 자니라(벧전 2:9-10).

긍휼을 베푸는 사람이 되라. 여성 쉼터를 섬기고, 청소년 보호센터에 참여하며, 소방서나 지역 학교를 세우는 데 앞장서라. 공동체 모임 하나가 하나님나라를 증언하기 위해 할 수 있는 일은 놀랍도록 많다.

4. 샬롬 메이커가 되라 자신의 직업으로 거주 지역의 평화를 구하는 사람이 되라. 자신의 소명을 이해하는 데서 시작하라. 당신의 공동체

모임에서 직업을 주제로 토론하고, 하나님이 우리 삶의 모든 부분에서 그분의 영광을 위해 살도록 어떻게 부르셨는지 토론하라. 알버트 월터스Al Wolters의 《창조 타락 구속Creation Regained》(IVP 역간)이나 앤디 크라우치의 《컬처 메이킹Culture Making》(IVP 역간)을 읽으라.[9] 이런 책은 창조 세계에 대한 하나님의 관점과 문화를 창조해야 하는 우리 소명을 이해하는 좋은 기초를 제공한다. 그다음으로, 특별한 은사가 소명에 어떤 영향을 미치는지 알고, 하나님나라에서 당신을 위한 하나님의 역할이 무엇인지 이해하기 위해 오스 기니스의 《소명The Call》(IVP 역간)이나 더그 슈먼Doug Shuurman의 《직업Vocation》을 읽으라.[10] 하나님은 우리가 유기적 교회가 되길 원하시지만, 그렇게 되려면 하나님나라의 '비밀 요원' 훈련을 받아야 한다. 그리스도인 하나하나가 자신의 소명을 이해하고 매일 그 소명을 열정적으로 추구한다면 세상이 어떻게 달라질지 상상할 수 있겠는가? 세상이 완전히 뒤집어지지 않을까?

5. 깊이 있는 예배자가 되라 깊이 있는 예배란 무엇인가를 이해하는 데서 시작하라. 예배의 역사에 관한 책을 몇 권 읽으라.[11] 당신의 뿌리를 고대 교부들에게 내리라.[12] 찬송의 역사를 공부하라.[13] 성만찬을 깊이 이해하라.[14] 더 나은 예배자가 되라. 은혜의 수단인 예배를 기뻐할수록 주변 사람들도 그렇게 한다.

대학에서, 몇몇 찬송의 숨은 역사를 알면서 그 찬송의 진가를 깨달았다. 그러자 채플 시간에 찬송할 때마다 마음이 뜨거웠다. 친구들이 나를 주목했다. 친구들은 찬송을 좋아하는 나를 보고 찬송이 단지 나이든 사람만을 위한 게 아니라고 생각하게 되었다. 지나온 세월 동안, 찬송은 내게 깊은 영향을 미쳤다.

성만찬도 마찬가지이다. 성찬식을 연구했다. 그러자 매주 성찬식은 삶에서 신비와 은혜로 가득한 가장 의미 깊은 순간이 되었다. 성찬식으로 그리스도 몸의 연합을, 하나님의 언약 공동체로서 함께 떡을 뗀다는 게 무슨 뜻인지 새롭게 이해했다. 그래서 나로서는 매주 성찬식이 없는 전체 예배를 상상할 수 없다. 나는 성찬식이 주는 힘이 필요하다. 교회는 성찬식이 주는 연합의 접착제가 필요하다.

6. 중심 집합형 사고의 본을 보이라 요청이 없어도, 손님에게 다가가라. 그들을 공동체로 초대하라. 불필요한 울타리를 치지 마라. 공동체 모임에 참석하고, 주변을 서성이며 물음을 던져도 안전하다고 느끼게 하라. 공동체의 사랑으로 그들을 샘이신 예수님께로 이끌라. 그들을 교회의 삶에 포함시켜라. 손님에게 친절하게 대한다면 좋은 일이다. 그러나 받아들여진다고 느끼지 못하면 다시 오지 않는다. 그들을 위해 새로운 모임을 시작하라. 그들을 당신 집에 초대하고 모임에 들어오라고 권하라. 이렇게 할 때, 교회는 몰라보게 달라진다.

7. 리더에게 요구하기 전에 먼저 자신이 깊이 있는 교회가 되라 이 책의 목적은 분열이 아니라 연합이다. 당신이 이 책을 목사님께 선물했으면 좋겠다. 그러나 먼저 당신이 이 책 내용과 관련해 본을 보이고 있어야 책 선물이 효과가 있다. 좋은 결혼 생활에서도 마찬가지이지만 우리는 상대를 비판하는 시간을 줄이고 자신을 바꾸는 시간을 늘려야 한다. 자신을 먼저 바꾸라. 그러면 목사님과 교회 지도자들이 주목한다. 목사님이 당신을 믿고 이 책을 받을 거라고 생각하면, 선물하라. 시기가 적절하고 당신과 목사님의 관계가 견실하다면, 교회가 이 책을 함께 공부하는 게 어떻겠냐고 제안해보라. 어쩌면 교회 지도자와 장로님이 이 책을 함

께 공부하고 교회 사역을 다시 평가할지도 모르겠다. 그러면 깊이 있는 교회 운동의 불꽃이 일어날 것이다.

마지막 바람: 연합

한 가지 제안을 더 하겠다. 학자와 교수와 목사를 위한 제안이다. 《깊이 있는 교회》가 교회에서 제3의 길을 모색하는 토대가 되길 바라며, 목사와 학자가 내가 이 책에서 제시한 일곱 가지 항의를 활용해 대화를 이끌어내고, 나의 제안을 토대로 깊이 있는 교회를 더 연구하고 견고히 하길 바란다. 그러면 교단과 신학적 주장을 초월하는 연합이 이루어질 것이다.

나는 매주 설교할 때마다 '비추는 기도'를 한다. 우리가 그분의 말씀을 깊이 팔 때 우리 지성을 비추고, 배우려는 태도를 취하게 하며, 우리 의지를 진흙반죽 같은 상태가 되게 해달라고 기도한다. 그리고 마지막에 이렇게 기도한다. "하늘에 계신 아버지, 설교자를 위해 기도합니다. 사람들이 그를 목사라 부르지만 그는 목사가 아닙니다. 그도 듣는 사람들과 마찬가지로 말씀에서 배울 게 많습니다. 어쩌면 더 많을지 모릅니다. 우리는 예수님을, 오직 그분을 만나러 왔습니다. 예수님의 이름으로 기도합니다. 아멘."[15]

《깊이 있는 교회》는 독자를 위하는 것만큼이나 나를 위한 책이다. 다른 사람들을 위한 책인 것만큼이나 리디머 장로교회를 위한 책이다. 나의 목적은 당신이 이 책에서 예수님을 보는 것이다. 당신과 그분의 깊이 있는 교회에 하나님의 축복이 임하길 바란다. 우리가 매주 예배를 마칠 때마다 암송하며, 네 아이가 잠자리에 들 때마다 내가 암송해주는 구절처럼 되길 바란다.

여호와는 네게 복을 주시고
너를 지키시기를 원하며
여호와는 그의 얼굴을 네게 비추사
은혜 베푸시기를 원하며
여호와는 그 얼굴을 네게로 향하여 드사
평강 주시기를 원하노라(민 6:24-26).

감사의 말

자신의 신학과 인격과 목회 철학에 깊은 영향을 미친 사람들의 생애에 어떻게 감사해야 할까?

내게 이런 기회를 준 IVP에 감사한다. 이 책을 편집한 앨 쉬는 초짜 작가를 위한 완벽한 편집자였다. 그는 늘 인내하며 적절한 조언과 방향을 제시했으며, 내가 곁길로 가지 않도록 지켜주었다. 《깊이 있는 교회》의 편집과 출판을 도와준 IVP 모든 직원에게 감사한다. 특별히 전에 IVP에서 일했으며, 나를 '발견하고' 편집진이 나의 제안을 주목하도록 해준 조엘에게 감사한다. 나를 보증해준 앤디 크라우치에게도 감사하며, 이 책이 훨씬 더 좋아지도록 도와준 외부 검토자에게도 감사한다. 물론, 모든 저자가 말하듯, 최종 결과물은 나의 책임이다.

리디머 장로교회와 교인과 장로님에게 감사한다. 나를 그분들의 목사로 받아주고, 깊이 있는 교회 비전을 우리 공동체에서 펼치도록 응원해주어서 감사하다. 나는 이 책에 실린 내용의 많은 부분을 성인 제자반에서 가장 먼저 가르쳤다. 리디머 장로교회 성도 여러분, 여러분 안에서 저의 특별한 소명을 추구하도록 허락해주어서 감사합니다. 특별히 마이클과 베티 캐롤에게 감사한다. 두 사람은 아낌없이 조언해주고, 나의 샘플 원고를 편집했으며, 창조적인 논픽션을 가르쳐주었다. 모든 단계에서 내게 영감을 준 하워드와 로베르타에게 감사한다. 내가 더 나은 글을 쓰고 내 목소리를 찾도록 도와준 릴라 길버트에게 감사한다. 이 책을 쓰라는 생각을 가장 먼저 심어준 린다 패리시에게 감사한다.

바른 질문을 던지고, 내 생각과 행동을 예리하게 해주며, 복음을 사랑하도록 영감을 불어넣어준 헌팅턴 그룹(랍 벨, 브래던 둑, 짐 데니슨, 믹 윌슨, 댄 래드마커, 라스 루드)에게 감사한다. 트웬티-섬씽 펠로십의 모든 사람에게 감사한다. 《깊이 있는 교회》의 아주 많은 부분이 여러분에게서 나왔다. 나의 동료이자 친구로 이 책이 나오기까지 격려를 아끼지 않은 마크 외스트라이셔에게 감사한다.

나의 멘토 리처드 마우와 팀 켈러에게 감사한다. 이들은 내게 깊이 있는 교회를 가장 많이 가르쳐준 사람들이다. 나를 믿어주고 나의 친구가 돼줘서 고맙다. 이머징 교회 탐험에 기꺼이 동행해주고 각 단계마다 견고한 발판이 돼준 존 암스트롱에게 감사한다.

아우구스티누스, 칼뱅, 리처드 십스, 존 뉴턴, 아브라함 카이퍼, C. S. 루이스, J. R. R. 톨킨, 프란시스 쉐퍼를 비롯해 오래전에 세상을 떠났으나 내게 깊은 가르침을 준 이들에게 감사한다. 글과 가르침으로 영향을 미친 많은 사람에게 나는 큰 빚을 졌다. 나는 거인들의 어깨 위에 서 있다.

인터뷰를 허락했을 뿐 아니라 인터뷰 내용을 이 책에 신도록 허락해준 모든 분에게 감사한다. 여러분의 참여 덕분에 이 책이 더 나아졌다.

초고를 읽고 깊이 있는 교회에 대한 나의 소명을 응원해준 지지자들에게 감사한다.

사랑과 후원을 아끼지 않은 어머니와 아버지에게 감사한다(아버지는

2002년에 세상을 떠나셨다). 매주 연구하기 위해 풀러 신학교에 가는 길에 어머니와 나누는 전화 통화가 즐겁고 기다려진다.

　무엇보다도, 14년간 곁에서 나를 지켜준 사랑스러운 아내 미셸과 네 아이, 조던, 조녀선, 리지, 메건에게 감사한다. 아내의 응원, 사랑, 나에 대한 믿음이 없었다면, 나는 절대 이 책을 쓰지 못했을 것이다. 온종일 글쓰고, 사람 만나고, 설교 준비하고, 교회 일을 하고 집으로 돌아왔을 때 "아빠, 이제 오세요. 보고 싶었어요!"라는 한마디가 얼마나 큰 힘이 되는지 모른다. 가정에서 나는 하나님의 샬롬을 제대로 체험한다.

이 도시의 평화를 빌며
캘리포니아 코스타메이사에서
짐 벨처

주註

들어가는 말

1. Os Guinness, *Dining with the Devil: The Megachurch Movement Flirts with Modernity*(Grand Rapids: Baker, 1993).《교회 성장 운동의 "새로운 기초"》(생명의 말씀사); John Seel, *The Evangelical Forfeit: Can We Recover?*(Grand Rapids: Baker, 1993); Douglas D. Webster, *Selling Jesus: What's Wrong with Marketing the Church*(Downers Grove, Ill.: InterVarsity Press, 1992).《기업을 닮아가는 교회》(기독교문사); David Wells, *No Place for Truth, or, Whatever Happened to Evangelical Theology?*(Grand Rapids: Eerdmans, 1993).《신학 실종》(부흥과개혁사).
2. Robert Webber, *The Younger Evangelicals*(Grand Rapids: Baker, 2002).《젊은 복음주의자를 말하다》(죠이선교회출판부).
3. 나는 전통주의 진영의 다양성을 잘 알며, 전통 교회 내부에서도 개혁 운동이 전개된다는 사실도 잘 안다.
4. 예를 들면, 다음을 보라. John MacArthur, *The Truth War: Fighting for Certainty in an Age of Deception*(Nashville: Nelson, 2007).《진리 전쟁》(생명의말씀사); Gary L. W. Johnson and Ronald N. Gleason, eds., *Reforming or Conforming?* (Wheaton, Ill.: Crossway, 2008); Kevin DeYoung and Ted Kluck, *Why We're Not Emergent*(Chicago: Moody Publishers, 2008).《왜 우리는 이머징 교회를 반대하는가》(부흥과개혁사).
5. Emergent Village 웹 사이트 〈www.emergentvillage.com〉을 보라.
6. InterVarsity Press의 Al Hsu 편집자에게 감사한다. 이들의 만남에 관한 글을 자신의 블로그 The Suburban Christian에 올려놓았다. 〈http://thesuburbanchristian.blogspot.com/2008/05/john-piper-meets-tony-jones-two-views.html〉.
7. 존 파이퍼는 '젊고 활동적이며 개혁적인' 사람들 사이에서 인기가 높으며, 몇몇 부분에서 전통 교회 내부의 개혁적인 요소를 대변한다. 그렇더라도, 그의 신학적 견해 가운데

몇몇 부분은 이머징 교회와 맞지 않는다. 다음을 보라. Collin Hansen, *Young, Restless, Reformed*(Wheaton, Ill.: Crossway, 2008).《현대 미국 개혁주의 부활》(부흥과개혁사).

8. John Piper and Justin Taylor, ed., *The Supremacy of Christ in a Postmodern World*(Wheaton, Ill.: Crossway, 2007), p. 155.

9. 같은 책, 같은 페이지.

10. Tony Jones, *The New Christians: Dispatches from the Emergent Frontier*(San Francisco: Jossey-Bass, 2008), p. 76-78.

11. 나는 실용주의 교회를 편협한 시각으로 보고 싶지 않다. 실용주의 교회는 이머징 교회와 전통 교회 양쪽에 모두 자극제가 될 때가 많기 때문이다. 그러나 실용주의자를 비판하거나 변호하는 데 많은 시간을 쏟지는 않겠다. 이머징 교회와 전통 교회의 간극에 집중하겠다.

12. See "Willow Creek Repents?" *Out of Ur*, October 18, 2007 〈http://blog.christianitytoday.com/outofur/archives/2007/10/willow_creek_re.html〉을 보라.

13. C. S. Lewis, "Mere Christians," *Church Times* 135(1952). Andrew Walker와 Luke Bretherton에게 감사한다. 이들의 공저 *Remembering Our Future*(Carlisle, U. K.: Paternoster, 2007)을 보면서 이 문구를 인용해야겠다고 생각했다.

14. 이 제안에 대해 Andy Crouch에게 감사한다.

15. 나는 이 그룹에 뉴욕시에 위치한 Redeemer Presbyterian Church를 비롯해 전국에 산재한 지역 교회를 포함했으며, 샌디에이고의 여러 곳에 있는 Harbor Presbyterian Church, 비슷한 목회 철학이 있는 수십 개 교회를 포함했다.

01_ 깊이 있는 교회를 세우는 일은 가능할까?

1. Edith Schaeffer, *L'Abri*(Wheaton, Ill.: Crossway, 1992)를 보라.

2. *re:generation quarterly*의 내용은 Christianity Today Library 웹 사이트 〈http://ctlibrary.com/rq〉에서 확인할 수 있다.

3. Jim Belcher, "It's the Gospel, Stupid," *re:generation quarterly* 1, no. 2 (1995).

4. Dieter Zander and Tim Celek, *Inside the Soul of a New Generation*(Grand Rapids: Zondervan, 1996).

5. Gen X 1.0 컨퍼런스가 앞서 시카고에서 열렸다.

6. Mark Driscoll, *Confessions of a Reformission Rev.: Hard Lessons from an Emerging Missional Church*(Grand Rapids: Zondervan, 2006).
7. Jim은 지금 아내와 자녀를 데리고 영국 Canterbury에 교회를 개척했다. ⟨www.canterburyvineyard.com⟩을 보라.
8. Mic Wilson은 캘리포니아 Temecula Wilson Creek에 위치한 가족의 포도 농장 사업을 돕는다. 빈야드 웹 사이트 ⟨www.wilsoncreekwinery.com⟩을 보라. Brad den Dulk은 캘리포니아의 오렌지카운티에 Corporate Computer Services라는 회사를 설립했다.
9. The Mars Hill Bible Church 홈페이지는 ⟨www.marshill.org⟩이다.
10. 다음을 보라. Michael Frost and Alan Hirsch, *The Shaping of Things to Come: Innovation and Mission for the 21st-Century Church*(Peabody, Mass.: Hendrickson, 2003), p. 51. 《새로운 교회가 온다》(IVP).
11. 나는 이머징 교회들을 직접 돌아보았으나 한두 세대가 다수를 차지하는 교회가 대부분이었으며, 여러 세대가 골고루 분포하는 교회를 거의 보지 못했다.
12. 나는 짧지만 8년간 미국 장로교회에 몸담았다. 그동안, 우리 교회는 분열될 뻔한 큰 위기를 두 차례 맞았으나 장로회(당회)의 중재와 활동으로 위기를 극복하고 건강하게 회복되었다.
13. 다음을 보라. Tim Keller, *The Reason for God: Belief in an Age of Skepticism* (New York: Dutton, 2008).

02_ 이머징 교회란 무엇인가?

1. Eddie Gibbs and Ryan K. Bolger, *Emerging Churches: Creating Christian Community in Postmodern Cultures*(Grand Rapids: Baker, 2005). 《이머징 교회》(쿰란출판사).
2. Os Guinness, *Dining with the Devil*(Grand Rapids: Baker, 1993). ⟨www.modernreformation.org⟩에 실린 *Modern Reformation* 잡지도 보라.
3. Mike Yaconelli, ed., *Stories of Emergence: Moving from Absolute to Authentic* (Grand Rapids: Zondervan/Youth Specialties, 2003).
4. Gibbs and Bolger, *Emerging Churches*, p. 28.
5. 다음을 보라. Scot McKnight, "What Is the Emerging Church?" Westminster

Theological Seminary에서 2006년 10월 26-27일에 한 강연이다. 〈http://tallskinnykiwi.typepad.com/tallskinnykiwi/ files/scott_mcknight_what_is_the_emerging_church.pdf〉.

6. 모든 이머징 저자가 이러한 일곱 가지 비판을 모두 다 제기하지는 않는다. 그러나 이러한 일곱 가지 비판은 이머징 교회가 전통 교회에 느끼는 가장 공통적인 불만을 전체적으로 대변한다. 일곱 가지 비판은 나중에 여러 장에 걸쳐 하나씩 소개하고 자세히 살펴보겠다. 이 비판을 보면, 이머징 교회와 전통 교회 간에 오가는 대화의 주요 주제를 알 수 있다. 이러한 일곱 가지 비판은 필자가 이머징 교회와 전통 교회 양쪽에서 모두 배우면서도 양쪽의 약점을 극복하는 제3의 길을 모색하는 토대이기도 하다.

7. Dan Kimball, 〈http://www.dankimball.com/vintage_faith/2006/04/origin_of_the_t.html〉.

8. 다음을 보라. Doug Pagitt, *Preaching Re-Imagined: The Role of the Sermon in Communities of Faith*(Grand Rapids: Zondervan/Youth Specialties, 2005).

9. 다음을 보라. C. Michael Patton의 "Will the Real Emerger Please Stand Up?" 〈http://www.reclaimingthemind.org/blog/2008/08/will-the-real-emerger-please-stand-up/〉.

10. Ed Stetzer, "Understanding the Emerging Church," *Baptist Press*, January 6, 2006. 〈www.sbcbaptistpress.org/bpnews.asp?ID=22406〉.

11. Neil Cole, *Organic Church: Growing Faith Where Life Happens*(San Francisco: Jossey-Bass, 2005).《오가닉 처치》(가나북스); Michael Frost and Alan Hirsch, *The Shaping of Things to Come: Innovation and Mission for the 21st-Century Church*(Peabody, Mass.: Hendrickson, 2003), p. 51; Frank Viola and George Barna, *Pagan Christianity? Exploring the Roots of Our Church Practices* (Ventura, Calif.: Barna Books, 2008).

12. Emerging Pensees 블로그를 보라. 〈http://emergingpensees.blogspot.com/2006/09/what-is-emerging-church_25.html〉.

13. Emergent Village 웹 사이트를 보라. 〈www.emergentvillage.com〉.

14. Dan Kimball, 〈http://www.dankimball.com/vintage_faith/2006/04/origin_of_the_.html〉.

15. 7장은 예외이다. 7장은 내가 보기에 연결주의자 진영에 속하는 Dan Kimball에 초점을 맞춘다.

16. Michael Spencer, "Suggestions for Critics of the Emerging Church," *Next-Wave*,

October 2006 〈www.the-next-wave-ezine.info/issue94/index.cfm?id=17&ref=COVERSTORY〉.
17. McKnight의 "What Is the Emerging Church?"를 보라.

03_ 순전한 기독교를 찾아서

1. Thomas C. Oden, *The Rebirth of Orthodoxy: Signs of New Life in Christianity* (New York: HarperCollins, 2002).
2. 리디머 장로교회는 주일마다 개혁주의 유대교 회당을 빌려 예배드리는데, 매년 한 차례 그들과 후식을 먹으며 대화 시간을 갖는다. 우리는 이것을 '진짜 대화'라 부른다. 우리는 서로 공통된 부분, 즉 구약성경을 확인하지만, 서로 차이를 부끄러워하거나 가볍게 여기지 않는다. 우리는 죄 문제, 이삭을 제물로 바친 사건, 메시아, 피를 통한 속죄와 같은 주제를 함께 논의한다. 나는 매년 이 모임 때 그리스도를 전하며, 아무것도 숨기지 않는다. 회당 측은 우리에게 이 대화가 그해 최고의 시간이었다고 말한다. 우리는 상대에게 예의바르고 서로 사랑하는 친구다. 그러나 차이가 있기 때문에 교회 차원에서 연합은 불가능하다.
3. John Stott, *Evangelical Truth: A Personal Plea for Unity, Integrity & Faithfulness*(Downers Grove, Ill.: InterVarsity Press, 2005), p. 116.《복음주의의 기본 진리》(IVP).
4. 같은 책, 같은 쪽.
5. 같은 책, 같은 쪽.
6. Francis Schaeffer, *The Mark of the Christian*(Downers Grove, Ill.: InterVarsity Press, 2007).《그리스도인의 표지》(생명의말씀사).
7. Oden, *Rebirth of Orthodoxy*, p. 58.
8. 같은 책, 같은 쪽.
9. 같은 책, 같은 쪽.
10. 같은 책, p. 58-59.
11. 같은 책, 같은 쪽.
12. 같은 책, p. 31.
13. 같은 책, p. 32.
14. Christopher Hall, "Ancient Church Fathers," 캘리포니아 Newport Beach에 위치

한 Redeemer Presbyterian Church에서 2008년 9월에 한 강연이다.

15. C. FitzSimons Allison, *The Cruelty of Heresy*(New York: Moorehouse, 1993); Christopher Hall, *Reading Scripture with the Church Fathers*(Downers Grove, Ill.: InterVarsity Press, 1998). 《교부들과 함께 성경읽기》(살림출판사); Gerald L. Bray, *Creeds, Councils and Christ*(Fearn, Scotland: Christian Focus, 1997).
16. Oden, *Rebirth of Orthodoxy*, p. 64.
17. 같은 책, p. 65.
18. Bill Bishop, *The Big Sort: Why the Clustering of Like-Minded America Is Tearing Us Apart*(New York: Houghton Mifflin, 2008).
19. Robert Greer, *Mapping Postmodernism: A Survey of Christian Options* (Downers Grove, Ill.: InterVarsity Press, 2003).
20. 같은 책, p. 174.
21. Scot McKnight, *A Community Called Atonement*(Nashville: Abingdon, 2007).
22. 다음을 보라. Scot McKnight, "The Ironic Faith of Emergents," *Christianity Today* Online, October 3, 2008 〈http://www.christianitytoday.com/ct/2008/september/39.62.html〉, 그리고 "McLaren Emerging," *Christianity Today* Online, September 26, 2008 〈http://www.christianitytoday.com/ct/2008/september/38.59.html〉.
23. 몇몇 포스트모더니즘은 진리를 보는 상층부의 시각을 인정하지 못한다. 그러나 몇몇 포스트모더니즘은 이것을 인정할 수 있다. 따라서 첫째 그룹에게, '강경한 포스트모더니스트'이나 '반실재론자'는 불가능하지는 않더라도, 강경할지 모른다. 그러나 적어도 우리는 무엇이 검토 중이며, 무엇이 위태로운지, 현재 상태에서 논쟁에서 순전히 빠져 있는 게 무엇인지 알 것이다. 그러므로 이 2단계 시각은 전통 교회가 이머징 교회와의 관계에서 신뢰를 회복하는 데 도움이 될 것이다. 왜냐하면 이머징 교회의 절대다수는 이 새로운 에큐메니즘을 분명히 인정할 수 있기 때문이다.
24. Greer, *Mapping Postmodernism*, p. 41. 다음도 보라. John Frame, "Machen's Warrior Children," in *Alister E. McGrath and Evangelical Theology*, ed. Sung Wook Chung(Grand Rapids: Baker, 2003). The Works of John Frame and Vern Poythress 〈http://www.frame-poythress.org/frame_articles/2003Machen.htm〉 에도 나온다.
25. Stott, *Evangelical Truth*, p. 116.
26. C. S. Lewis, *Mere Christianity*(London: Collins, 1956), p. vi, xi. 《순전한 기독교》

(홍성사).
27. 나는 상층부에서, 특히 속죄 이론을 중심으로 논쟁이 빈번하게 벌어진다는 사실을 잘 안다. 이 부분은 5장에서 더 자세히 살펴보겠다. 이러한 논쟁과 관련해 제3의 길을 원한다면, 다음을 보라. Michael Bird, *The Saving Righteousness of God: Studies on Paul, Justification and the New Perspective*(Eugene, Ore.: Wipf & Stock, 2007).
28. 다음을 보라. Stanley N. Gundry, ed., *Three Views on Eastern Orthodoxy and Evangelicalism*(GrandRapids: Zondervan, 2004).
29. Paul Marshall with Lela Gilbert, *Their Blood Cries Out*(Dallas: Word, 1997). 《그들의 피가 부르짖는다》(두란노).
30. 다음을 보라. Vigen Guroian, *Tending the Heart of Virtue: How Classic Stories Awaken a Child's Moral Imagination*(New York: Oxford University Press, 2002), 그리고 *Rallying the Really Human Things: Moral Imagination in Politics, Literature, and Everyday Life*(Wilmington, Del.: ISI Books, 2005).
31. 상층부에서도 우리와 생각이 다른 사람이 있으며, 나는 이 사실을 잘 안다. 동방 정교회에 관한 자세한 논의는 다음을 보라. Stan N. Gundry, ed., *Three Views on Eastern Orthodoxy and Evangelicalism*(Grand Rapids: Zondervan, 2004).
32. John Frame, *Evangelical Reunion: Denominations and the One Body of Christ*(Grand Rapids: Baker, 1991).

04_ 깊은 진리

1. The Ooze의 웹 사이트 〈www.theooze.com〉을 보라.
2. 다음을 보라. James Glenn Belcher, *John Calvin and the Renewal of Our Times*(Ann Arbor, Mich.: UMI Microform, 1996).
3. 다음을 보라. Roger Lundin, *The Culture of Interpretation: Christian Faith and the Postmodern World*(Grand Rapids: Eerdmans, 1993).
4. Brian McLaren, *The Church on the Other Side*(Grand Rapids: Zondervan, 2000). 《저 건너편의 교회》(낮은울타리); Tony Jones, *Postmodern Youth Ministry*(Grand Rapids: Zondervan/Youth Specialties, 2001).
5. 다음을 보라. Robert Bellah, *Habits of the Heart: Individualism and Commitment in American Life*(Berkeley: University of California Press, 2007); Charles Taylor,

The Ethics of Authenticity(Cambridge, Mass.: Harvard University Press, 1992).
6. Stephen Toulmin, *Cosmopolis: The Hidden Agenda of Modernity*(Chicago: University of Chicago Press, 1992).《코스모폴리스》(경남대학교출판부).
7. Charles Taylor, *Sources of the Self: The Making of the Modern Identity*(Cambridge, Mass.: Harvard University Press, 1992); Kenneth Gergen, *The Saturated Self: Dilemmas of Identity in Contemporary Life*(New York: Basic Books, 2000).
8. Charles Colson, "The Postmodern Crackup," *Christianity Today*, December 1, 2003 〈www.christianitytoday.com/ct/2003/december/24.72.html〉.
9. 나와 찰스 콜슨의 특별한 인연을 소개해야겠다. 찰스 콜슨은 열 살이나 열두 살 때까지 메사추세츠의 보스톤 근교 윈드롭이라는 거친 거리에서 나의 아버지와 함께 자랐다. 아버지는 1946년에 레드삭스가 월드시리즈에서 카디날즈(세인트루이스를 연고지로 하는 메이저리그 야구팀 – 옮긴이)와 붙었을 때, 찰스 콜슨과 함께 학교에 적당히 둘러대고(나의 할아버지의 도움으로) 펜웨이파크(Fenway Park, 레드삭스 홈구장)에 갔던 일을 즐겨 이야기하셨다. 워터게이트 사건이 터졌을 때, 찰스 콜슨은 지혜롭게 행동했다(당시 찰스 콜슨은 워터게이트 사건의 중심이었던 닉슨 대통령의 법률 고문이었다 – 옮긴이).
10. Prison Fellowship 웹 사이트 〈www.prisonfellowship.org〉를 보라.
11. Brian McLaren, "An Open Letter to Chuck Colson," December 2003 〈www.brianmclaren.net/archives/000018.html〉.
12. Crystal Downing, *How Postmodernism Serves (My) Faith: Questioning Truth in Language, Philosophy and Art*(Downers Grove, Ill.: InterVarsity Press, 2006).
13. 1990년대 중반, 포스트모더니즘을 반대하는 목소리가 워낙 거셌다. 그래서 나는 왜 그렇게 많은 젊은 기독교 사상가와 교회 활동가가 포스트모더니즘을 긍정적으로 보는지 알고 싶었다. 누군가(누구였는지 정확히 기억나지 않는다) 최근에 이렇게 말했다. 교회 내 젊은 사상가들이 포스트모더니즘을 멀리하라는 말을 들었다. 포스트모더니즘은 나쁘다. 그러므로 포스트모더니즘은 금단의 열매가 되었다. 그래서 젊은 사상가들은 그 열매를 따서 베어물었더니 맛이 좋았다. 사실, 그들은 포스트모더니즘이 나쁘지 않으며 기독교적 시각에 매우 가깝다는 것을 깨달았다. 나는 Tony Jones와 Brian McLaren을 비롯해 James K. A. Smith와 Merold Westphal 같은 철학 교수의 글을 읽으면서 이들이 Jacques Derrida 와 Jean-François Lyotard를 포스트모더니즘의 두 대제사장으로 보며, 초현대주의의 본보기가 아니라 계몽주의 프로젝트의 강력한 비판자로 본다는 사실을 발견했다. 이들은 포스트모더니즘을 모더니즘의 연속으로 보지 않

고, 모더니즘의 주된 비판자로 본다. 이러한 포스트모던 저자들은 비록 신자는 아니더라도, 계몽주의에 맞서 싸우는 전투에서, 기독교 신앙을 섬길 수 있는 있는 사상가로 우리의 아군이다. 다음을 보라. Gene Veith, *Postmodern Times : A Christian Guide to Contemporary Thought and Culture*(Wheaton, Ill.: Crossway, 1994). 《포스트모더니즘의 세계》(아가페); James Smith, *Who's Afraid of Postmodernism? Taking Derrida, Lyotard, and Foucault to Church*(Grand Rapids: Baker Academic, 2006). 《누가 포스트모더니즘을 두려워하는가》(살림); Heath White, *Postmodernism 101: A First Course for the Curious Christian*(Grand Rapids: Brazos, 2006); Merold Westphal, *Postmodern Philosophy and Christian Thought*(Bloomington, Ind.: Indiana University Press, 1999).
14. 다음을 보라. Abraham Kuyper, *Lectures on Calvinism*(Grand Rapids: Eerdmans, 1943); C. S. Lewis, *Mere Christianity*(New York: HarperCollins, 2001); Cornelius Van Til, *Christian Apologetics*(Phillipsburg, N.J.: P & R, 2003). 《변증학》(기독교문서선교회); Herman Dooyeweerd, *In the Twilight of Western Thought: Studies in the Pretended Autonomy of Philosophical Thought*, Collected Works of Herman Dooyeweerd(Lewiston, N.Y.: Edwin Mellen Press, 1999); Nicholas Wolterstorff, *Reason Within the Bounds of Religion*, 2nd ed. (Grand Rapids: Eerdmans, 1984). 《종교의 한계 내에서의 이성》(성광문화사).
15. Stanley J. Grenz and John R. Franke, *Beyond Foundationalism: Shaping Theology in a Postmodern Context*(Louisville, Ky.: Westminster John Knox, 2001).
16. Wolterstorff의 가장 유명한 저서는 *Lament for a Son*(Grand Rapids: Eerdmans, 1987)일 것이다. 그는 사고로 아들을 잃은 후에 이 책을 썼다. 한글로 번역된 저서로는 《정의와 평화가 입 맞출 때까지》와 《행동하는 예술》이 있다(이상 IVP).
17. 그는 자신이 최초의 "후기 정초조의자"라 부르는 Thomas Reid의 사상을 빌려 이러한 제3의 길을 레이드주의라 불렀다. 다음을 보라. Nicholas Wolterstorff, *Thomas Reid and the Story of Epistemology*(Cambridge: Cambridge University Press, 2000).
18. Wolterstorff, *Reason Within the Bounds*, p. 56.
19. 같은 책, p. 57.
20. 같은 책, 같은 페이지.
21. 다음을 보라. Nicholas Wolterstorff, *Justice: Rights and Wrongs*(Princeton, N.J.: Princeton University Press, 2007).

22. 다음을 보라. Nancey Murphy, *Beyond Liberalism and Fundamentalism : How Modern and Postmodern Philosophy Set the Theological Agenda*(Philadelphia : Trinity Press International, 1996).
23. Jones, *Postmodern Youth Ministry*, p. 26.
24. 같은 책, p. 26.
25. 같은 책, 같은 페이지.
26. 같은 책, p. 39.
27. 다음을 보라. Alasdair C. MacIntyre, *Whose Justice? Which Rationality?*(South Bend, Ind.: University of Notre Dame Press, 1989); Richard Mouw and Sander Griffioen, *Pluralisms and Horizons*(Grand Rapids: Eerdmans, 1993).
28. Smith, *Who's Afraid of Postmodernism?*, p. 123.
29. Lesslie Newbigin, *Foolishness to the Greeks*(Grand Rapids: Eerdmans, 1986), p. 7.《헬라인에게는 미련한 것이요》(IVP).
30. Miroslav Volf, "Soft Difference," at ⟨www.twine.com/item/116clsm9y-vpf/softdifference-by-mirslav-volf⟩.
31. 이 책 3장에서 이들을 이머징 교회 운동의 재건주의자 진영으로 분류했었다.
32. Michael Frost and Alan Hirsch, *The Shaping of Things to Come*, p. 47.
33. 토니가 속한 교회 Solomon's Porch는 관계 집합형 교회의 좋은 예다. 솔로몬의 행각에 대해서는 깊은 설교를 다루는 장에서 살펴보겠다.
34. 사생활 보호를 위해 가명을 썼다.

05_ 깊은 전도

1. Edith Schaeffer, *The Tapestry: The Life and Times of Francis and Edith Schaeffer* (Nashville: W Publishing, 1985).
2. 사생활 보호를 위해 가명을 썼다.
3. Emmaus Way의 웹 사이트 ⟨www.emmaus-way.com⟩을 보라.
4. 다음을 보라. Brian McLaren, *More Ready Than You Realize: Evangelism as Dance in the Postmodern Matrix*(Grand Rapids: Zondervan, 2002); Brian McLaren, *The Church on the Other Side*(Grand Rapids: Zondervan, 2000); Michael Frost, *Exiles: Living Missionally in a Post-Christian Culture*(Peabody,

Mass.: Hendrickson, 2006). 《위험한 기독교》(SFC 출판부); and Alan Hirsch, *The Forgotten Ways*(Grand Rapids: Brazos, 2006).
5. Tim Conder, *The Church in Transition: The Journey of Existing Churches into the Emerging Culture*(Grand Rapids: Zondervan, 2006), p. 146.
6. 같은 책, p. 148.
7. 같은 책, p. 147.
8. 같은 책, p. 148.
9. 같은 책, p. 149.
10. 같은 책, 같은 페이지.
11. 같은 책, p. 151-152.
12. D. A. Carson, *Becoming Conversant with the Emerging Church: Understanding a Movement and Its Implications*(Grand Rapids: Zondervan, 2005), p. 152.《이머징 교회 바로 알기》(부흥과개혁사).
13. Carson이 한 말로는, 교회 권징은 예수님 그분에게까지(마 18장) 거슬러올라갈 수 있지만, 신약성경의 다양한 부분에서도 나타난다(예를 들면, 고전 5장: 10-13장).
14. Carson, *Becoming Conversant*, p. 149.
15. 같은 책, p. 152.
16. 당시 리디머 장로교회 교역자는 부목사 David Juelfs, 찬양 팀 책임자 Dan Myers, 나 셋이었다. Christian Community Development Association에 대한 정보를 더 얻고 싶다면, 이 협회의 웹 사이트 〈www.ccda.org〉를 보라.
17. 다음을 보라. John Perkins, *Let Justice Roll Down*(Ventura, Calif.: Regal Books, 2006).
18. 〈http://harborpc.org〉를 보라.
19. 사생활 보호를 위해 가명을 썼다.

06_ 깊은 복음

1. Gordon MacDonald, *Ordering Your Private World*(Nashville: Thomas Nelson, 2007).《내면 세계의 질서와 영적 성장》(IVP).
2. Kuyper를 소개하는 책을 보고 싶다면 다음을 보라. James D. Bratt, ed., *Abraham Kuyper: A Centennial Reader*(Grand Rapids: Eerdmans, 1998); and John Bolt, *A*

Free Church, a Holy Nation : Abraham Kuyper's American Public Theology (Grand Rapids: Eerdmans, 2001).
3. 창조 세계에 대한 카이퍼의 시각을 잘 요약해놓은 책을 원한다면 다음을 보라. Albert M. Wolters, *Creation Regained: Biblical Basics for a Reformational Worldview*(Grand Rapids: Eerdmans, 2005). 《창조 타락 구속》(IVP); Cornelius Plantinga, *Engaging God's World: A Christian Vision of Faith, Learning, and Living*(Grand Rapids: Eerdmans, 2002). 《기독 지성의 책임》(규장).
4. 다음을 보라. "What's ASP all about?" American Studies Program 〈http://www.bestsemester.com/asp/overview/〉.
5. Brian McLaren, *The Secret Message of Jesus : Uncovering the Truth That Could Change Everything*(Nashville: W Publishing, 2006). 《예수님의 숨겨진 메시지》(생명의말씀사).
6. Brian McLaren, *A Generous Orthodoxy*(Grand Rapids: Zondervan/Youth Specialties, 2004), p. 48.
7. 같은 책, p. 79, 49.
8. 같은 책, p. 49.
9. 같은 책, p. 99.
10. 나는 개인화된 기독교에 관한 맥클라렌의 묘사를 읽을 때마다, 선교학자 레슬리 뉴비긴이 떠오른다. 나는 뉴비긴의 글에 깊은 영향을 받았다. 맥클라렌도 뉴비긴이 큰 영향을 끼치는 인물이라고 인정한다. 뉴비긴은, 40년을 인도에서 선교하고 '기독교 나라' 영국에 돌아와보니 세속주의가 판을 쳤다고 말한다. 기독교가 여전히 사방에 있었으나 너무나 개인화된 나머지 하찮아져버렸다. 뉴비긴은 교회가 계몽적 세속주의나 모더니즘과 화해할 수 있다고 생각했을 때 이런 일이 일어났다고 본다. 개인의 이성에 기초한 모더니즘은 과학적으로 검증 가능한 사실만이 공적 진리라고 주장한다. 다른 것은 모두 가치이지 사실이 아니었다. 가치는 개인의 영역에 해당한다. 뉴비긴은 교회가 살아남기 위해 이러한 용어에 동의하고, 개인의 영역으로 물러났다고 말한다. 지난 세월 동안, 이러한 휴전으로, 기독교가 개인 종교로 바뀌었다. 기독교는 더는 공적인 영역에서 말할 수 없다. 개인적 가치 영역으로 밀려났기 때문이다. 교회는 공적 영향력을 잃고, 광장은 텅 비었다. 기독교는 시장이나 정부나 문화에 대해 말할 게 많지 않고 그저 사람들이 삶에 대응하도록 도우며, 종교 상품과 서비스를 제공하는 치료법으로 전락했다. 뉴비긴은 이러한 항복을 의지 상실 탓으로 돌린다. 다시 말해, 교회는 자신의 이야기를, 기독교는 참으로 우주적인 역사이며 개인적일뿐 아니라 공적이라는 사실을, 더

는 믿지 않았다. 맥클라렌도 동의하리라 생각한다. 그러나 맥클라렌은 여기서 훨씬 더 나아갈 것이다. 뉴비긴이 기독교 내의 개인주의를 사실과 가치의 분리라는 면에서 비판한 반면, 맥클라렌은 이것을(내가 그를 정확히 이해했다면) 훨씬 더 큰 문제를 보여주는 또 하나의 징후 정도로 보았다. 교회는 단지 공적인 영역에서 활동하길 그친 게 아니었다. 그 신학적 메시지의 중심에는 개인화된 구원이 있다.

11. McLaren, *Secret Message of Jesus*, p. 10.
12. 같은 책, 같은 페이지.
13. 다음을 보라. Mark Husbands and Daniel J. Treier, eds., *Justification: What's at Stake in the Current Debate*(Downers Grove, Ill.: InterVarsity Press, 2004); Steve Jeffery, Michael Ovey and Andrew Sach, *Pierced for Our Transgressions: Rediscovering the Glory of Penal Substitution*(Wheaton, Ill.: Crossway, 2007).
14. Darrell Guder, *The Continuing Conversion of the Church*(Grand Rapids: Eerdmans, 2000), p. 120-141.
15. 많은 비판자가 맥클라렌이 2007년에 출판한 《예수에게서 답을 찾다》를 그가 사회 복음적 자유주의를 표방한다는 증거로 제시한다.
16. 단지 전통 교회만이 귀를 기울여야 하는 게 아니다. Scot McKnight은 Brian McLaren에게 그를 비판하는 사람들에게 더 귀를 기울이라고 요구한다. "맥클라렌은 마지막 책 두 권에서 많은 제안을 했다. 그럼에도 그는 해결책을 제시하기보다 질문을 던지고 대화하려 한다. 이것은 훌륭한 선생의 속성이다. 이렇게 말은 했으나, 나는 많은 사람들의 불만을 대변하고 싶다. 맥클라렌은 물을 흐리려 하는데 이것이 《기독교를 생각한다》의 특징이다. 너무 지나쳤다. 우리 가운데 많은 사람이 그가 제기하는 다양한 문제를 더 분명하게 보기 원할 것이다. 맥클라렌은 복음주의자 사이에서 자랐다. 우리는 그가 잘 알려진 자신의 관대함을 그에게 신학적 질문을 던지는 사람들에게 보여주길 원한다. 그의 목회 사역에서 큰 역할을 하는 대화 정신은 우리에게 우리가 받은 물음에 답하라고 촉구하며, 성경은 그 질문을 던진 사람들에게 인내하며 귀를 기울이고 자애롭게 대답하라고 권한다. 지금껏 뒷부분이 되지 않아 앞부분도 되지 않았다. 이것을 모든 관련자가 가장 견고하고 정직한 대화를 하라는 간청으로 받아들이길 바란다." Scot McKnight, "McLaren Emerging," *Christianity Today* Online, September 26, 2008 〈www.christianitytoday.com/ct/2008/september/38.59.html〉.
17. Guder, *Continuing Conversion of the Church*.
18. 같은 책, P. 121.
19. 맥클라렌이 스콧 맥나이트의 블로그 Jesus Creed에서 말했듯이, "나는 구원하는 믿음

이 필요하고, 용서가 필요하며, 죽음을 초월하는 희망이 필요하고, 명확한 정통 신앙을 추구하는 게 필요하고, 죄의 무서운 영향을 극복하는 게 필요하고, 우리가 우리 노력이나 종교로 구원받을 수 있다는 생각을 완전히 거부하는 게 필요하다고 분명히 믿는다. 나는 이런 신앙을 공격하고 있는 게 아니다."

20. Charles Wesley, "And Can It Be That I Should Gain?" (1738).
21. 물론, 많은 사람이 속죄의 형벌 대속론이 중심이라는 데 동의하지 않을 것이다. N. T. Wright는 이렇게 주장한다. "나는 잘 알려진 속죄론 가운데 한쪽으로, 하나님이 예수님의 죽음을 통해 악을 어떻게 해결하시는가에 관한 이론 가운데 한쪽으로 떠밀린다. 그러나 그것은 사건이나 이야기를 대체하지 않으며, 다른 모든 이론을 압도하는 유일한 이론도 아니다. 그것은 나를 다른 이론보다 모든 것의 중심에 더 가까이 인도하는 하나의 주제일 뿐이다. 내가 말하는 것은 Christus Victor라는 주제, 곧, 십자가에서 예수께서 악의 권세에게 승리하셨다는 믿음이다. 이것이 자리를 잡으면, 다른 모든 이론이 각각의 역할을 한다." *Evil and the Justice of God*(Downers Grove, Ill.: InterVarsity Press, 2006), p. 94-95.
22. 어느 쪽으로든 축소주의(환원주의)에 빠지지 않으면서, 하나님나라가 형벌 속죄와 어떻게 연결되는지는 Scot McKnight의 *A Community Called Atonement*(Nashville: Abingdon, 2007)를 보라. 형벌 속죄와 그리스도와의 연합은 우리를 하나님나라와 공동체로 이끈다.
23. McKnight, "McLaren Emerging."
24. 같은 책.
25. Hans Boersma, *Violence, Hospitality, and the Cross*(Grand Rapids: Baker Academic, 2004).
26. 같은 책, P. 113에서 인용.
27. 같은 책, p. 113-114.
28. McLaren, *Generous Orthodoxy*, p. 61-62.
29. Brian McLaren, "Brian McLaren on the Kingdom of God," *Pomomusings*, January 14, 2008 〈http://pomomusings.com/2008/01/14/brian-mclaren-on-the-kingdom-ofgod〉.
30. McLaren, *Secret Message of Jesus*, p. 123.

07_ 깊은 예배

1. Robert Webber, *The Younger Evangelicals*(Grand Rapids: Baker, 2002), p. 187. 《젊은 복음주의자를 말하다》(죠이선교회 출판부).
2. 같은 책, 같은 페이지.
3. Tim Conder는 이렇게 말한다. "그러나 문제는 전통적이란 단어가 준거 틀이 없으면 무의미하다는 것이다." 그는 이어서 말한다. "한 사람에게는 전통이 다른 사람에게는 혁신이거나 변덕이거나 아련한 추억이거나 괴상한 것이다." 우리의 다양한 다중 문화에서 "가장 급진적이며 문화적으로 같은 교회라도 너무나 다양해 전통이란 단어를 지역적 의미로밖에 사용하지 못한다." 전통이란 단어를 더 잘 정의하지 못하면 그렇다는 말이다. 일반적으로, 한 사람이 전통의 상실을 슬퍼할 때, 이것은 주변에서 예전 방식이 사라지고 있다는 뜻이다. 팀의 논의에서 아이러니한 부분은 그가 자신의 교회가 현대 예배 형식에서 이머징 예배 형식으로 전환하는 예배 전쟁으로 인한 아픔을 기술한다는 것이다. 이런 의미에서, 전통이란 단어는 가까운 과거, 지난 20년을 의미했다. 다음을 보라. Tim Conder, *The Church in Transition: The Journey of Existing Churches into the Emerging Culture*(Grand Rapids: Zondervan, 2006), p. 102.
4. Chris Armstrong, "The Future Lies in the Past," *Christianity Today* Online, February 8, 2008 〈www.christianitytoday.com/ct/2008/february/22.22.html〉.
5. Vintage Faith Church의 웹 사이트 〈www.vintagechurch.org〉를 보라.
6. 다음을 보라. Dan Kimball, *Emerging Worship*(Grand Rapids: Zondervan, 2004). 《하나님께서 영광 받으시는 고귀한 예배》(이레서원); Dan Kimball and Lilly Lewin, *Sacred Space: A Hands-On Guide to Creating Multisensory Worship Experiences for Youth Ministry*(Grand Rapids: Zondervan/Youth Specialties, 2008).
7. Kimball, *Emerging Worship*, p. 5.
8. 같은 책, 같은 페이지.
9. 같은 책, p. 79.
10. 같은 책, p. 81. 다음도 보라. Kimball and Lewin, *Sacred Space*, p. 14-15.
11. 지난 여러 해 동안, Dan 목사는 이머징이란 단어를 쓰지 않았으며, 이머징 교회 운동과 거리를 두었다. 다음을 보라. 〈http://www.dankimball.com/vintage_faith/2009/04/scot-mcknights-words-made-me-want-to-cry-in-a-goodway-.html〉.
12. Kimball, *Emerging Worship*, p. 34.
13. Kimball이 한 말로는, 이러한 소비주의를 막으려면 예배의 목적에 집중해야 한다. 예

배란 성도들이 시편 95편 6절 "오라 우리가 굽혀 경배하며 우리를 지으신 여호와 앞에 무릎을 꿇자" 대로 살아내기 위해 모이는 것이다. 예배는 엎드리기, 무릎 꿇기, 듣기, 배우기, 보기, 노래하기, 보살피기, 만지기, 머리와 가슴과 몸으로 사랑하기를 포함하는 다감각적 체험이다. 이런 예배는 하나님과 사람에 대한 더 큰 사랑을 낳는다(마 22:37-39). "하나님은 사람들이 우리 교회에서 이머징 예배를 다른 그 무엇으로도 보도록 가르치길 금하신다." 같은 책, p. 11.

14. Andy Crouch, "The Emergent Mystique," *Christianity Today*, November 1, 2004 〈www.christianitytoday.com/ct/2004/november/12.36.html〉.
15. 같은 책.
16. Ron Gleason, "The Death Knell of the Emerging Church Movement," 미출판 논문, p. 2.
17. 같은 책, p. 3.
18. 이 비판에는 반창조적 수사학이 적지 않다. 문화의 모든 면을 짓밟고 싶은 이런 유혹은 10장에서 살펴보겠다.
19. 이머징 교회의 많은 사람이 성경적이기보다는 문화에 더 잘 다가간다. 내가 생각하기에, Kimball은 이런 위험을 알며, 이머징 진영의 어떤 사람이 복음주의의 가장 안 좋은 부분을 모방했다는 데 동의할 것이다. 그는 이것 때문에 슬프다. 이머징 교회가 구도자 교회의 더 화끈하거나 세련된 모습이 되었을 뿐이라면, 길을 잃었다는 데 Kimball은 자신을 비판하는 자들에게 동의할 것이다. 이런 일이 몇몇 이머징 교회에 일어났는가? 나는 Kimball이 그렇다고 인정하리라 확신한다. 내가 보기에, Kimball의 책에서 유망한 부분은, 그가 교회에 소비자 지향적이고 고조된 감정을 유발하지만, 내용은 빈약한 예배를 뛰어넘어 깊은 예배로 나아가라고 촉구한다는 점이다.
20. D. H. Williams, *Retrieving the Tradition and Renewing Evangelicalism: A Primer for Suspicious Protestants*(Grand Rapids: Eerdmans, 1999), p. 6-7.
21. 다음을 보라. Brian McLaren, *Finding Our Way Again: The Return of the Ancient Practices*(Nashville: Thomas Nelson, 2008). 《다시 길을 찾다》(IVP).
22. Williams, *Retrieving the Tradition and Renewing Evangelicalism*, p. 10-11. 더 나아가 Williams는 이렇게 말한다. "그러나 이러한 초기 신앙의 자취는, 다시 말해, 교리적이며 신앙 고백적인 과거를 말하는 발자취와 흔적은 현재 많은 교회에 더는 방향을 제시하지 못할 만큼 너무나 많은 복음주의자에게 주변으로 밀려났으며, 몇몇 경우 아예 잊혔다." 같은 책, p. 11.
23. Jonny Baker, Doug Gay 공저, *Alternative Worship: Resources from and for the*

Emerging Church (Grand Rapids: Baker, 2003), p. 27.
24. 같은 책, 같은 페이지.
25. 같은 책, 같은 페이지.
26. 나는 다음과 같은 Williams의 말에 동의한다. "힘이 넘치는 '찬양과 예배' 체험을 뛰어넘어 그리스도인으로서 생각하고 산다는 것의 본질을 재발견하려는 갈망이 점점 커진다. 그러나 우리에게 기독교 신앙과 행위의 분명한 '중심'을 제공한 자원과의 연결 고리를 의도적으로 만들지 않는다면 그리스도인의 뚜렷한 정체성이 수년 내에 형성되기란 불가능할 것이다." Williams, *Retrieving the Tradition and Renewing Evangelicalism*, p. 13.
27. Thomas Oden의 글이며, Chris Armstrong의 "The Future Lies in the Past"에서 재인용했다.
28. 예배에 관해서라면, 전통 교회는 성경과 최근의 전통을 중시하고, 포스트모더니즘 시대의 정황은 대체로 무시한다고 말하고 싶다. 반대로, 이머징 교회도 성경에 호소하기는 하지만, 문화와 연결하고, 예배가 포스트모더니즘 시대의 정황에 적합하게 하려는 바람이 훨씬 더 깊다. 이런 바람에서, 이머징 교회는 교회가 신비와 의식과 거룩한 공간을 열망하는 문화에 호소력을 갖도록 도우려고 교회의 전통을 취사선택해 새로 구성했다. 이미 말했듯이, 문제는 이것이 전통의 열매는 인정하면서도 그 전통은 받아들이지 않는다는 것이다. 사실, 이머징 교회의 선조인 자유교회가 이것을 어렵게 만든다.
29. Tim Keller, "Reformed Worship in the Global City," in *Worship by the Book*, ed. D. A. Carson (Grand Rapids: Zondervan, 2002), p. 198.
30. 예를 들면, 다음을 보라. Red Mountain Music 웹 사이트 〈www.redmountainchurch.org/rmm〉, Indelible Grace Music 웹 사이트 〈www.igracemusic.com〉, Sandra McCracken의 웹 사이트 〈www.sandramccracken.com〉.
31. 다음을 보라. Horton Davies, *The Worship of the English Puritans* (Orlando, Fla.: Soli Deo Gloria, 1997).
32. 우리 교회 예배 순서를 보고 싶다면, Redeemer Presbyterian Church 웹 사이트 〈www.redeemerpres.com〉을 보라.
33. 뉴욕에 자리한 Redeemer Presbyterian Church의 웹 사이트 〈www.redeemer.com〉을 보라.
34. 성찬식(주의 만찬)과 관련해 내게 가장 깊은 영향을 준 책은 Keith A. Mathison의 *Given for You: Reclaiming Calvin's Doctrine of the Lord's Supper* (Phillipsburg, N. J.: P & R, 2002)이다.

08_ 깊은 설교

1. 이들은 구도자 중심의 주제 설교에도 똑같이 거세게 반발한다.
2. Solomon's Porch의 웹 사이트 〈www.solomonsporch.com〉을 보라.
3. 예를 들면, Dan Kimball은 내게 말하기를, 자신은 설교를 더그와는 매우 다른 시각으로 본다고 했다.
4. Doug Pagitt, *Preaching Re-Imagined: The Role of the Sermon in Communities of Faith* (Grand Rapids: Zondervan, 2005), p. 87, 74, 76, 82, 88.
5. 같은 책, p. 52.
6. 같은 책, p. 134.
7. 같은 책, p. 138.
8. 같은 책, p. 139.
9. 같은 책, p. 175.
10. 같은 책, p. 133.
11. Doug Pagitt, "The Emerging Church and Embodied Theology," in *Listening to the Beliefs of Emerging Churches*, ed. Robert Webber (Grand Rapids: Zondervan, 2007), p. 127.
12. 같은 책, 같은 페이지.
13. 같은 책, p. 126.
14. 같은 책, p. 125.
15. Kevin DeYoung이 몇 장에 걸쳐 Doug를 비판했기 때문에, 나로서는 두 사람의 비판을 제시할 때 그의 이름만 언급하겠다.
16. Kevin DeYoung and Ted Kluck, *Why We're Not Emergent* (Chicago: Moody Publishers, 2008). DeYoung이 생각하기에, 문제는 이머전트들이 성경은 파생적이며 간접적인 하나님의 말씀일 뿐이라는 시각을 취해왔다는 것이다. 말씀의 권위는 성경의 실제 본문에 있지 않고, "본문 말씀으로 말씀하시는 그분에게 있다"(p. 79). DeYoung은 이런 시각이 Karl Barth에게서 나온다고 말한다. 이머전트들은, 자신들이 깨닫든 못 깨닫든지 이러한 신정통주의적 성경관을 받아들였다.
17. 같은 책, p. 80.
18. 같은 책, p. 118.
19. 같은 책, 같은 페이지.
20. 같은 책, 같은 페이지.

21. 그는 이렇게 묻는다. 어쨌든 목사들은 바울이 디모데에게 했던 권고를 따라 전하고 가르치며, 꾸짖고 격려하며, 거짓 교리에서 지키며, 다른 사람을 훈련해 똑같이 하게 해야 하지 않는가?(딤후 2:1-2; 딤전 4:6, 11, 13; 5:17; 딛 1:9 참고) 바울은 이렇게 말한다. "하나님 앞과 살아 있는 자와 죽은 자를 심판하실 그리스도 예수 앞에서 그가 나타나실 것과 그의 나라를 두고 엄히 명하노니 너는 말씀을 전파하라"(딤후 4:1-2).
22. DeYoung and Kluck, *Why We're Not Emergent*, p. 160.
23. 같은 책, 같은 페이지.
24. Doug Pagitt의 "The Emerging Church and Embodied Theology"에 대한 Dan Kimball의 대답으로 Robert Webber가 편집한 *Listening to the Beliefs of Emerging Churches*(Grand Rapids: Zondervan, 2007), p. 151-54에서 인용했다. Dan이 한 말로는, Doug는 우리가 3세기에 살든 21세기에 살든 상관없이 타당한 신학적 결론이 있다고 믿지 않는다. Dan은 "시대나 인물이나 문화적 정황이 어떻든지 성경과 하나님이 주신 계시를 살필 때, 우리는 결국에는 여전히 같은 결론에 이를 것이다"라고 말한다(p. 153). Dan이 Doug가 니케아 기독교에 너무나 분명하게 제시된 이러한 상층부 기초의 필요성을 인정하지 않는다는 점을 비판한다. Dan은 "사람들은 지금껏 니케아 신조에 담긴 이러한 핵심 교리와 씨름하고 그 교리를 시험했으며, 시대를 막론하고 모든 문화에 적용한다"라고 말한다. Dan Kimball, "The Emerging Church and Missional Theology," in *Listening to the Beliefs of Emerging Churches*, ed. Robert Webber (Grand Rapids: Zondervan, 2007), p. 92. Kimball은 우리가 이러한 선언(신앙고백)을 "굳게 붙잡아야 한다"라고 말한다.
25. 내가 Dan에게 이 부분을 직접 물었을 때, 그는 자신이 Doug의 신학적 방향을 안다면 이 장에서보다 훨씬 더 강하게 Doug를 반박했을 거라고 했다.
26. Doug Pagitt, Dan Kimball의 "The Emerging Church and Missional Theology"에 대한 응답, *Listening to the Beliefs of Emerging Churches*, ed. Robert Webber (Grand Rapids: Zondervan, 2007), p. 113에서 재인용.
27. 권위의 위치에 대해, Doug는 니케아 전통이 오늘에도 규범이라는 Dan의 주장을 받아들이지 않는다. Doug는 이렇게 말한다. "신앙고백은 절대로 이런 문제와 관련해 우리 결론으로 의도되지 않았다. 신앙고백은 우리가 오늘까지 이런저런 문제를 숙고할 때 씨름해야 하는 표현으로 의도되었다"(같은 책, P. 114). 요약하면, 솔로몬 행각 교회에서 신앙고백은 여느 것과 똑같은 무게를 지닌 '문화적이고 신학적인 반응'일 뿐이다. 신앙고백은 시간을 초월하는 게 아니라 시간의 제약을 받는다. 그러므로 신앙고백은 우리 기초의 '바닥'이 아니다. 우리는 모든 종류의 새로운 신학적 동료를 찾아 자유롭

게 춤추고; 제약을 받아서는 안 된다.

28. 종교 개혁자도 로마 가톨릭교회와 싸울 때 전통에 호소했다. 이들은 전통을 거부한 게 아니라 개혁하려 했다. 그리고 로마 가톨릭교회에게 진정한 전통으로, 교부에게 덧붙여진 수많은 인간적 관습이 없는 진정한 전통으로 돌아가라고 외쳤다. 이것이 아드 폰테스(ad fontes, "근원으로 돌아가라")의 의미였다.

29. Doug는 *Listening to the Beliefs of Emerging Churches*에서 Mark Driscoll의 글에 답하면서 강하게 말한다. "내가 생각하기에, 우리의 차이는 많은 면에서 기독교의 서로 다른 이야기를 하고 있다는 사실에서 비롯한다. 우리는 서로 다른 출발점과 종착점을 요구하는 듯이 보인다." 이 글은 Mark Driscoll의 "The Emerging Church and Biblicist Theology"가 대한 Doug Pagitt의 대답이며, Robert Webber가 편집한 *Listening to the Beliefs of Emerging Churches*(Grand Rapids: Zondervan, 2007), p. 42에서 인용했다.

가장 크게 공감하는 관찰자라도 Doug가 A Christianity Worth Believing 3장에서 제시했듯이, 위대한 전통과 맞지 않는 입장을 취한다고 결론 내릴 수밖에 없다. 이 책 서문에서, 그는 "지난 1500년 동안 우세했던 기독교의 버전을" 더는 믿지 않는다고 말한다. 그의 책이 이것을 확인해준다. 이 책에서는, 특히 근본주의에서 이루어진 오용을 지적하는 방식에서, 지지할 만한 부분이 많다. 그러나 그는 속죄, 십자가, 하나님의 진노, 하나님으로부터 분리, 타락, 부패, 창조자와 피조물의 구분, 하나님의 주권, 선택, 순종을 가능하게 하는 은혜의 필요성, 천국과 지옥 같은 문제에서 위대한 전통의 역사적 시각과는 사뭇 다르다. 그는 이 책 전체에서 이것을 분명히 한다.

30. 다음을 보라. See Herman N. Ridderbos, *Paul: An Outline of His Theology*(Grand Rapids: Eerdmans, 1997).

31. Eugene L. Lowry, *The Homiletical Plot: The Sermon as Narrative Art Form*(Louisville, Ky.: Westminster John Knox, 2001).《이야기식 설교 구성》(한국장로교출판사).

32. Michael Frost and Alan Hirsch, *The Shaping of Things to Come*(Peabody, Mass.: Hendrickson, 2003), p. 47.

33. Kimball, "The Emerging Church and Missional Theology," p. 99.

34. 같은 책, p. 98.

09_ 깊은 교회론

1. 다음을 보라. Eugene Peterson, *Under the Unpredictable Plant: An Exploration in Vocational Holiness*(Grand Rapids: Eerdmans, 1994). 《유진 피터슨의 성공주의 목회자》(좋은씨앗).
2. C. John Miller, *Outgrowing the Ingrown Church*(Grand Rapids: Zondervan, 1986).
3. 다음을 보라. Neil Cole, *Organic Church: Growing Faith Where Life Happens*(San Francisco: Jossey-Bass, 2006).
4. Pete Ward, *Liquid Church: A Bold Vision of How to Be God's People in Worship and Mission: A Flexible, Fluid Way of Being Church*(Peabody, Mass.: Hendrickson, 2002).
5. 다음을 보라. 장로교 이머전트 웹 사이트 〈http://presbymergent.org〉, 성공회 이머전트 웹 사이트 〈http://anglimergent.ning.com〉, 루터교 이머전트 웹 사이트 〈http://Luthermergent.org〉.
6. http://emergentvillage.com/ about-information/values-and-practices에서 Emergent Village의 "Values and Practices"도 보라. 이 글은 깊이 있는 교회론을 지지하며, 이렇게 말한다. "우리는 모든 형태 교회, 즉 정교회, 로마 가톨릭, 개신교, 오순절, 재세례파에서 교회를 존중하고 섬긴다. 우리는 몇몇 형태의 교회를 선호하고 나머지는 비판하거나 거부하기보다 '깊이 있는 교회론'을 실천한다. 또 모든 형태의 교회가 약점과 장점이 있으며, 한계와 가능성이 함께 있다고 본다."
7. Ward, *Liquid Church*, p. 2.
8. 재세례파에 영향을 받은 사람들과는 달리, Ward는 요즘 아주 인기가 높은 '교회 몰락' 패러다임을 토대로 네트워크화된 교회를 요구하지 않았다. 그는 자신의 책에서 단 한 번도 콘스탄틴이나 기독교 국가를 언급하거나 교회 내 모든 문제를 내세워 이것을 비난하지 않았다. 그는 단 한 번도, 교회에 1세기 교회론 패러다임으로 돌아가라고 요구하지 않았다. 단 한 번도, 경직된 교회에 주변 세상의 여러 부분을 취함으로써 상황화를 통해 문화에 다가가려고 노력하라고 요구하지 않는다. 나는 이 점이 흥미롭다.

내가 이 장을 쓸 무렵, George Barna와 Frank Viola가 *Pagan Christianity? Exploring the Roots of Our Church Practices*를 내놓았다. 저자들은 가정 교회로 구성된 유기적 교회를 요구하면서 '교회의 몰락'을 논증의 토대로 삼는다. 이러한 몰락은 1세기에 교회가 이교 문화 의식을 대량으로 받아들이기 시작했을 때 일어났다. 이 때문에, 현대 교회는 현재 자신의 제도적 형식에서 "지금처럼 기능할 성경적 권리도 없고 역사적 권리도 없다." Viola는 이렇게 말한다. 교회의 유일한 희망은 1세기 교회로 돌아가는 것이다. "나는 1세기 교회가 가장 순수한 형태의 교회, 때 묻거나 오염되기 이전의 교회라고 믿는다." George Barna and Frank Viola, *Pagan Christianity?*(Carol Stream, Ill.: Tyndale House, 2008), p. xviii.

Ward는 제도주의를 부정적으로 보고, 더욱 유기적인 기독교를 바란다는 점에서 *Pagan Christianity?*와 공통점이 있다. 그럴더라도 Ward는 성경 기록에서, 교회가 현재 처한 환경에 맞게 틀을 갖추는 방식을 받아들일만한 유연성과 자유를 훨씬 더 많이 본다. 바꾸어 말하면, 선교가 틀을 좌우한다. Viola와 Barna에게, 성경 기록은 우리에게 필요한 전부다. 우리는 교회를 결정하거나 무엇이 적절한지 결정하도록 돕기 위해 문화가 필요하지는 않다. 일단 1세기 교회를 넘어서면, 우리는 이교도가 된다. 놀랍게도 Ward는 이러한 노선을 취하지 않는다. 아마도 성공회 출신이고 재세례파적 배경이 없기에 성경을 주변 문화에 맞추는 것에 대해 몇몇 재세례주의자나 급진 종교 개혁의 후예와 같은 의심을 하지 않기 때문일 것이다.

9. 다음도 보라. George Barna, *Revolution*(Carol Stream, Ill.: Tyndale House, 2005). 《레볼루션 교회 혁명》(베이스캠프).
10. 그는 경직된 교회들이 적응하는 세 가지 중요 방식을 언급한다. 그는 첫째 시도를 '유적지로서 교회'라 부른다. 둘째는 문화에 지친 사람들의 피난처가 되는 것이다. 셋째는 추억의 공동체가 되는 것이다. Ward, *Liquid Church*, p. 26-27.
11. The Mission House Church 웹 사이트 〈http://subversiveone.blogspot.com〉을 보라.
12. John S. Hammett, "An Ecclesiological Assessment of the Emerging Church Movement," The A-Team Blog 〈http://ateam.blogware.com/AnEcclesiologicalAssessment.Hammett.pdf〉.
13. 같은 책, p. 11.
14. 다니엘서에 관한 나의 시리즈 설교를 보라. 〈www.redeemerpres.com〉.
15. Hammett, "Ecclesiological Assessment," p. 11.
16. Hammett 교수 말로는, 사실 이머징 교회는 느껴지는 필요의 충족에 초점을 맞추는 구도자 교회의 전철을 밟고 있다. 대형 교회 모델이 소비자의 필요를 충족하려는 자세를 취해왔으며, 이머징 교회는 이 세대를 위해 새롭게 상황화하기는 했지만, 단지 이 문제를 확대할 뿐이다. George Barna가 한 예다. 그는 수년간 교회 성장 모델을 외쳤으나 이제는 그것을 버리고 가정 교회 모델을 선호한다. 전통 교회를 비판하는 사람들은 그

의 변화는 논리적으로 당연하다고 말한다.
17. Miroslav Volf가 말하듯이, "완전한 자발성은…사랑의 공동체 내에서는, 최소한 인간 공동체 내에서는 불가능하다. …사랑하려면, 최소한 상호작용의 매우 구체적인 규범을 적어도 묵시적으로 인정하고 따라야 한다." 하나님의 새로운 창조 이편에서, 우리는 최소한 부분적으로 모든 구성원에게 외면적인 상호작용의 규범 없이는 하지 못한다. 그리고 이러한 규범은 "제도적으로 규정된 선을 따라" 발전되어야 한다. Miroslav Volf, *After Our Likeness: The Church as the Image of the Trinity*(Grand Rapids: Eerdmans, 1998), p. 237. 제도적으로 인정된 이러한 규범과 법률과 틀이 없으면, 공동체를 학대하려는 독재자에게 통치에 대한 책임감이 거의 없을 것이다.
18. Ed Stetzer와 David Putman은 이러한 위험을 인식했다. Stetzer와 Putman은 남침례교에서 활동하면서 전통 교회와 이머징 교회를 넘나든다. 이들은 이머징 교회에 속하는 많은 사람에 대해 말하는 Barna의 책을 언급하면서 이렇게 썼다. "우리는 그가 말하는 사람들이 교회란 무엇인가에 대한 개념(현대의 교회 개념이 아니라 성경이 기술하는 개념이다)을 갖추지 못했다고 생각한다. 이러한 혁명가는 의미 있고 진정한 것을 찾는 성공회 대형 교회의 자녀일 때가 많다. 그러나 문제에 빠졌다고 우리가 동의하는 것(현대 복음주의)을 거부하는 과정에서, 이들이 하나님과 성경과 교회를 지키지 못한다면, 세상에 지나치게 매이게 될 것이다. 간단히 말해, 이들은 혼합주의가 될 것이다." *Breaking the Missional Code: Your Church Can Become a Missionary to Your Community*(Nashville: Broadman & Holman, 2006), p. 57.

Stetzer와 Putman의 말은 '혁명가들'에게 복음의 메시지가 있고, 주변 문화에 다가가려고 이 메시지를 상황화하는 강한 소명이 있다 해도 이것을 교회관과 결합했다는 것이다. 더 놀랍게도, 이들에게는 교회 개념이 전혀 없다. 이들은 성경에 기반을 둔 교회관을 세우는 데 더 많은 시간을 쏟아야 한다.
19. 재건주의 진영에는 여기에 동의하지 않을 사람들이 틀림없이 있을 것이다. Frank Viola의 *Reimagining Church*(Colorado Springs: David C. Cook, 2008)를 보라. 한 가지 덧붙이자면, Viola는 위대한 전통이 이교도의 부산물일 뿐이라며 이것을 거부할 뿐 아니라 우리에게 필요한 것은 성경과 1세기 교회의 기록뿐이라고 주장한다. 이러한 그의 주장을 되풀이하는 것도 해결책이 아니다. 이러한 시각은 2천 년간 축적된 지혜를 위험하게도 거부할뿐더러 자신의 교회를 성실하게 보살피고 보호하시는 하나님을 증언하는 성령을 간과한다. 따라서 우리가 돌아갈 수 있고, 반드시 돌아가야 하는 교회의 '황금시대'가 있다는 잘못된 주장을 한다.
20. 다음을 보라. D. G. Hart, "Whatever Happened to Office?" in *Recovering Mother*

Kirk(Grand Rapids: Baker Academic, 2003), p. 107-116.

21. Volf가 말하듯, 역사가 긴 우리 전통에 따르면, "어쨌든 하나의 교회로 생존하려면, 모든 교회가 내적으로나 외적으로 행동해야 한다. 또 신앙고백의 토대를 확고히 예수 그리스도로 두어야 하며, 성례를 시행해야 한다. 이를 위해, 교회는 리더와 교사와 집사도 필요하다.…직임은 교회 생활에 필수적인 부분이다." Volf, *After Our Likeness*, p. 248.

22. Hart, *Recovering Mother Kirk*, p. 113.

23. 다음을 보라. Alan J. Roxburgh's chapter "Pastoral Role in the Missionary Congregation," in *The Church Between Gospel and Culture: The Emerging Mission in North America*, ed. George Hunsberger and Craig Van Gelder (Grand Rapids: Eerdmans, 1996), p. 319-332.

24. Luke Bretherton은 이렇게 말한다. "탈전통주의는 신자들이 자신에게 맞는 신앙과 의식을 선택하도록 허용한다. 따라서 탈전통주의란 기독교가 지나치게 어려운 것을 전혀 포함하지 않게 된다는 뜻이다." Andrew Walker and Luke Bretherton, eds., *Remembering Our Future*(London: Paternoster, 2007), p. 47. 슬프게도, 우리는 권징과 훈계처럼 어려운 것을 피할 때 무슨 일이 있어도 권징(징계)을 거부하는 어린 아이와 같다. 그러나 히브리서는 주님의 권징을 거부해서는 안 된다고 말한다. 권징은 주님이 우리를 사랑하신다는 표시다. 하나님은 장로에게 이 권한을 오용하지 말고 경건하게 바로잡는 일에 쓰라고 맡기셨다. 그러므로 장로의 권징을 거부하는 것은 하늘에 계신 아버지 사랑의 권징을 거부하는 것과 마찬가지다. 그 결과는 좋을 수 없다.

25. Hart, *Recovering Mother Kirk*, p. 115.

26. 다음을 보라. Thomas C. Oden, *After Modernity … What?*(Grand Rapids: Zondervan, 1990).

27. 나는 그들이 원하는 두 번째 전통을 받아들였다. 몇 년간 교회 비전을 설명하려 했지만 아무 소용이 없었다. 나는 유기적 교회를 이끌려 노력하고, 리더들에게 권한을 주었지만 이것 역시 효과가 없었다.

10_ 깊은 문화

1. 다음을 보라. John Frame, "Machen's Warrior Children," in *Alister E. McGrath and Evangelical Theology*, ed. Sung Wook Chung (Grand Rapids: Baker, 2003).

다음 웹 사이트에도 나온다. *The Works of John Frame and Vern Poythress* ⟨http://www.frame-poythress.org/frame_articles/2003Machen.htm⟩.

2. Steve Taylor, *The Out of Bounds Church? Learning to Create a Community of Faith in a Culture of Change*(Grand Rapids: Zondervan/Youth Specialties, 2005), p. 138.

3. T. M. Moore, *Culture Matters: A Call for Consensus on Christian Cultural Engagement*(Grand Rapids: Brazos, 2007), p. 12.

4. 다음을 보라. Shane Claiborne and Chris Haw, *Jesus for President: Politics for Ordinary Radicals*(Grand Rapids: Zondervan, 2008).

5. Moore, *Culture Matters*, p. 146.

6. Taylor, *Out of Bounds Church?*, p. 137.

7. David Kinnaman and Gabe Lyons, *unChristian: What a New Generation Really Thinks About Christianity … and Why It Matters*(Grand Rapids: Baker, 2007). 《나쁜 그리스도인》(살림출판사).

8. 성경이 세상과 세속을 경고하고 이들을 피해야 할 필요성을 말한다는 데는 의문의 여지가 없다. 그러나 극단론과 율법주의는 성경에 나오는 세상이라는 단어의 두 용례를 혼동한 데서 비롯한다. 한편으로, 하나님은 세상을 창조하시고 '좋다'고 말씀하셨다(창 1장). 사도 요한이 말하듯이, "하나님이 세상을 이처럼 사랑하셨다"(요 3:16). 다른 한편으로, 아담의 타락 때문에 창조 세계의 한 부분이 거역했고, 하나님나라에 대항하는 생각과 행동 체계를 낳았다. 따라서 성경이 "세상을 사랑하지 말라"(요일 2:15, 개역개정은 "세상에 있는 것들을 사랑하지 말라")고 말할 때, 이 말은 "환경을 돌보지 말라"거나 "문화와의 모든 관계를 피하라"는 뜻이 아니다. 이 말은 실제로 "하나님을 대적하는 생각과 행동과 체계를 받아들이지 말라"는 뜻이다.

9. 바꾸어 말하면, 성경은 우리에게 모든 사람에게 다가가기 위해 모든 것이 되라고 말한다. 삶의 영역에는 우리가 주변 세상처럼 보여야 하는 부분이 있다. 나는 문화의 많은 부분이 여기에 포함된다고 생각한다. 그러나 사도 요한이 말하듯, 우리가 '우상을 피해야 하는' 영역도 있다. 역설적이게도, 전통 교회의 많은 사람이 세상처럼 보여야 하는 부분에서 전혀 세상처럼 보이지 않고, 세상과 분명히 달라야 하는 부분에서 세상을 받아들였다. 교만, 오만, 판단주의, 몰인정한 태도. 젊은 세대가 교회를 비기독교적이라고 보는 것은 전혀 이상하지 않다.

10. Taylor, *Out of Bounds Church?*, p. 68.

11. 같은 책, p. 70.

12. John MacArthur, *The Truth War: Fighting for Certainty in an Age of Deception*(Nashville: Thomas Nelson, 2007), p. 139.
13. 같은 책, p. 140.
14. 같은 책, 같은 페이지.
15. 같은 책, p. 199.
16. 같은 책, p. 200.
17. 전통 교회가 정치에 깊이 참여할 때 공과 사를 분리할 위험이 있는가? 지난 25년 동안, 전통 교회는, 특히 더욱 근본주의적인 진영은 정치에 적극 참여했다. 도덕적 다수, 기독교 연합, 가족 연구회가 그 예다. 이들은 복음주의자들에게 정치에 참여해 미국을 되돌리라고 촉구했다. 그러나 그와 동시에, 전통 교회의 또 다른 사람들, Ed Dobson과 Carl Thomas 같은 저자들은 그리스도인에게 정치 참여를 자제하고 교회로 돌아오라고 촉구했다. 누가 보수적인 그리스도인을 대변하는가? 확실하지는 않지만, 그래도 Dobson과 Thomas가 근본주의 역사에 더 가깝다고 생각한다. 시간과 공간이 허락한다면, 이렇게까지 주장하고 싶다. 다시 말해, 전통주의자들이 정치에 참여했을 때라도, 대부분은 자신의 안전과 공동체를 지키고, 잃어버린 영역을 회복하려고 방어 자세를 취했을 뿐이었다. 이것은 회복이나 방어를 위한 자세일 뿐 폭넓은 건설이나 개발을 위한 적극적인 자세는 아니다. 이런 이유 때문에, 전통주의자들은 하나의 문제에만 집중한다는 비판을 자주 받았으며, 이런 비판은 어느 정도 일리가 있다. 더욱이, 나는 이렇게 주장하고 싶다. 만약 미국이 '기독교' 국가였던 과거로 돌아간다면, 전통주의자들은 정치에서 완전히 손을 뗄 것이다. 이들은 정치에 필요하지 않으며, 따라서 자신의 보호벽 뒤로 물러나 삶을 살고 자신의 가정과 교회를 세울 것이다. 이들은 정치철학과 문화 참여에 대한 폭넓은 성경적 시각이 없다. 순전히 방어적일 뿐 건설적이지 못하다. 그래서 Dobson과 Thomas는 전통주의자에게 법과 정치가 문화를 바꾸는 게 아니라 교회를 통해 한 번에 한 영혼을 바꿈으로써 문화가 바뀐다는 오랜 신념으로 돌아오라고 촉구한다. 그래서 기독교 우파는 지금껏 성과 속 이원론을 붙잡고 놓지 않으며, 이것은 1920년부터 이 운동의 특징이었다.
18. 이것이 변하기 시작했다. 더 많은 이머징 교회 저자들이 정치와 경제에 눈을 돌리기 시작했다. 그러나 이들은 아직도 국가를 보는 잘 다듬어진 시각이 없다.
19. 재세례주의와 문화에 대해서는 다음을 보라. Robert Webber, *The Church in the World*(Grand Rapids: Zondervan, 1986); Robert Friedmann, *The Theology of Anabaptism*(Eugene, Ore.: Wipf & Stock, 1998); J. Budziszewski, *Evangelicals in the Public Square: Four Formative Views on Political Thought and*

Action(Grand Rapids: Baker Academic, 2006).
20. 다음을 보라. Stanley Hauerwas and William H. Willimon, *Resident Aliens* (Nashville: Abingdon, 1989).
21. John Bolt, *A Free Church, A Holy Nation: Abraham Kuyper's American Public Theology*(Grand Rapids: Eerdmans, 2001), p. 427.
22. 같은 책, p. 428.
23. 같은 책, p. 429.
24. 칼뱅은 일반 은총을 sensus divinitatis 또는 semen religionis라 불렀다.
25. Kuyper가 만개한 자연법 윤리, 즉 불신자도 자신의 윤리적 근거를 세울 만큼 상당히 많은 진리에 이를 수 있다는 데 동의하지는 않을 지라도(이런 면에서 Kuyper는 비정초주의자였다) 그는 반대쪽 극단으로 치달아, 불신자가 아무런 진리나 정의도 알 수 없다고 말하지는 않을 것이다(Kuyper는 반실재론자가 아니었다). 아무리 적더라도, 실재를 어느 정도 이해할 수는 있다. 그는 칼뱅을 따랐는데, 칼뱅은 불신자란 번개가 치는 칠흑 같은 밤에 들판을 걷는 철학자와 같은데, 아주 순간적이지만 그는 자신이 보는 바를 묘사할 수 있다고 한다. 불신자는 실재를 완전히 묘사하지는 못하지만, 어느 정도는 알 수 있다.
26. Christian Smith, D. Michael Lindsay의 *Faith in the Halls of Power: How Evangelicals Joined the American Life*(New York: Oxford University Press, 2007), p. 122에서 재인용.
27. 다음을 보라. Andy Crouch, *Culture Making: Recovering Our Creative Calling*(Downers Grove, Ill.: InterVarsity Press, 2008). 《컬처 메이킹》(IVP).
28. Dallas Willard, *The Great Omission: Reclaiming Jesus's Essential Teachings on Discipleship*(San Francisco: HarperOne, 2006). 《잊혀진 제자도》(복있는사람).
29. Lesslie Newbigin, *Truth to Tell: The Gospel as Public Truth*(Grand Rapids: Eerdmans, 1991), p. 83-85. 《복음, 공공의 진리를 말하다》(SFC).
30. 우리는 Andy Crouch의 Culture Making을 교재로 활용하면서 교인들에게 "문화란 우리가 세상을 재료로 만들어내는 그 무엇"이라고 설명한다(p. 23). Crouch가 주장하듯, "문화란…세상을 우리에게 주어진 대로 취해 다른 무엇을 만들어내는 인간의 쉼 없는 노력을 가리키는 이름이다.…회화(펭거페인팅이든 시스틴 대성당의 성화든), 오믈렛, 의자, 백설공주, 이 모든 것이 문화다. 문화란 인간이 세상을 재료로 만들어내는 그 무엇이다"(p. 23). 창세기 1장의 문화 명령이 말하듯, 우리는 일상의 모든 부분에서 문화 창조자가 되어야 한다.

31. "프링글은 오렌지카운티에서 가장 영향력이 큰 선출직 공무원일 것이다. 그는 오렌지 카운티의 가장 역동적인 대도시의 시장이며, 오렌지카운티 교통국의 관리자로서 카운티의 공공 정책에 큰 영향을 발휘한다. 또 영향력 있는 한 공익 회사 소유주이며, 비전과 순수한 정치적 역량 면에서 다른 선출직 공무원보다 월등하다." Scott W. Graves and Matthew Cunningham, "OC's Top 4 Influential Politicos," *Red County Magazine*, March 3, 2008 〈www.redcounty.com/magazine/2008/03/ocs-top-40-influential-politic.php〉.
32. 컨퍼런스에는 27개 시에서 온 선출직 공무원을 비롯해 400여 명이 참석했다. Chapman University의 교수이자 *The City: A Global History*(New York: Modern Library, 2006)의 저자인 Joel Kotkin을 비롯해, *New York Times* 칼럼리스트이자 *On Paradise Drive*(New York: Simon & Schuster, 2005)의 저자인 David Brooks, 기자이자 *Blind Spot: When Journalists Don't Get Religion*(New York: Oxford University Press, 2008)의 공동 편집자인 Roberta Green, 그리고 *Till We Have Built Jerusalem: Architecture, Urbanism, and the Sacred*(Wilmington Del.: ISI Books, 2006)의 저자인 Philip Bess, 마지막으로 *Suburban Nation*(New York: North Point Press, 2001)의 공동 저자 Andres Duany가 강사로 초청되었다. 〈www.restoringcommunityconference.com〉을 보라.

결론_ 깊이 있는 교회를 향하여

1. 신변 보호를 위해 가명을 썼다.
2. 다음을 보라. Craig G. Bartholomew and Michael W. Goheen, *The Drama of Scripture: Finding Our Place in the Biblical Story*(Grand Rapids: Baker, 2004); Michael D. Williams, *Far as the Curse Is Found*(Grand Rapids: Baker, 2004); Christopher J. H. Wright, *Knowing Jesus Through the Old Testament*(Downers Grove, Ill.: InterVarsity Press, 1992).《구약의 빛 아래서 그리스도를 아는 지식》(성서유니온).
3. C. S. Lewis의 에세이 "The Weight of Glory," in *The Weight of Glory*(San Francisco: HarperOne, 2001)를 보라.《영광의 무게》(홍성사).
4. John Newton, "Amazing Grace" (1779).
5. Larry Osborne의 *Sticky Church*(Grand Rapids: Zondervan, 2008)에 나오는 설교에

Action(Grand Rapids: Baker Academic, 2006).
20. 다음을 보라. Stanley Hauerwas and William H. Willimon, *Resident Aliens* (Nashville: Abingdon, 1989).
21. John Bolt, *A Free Church, A Holy Nation: Abraham Kuyper's American Public Theology*(Grand Rapids: Eerdmans, 2001), p. 427.
22. 같은 책, p. 428.
23. 같은 책, p. 429.
24. 칼뱅은 일반 은총을 sensus divinitatis 또는 semen religionis라 불렀다.
25. Kuyper가 만개한 자연법 윤리, 즉 불신자도 자신의 윤리적 근거를 세울 만큼 상당히 많은 진리에 이를 수 있다는 데 동의하지는 않을 지라도(이런 면에서 Kuyper는 비정초주의자였다) 그는 반대쪽 극단으로 치달아, 불신자가 아무런 진리나 정의도 알 수 없다고 말하지는 않을 것이다(Kuyper는 반실재론자가 아니었다). 아무리 적더라도, 실재를 어느 정도 이해할 수는 있다. 그는 칼뱅을 따랐는데, 칼뱅은 불신자란 번개가 치는 칠흑 같은 밤에 들판을 걷는 철학자와 같은데, 아주 순간적이지만 그는 자신이 보는 바를 묘사할 수 있다고 한다. 불신자는 실재를 완전히 묘사하지는 못하지만, 어느 정도는 알 수 있다.
26. Christian Smith, D. Michael Lindsay의 *Faith in the Halls of Power: How Evangelicals Joined the American Life*(New York: Oxford University Press, 2007), p. 122에서 재인용.
27. 다음을 보라. Andy Crouch, *Culture Making: Recovering Our Creative Calling*(Downers Grove, Ill.: InterVarsity Press, 2008). 《컬처 메이킹》(IVP).
28. Dallas Willard, *The Great Omission: Reclaiming Jesus's Essential Teachings on Discipleship*(San Francisco: HarperOne, 2006). 《잊혀진 제자도》(복있는사람).
29. Lesslie Newbigin, *Truth to Tell: The Gospel as Public Truth*(Grand Rapids: Eerdmans, 1991), p. 83-85. 《복음, 공공의 진리를 말하다》(SFC).
30. 우리는 Andy Crouch의 Culture Making을 교재로 활용하면서 교인들에게 "문화란 우리가 세상을 재료로 만들어내는 그 무엇"이라고 설명한다(p. 23). Crouch가 주장하듯, "문화란…세상을 우리에게 주어진 대로 취해 다른 무엇을 만들어내는 인간의 쉼 없는 노력을 가리키는 이름이다.… 회화(펑거페인팅이든 시스틴 대성당의 성화든), 오믈렛, 의자, 백설공주, 이 모든 것이 문화다. 문화란 인간이 세상을 재료로 만들어내는 그 무엇이다"(p. 23). 창세기 1장의 문화 명령이 말하듯, 우리는 일상의 모든 부분에서 문화 창조자가 되어야 한다.

31. "프링글은 오렌지카운티에서 가장 영향력이 큰 선출직 공무원일 것이다. 그는 오렌지 카운티의 가장 역동적인 대도시의 시장이며, 오렌지카운티 교통국의 관리자로서 카운 티의 공공 정책에 큰 영향을 발휘한다. 또 영향력 있는 한 공익 회사 소유주이며, 비전 과 순수한 정치적 역량 면에서 다른 선출직 공무원보다 월등하다." Scott W. Graves and Matthew Cunningham, "OC's Top 4 Influential Politicos," *Red County Magazine*, March 3, 2008 〈www.redcounty.com/magazine/2008/03/ocs-top-40-influential-politic.php〉.
32. 컨퍼런스에는 27개 시에서 온 선출직 공무원을 비롯해 400여 명이 참석했다. Chapman University의 교수이자 *The City: A Global History*(New York: Modern Library, 2006)의 저자인 Joel Kotkin을 비롯해, *New York Times* 칼럼리스트이자 *On Paradise Drive*(New York: Simon & Schuster, 2005)의 저자인 David Brooks, 기자이자 *Blind Spot: When Journalists Don't Get Religion*(New York: Oxford University Press, 2008)의 공동 편집자인 Roberta Green, 그리고 *Till We Have Built Jerusalem: Architecture, Urbanism, and the Sacred*(Wilmington Del.: ISI Books, 2006)의 저자인 Philip Bess, 마지막으로 *Suburban Nation*(New York: North Point Press, 2001)의 공동 저자 Andres Duany가 강사로 초청되었다. 〈www.restoringcommunityconference.com〉을 보라.

결론_ 깊이 있는 교회를 향하여

1. 신변 보호를 위해 가명을 썼다.
2. 다음을 보라. Craig G. Bartholomew and Michael W. Goheen, *The Drama of Scripture: Finding Our Place in the Biblical Story*(Grand Rapids: Baker, 2004); Michael D. Williams, *Far as the Curse Is Found*(Grand Rapids: Baker, 2004); Christopher J. H. Wright, *Knowing Jesus Through the Old Testament*(Downers Grove, Ill.: InterVarsity Press, 1992).《구약의 빛 아래서 그리스도를 아는 지식》(성서 유니온).
3. C. S. Lewis의 에세이 "The Weight of Glory," in *The Weight of Glory*(San Francisco: HarperOne, 2001)를 보라.《영광의 무게》(홍성사).
4. John Newton, "Amazing Grace" (1779).
5. Larry Osborne의 *Sticky Church*(Grand Rapids: Zondervan, 2008)에 나오는 설교에

기초한 토론 모임을 보라.

6. Dietrich Bonhoeffer, *Life Together*(San Francisco: HarperOne, 1978), 《신도의 공동생활》(대한기독교서회); Edith Schaeffer, *L'Abri*(Wheaton, Ill.: Crossway, 1992), 《이디스 쉐퍼의 라브리 이야기》(홍성사); Randy Frazee, *The Connecting Church*(Grand Rapids: Zondervan, 2001), 《21세기 교회 연구: 공동체》(좋은씨앗).

7. Jerry Bridges, *Transforming Grace: Living Confidently in God's Unfailing Love*(Colorado Springs: NavPress, 2008).

8. 다음을 보라. Lewis Smedes, *The Art of Forgiving: When You Need to Forgive and Don't Know How*(New York: Ballantine, 1997), 《용서의 미학》(이레서원).

9. Al Wolters, *Creation Regained: Biblical Basics for a Reformational Worldview*(Grand Rap-ids: Eerdmans, 2005), 《창조 타락 구속》(IVP); Andy Crouch, *Culture Making: Recovering Our Creative Calling*(Downers Grove, Ill.: InterVarsity Press, 2008). 다음도 보라. Richard Mouw, *When the Kings Come Marching In: Isaiah and he New Jerusalem*(Grand Rapids: Eerdmans, 2002), 《현재의 문화와 미래의 천국》(두란노).

10. Os Guinness, *The Call: Finding and Fulfilling the Central Purpose of Your Life*(Nashville: Thomas Nelson, 2003), 《소명》(IVP); Douglas Schuurman, *Vocation: Discerning Our Callings in Life*(Grand Rapids: Eerdmans, 2004).

11. 다음을 보라. Horton Davies, *Christian Worship: Its History and Meaning*(Nashville: Abingdon, 1957); *The Worship of the English Puritans*(Orlando, Fla.: Soli Deo Gloria, 1997); Howard G. Hageman, *Pulpit and Table*(eugene, Ore.: Wipf & Stock, 2004); Bard Thompson, *Liturgies of the Western Church*(Philadelphia: Fortress, 1980).

12. 다음을 보라. Gerald Bray, *Creeds, Councils & Christ*(Downers Grove, Ill.: InterVarsity Press, 1984); Christopher A. Hall, *Learning Theology with the Church Fathers*(Downers Grove, Ill.: InterVarsity Press, 2002); Christopher A. Hall, *Reading Scripture with the Church Fathers*(Downers Grove, Ill.: InterVarsity Press, 1989).

13. 다음을 보라. Kenneth W. Osbeck, *101 Hymn Stories*(Grand Rapids: Kregel, 2002); Steve Turner, *Amazing Grace: The Story of America's Most Beloved Song*(New York: Harper Perennial, 2003).

14. 다음을 보라. Keith A. Mathison, *Given for You: Reclaiming Calvin's Doctrine of*

the Lord's Supper(Phillipsburg, N. J.: P & R, 2002).
15. 나는 이 기도를 Key Biscayne Presbyterian Church에서 오랫동안 목회를 하고 있는 Steven Brown 목사님에게서 배웠다.